청소년을 위한
한국사

청소년을 위한

한국사

한정수 지음

5000년의 역사 여행을 시작하며

내가 한국사에 관심을 가지게 된 것은 중학교 2, 3학년 때였는데, 이는 세계사와 국사 선생님 덕분이다. 두 분 모두 여자 선생님이었고, 교사로 발령받은 지 얼마 안 된 20대 중반의 젊은 선생님이었다. 두 선생님은 이제 막 교직 생활을 시작한 분들이라 매우 열정적이었다. 지금도 그때 선생님이 칠판에 백묵으로 판서하고 지도를 그리면서 설명하는 모습이 눈에 선하다.

세계사 선생님은 학교 근처에서 자취를 하셔서 친구들과 곧잘 놀러가 대학 시절 답사 때의 사진들도 보고, 과일을 먹으며 이런저런 이야기도 나누었다. 국사 선생님은 당시의 시국에 관심이 많은 남동생 이야기를 이따금 들려주셨다. 지금은 이름을 들으면 다 아는 국회의원이 되었다. 1980년대 초 암울했던 군사정권 시절의 역사와 현실과 그 역사와 현실에 대한 반성을 학생운동가인 동생에 대해 이야기하면서 희미하게 말씀하셨다. 그런 선생님이 당시에는 내게 낯설었다.

역사에 대한 관심은 그렇게 시작되었다. 김유신 장군이 삼국통일에 공헌한 것 때문만도, 묘청의 난에 매력을 느껴서도, 이순신 장군의 영웅적 모습에 반해서도, 일제강점기 때 활약한 김구 선생님의 활동에 감명 받아서도 아니었다. 그저 어떻게 두 분 선생님들은 저렇게 역사에 대해 해박하고 쉽게 잘 설명하는지 그것이 내 호기심을 자극했던 것이다. 그래서인지 다른 과목들보다도 성적은 좋았다. 그때부터였던 것 같다. 대학에 진학하면 역사를 전공하고 싶다는 마음이 든 것은 말이다.

오랜 노력 끝에 꿈을 이루고 역사가의 한 사람으로서 제자들을 보고 있으면 문득 궁금해진다. 과연 내 제자들도 내가 중학교 때 선생님을 생각하듯 그런 마음을 가지고 있을까? 가끔 제자들에게 역사를 공부하는 것이 어떠냐고 물어보면 재미는 있지만 어렵다는 대답을 듣기도 한다. 하지만 때때로 한 시대를 움직인 사건과 그 흐름, 격변의 소용돌이 속에서 살았던 이들의 치열함, 허무하게만 여겨지는 사건의 배경, 야망과 좌절과 성공 등에 대해 강의할 때면, 나와 학생들은 일심동체가 되어 그 이야기에 몰입하게 된다. 그럴 때면 교감을 나누는 것 같다.

그러고 보면 확실히 역사는 드라마란 생각이 든다. 역사에는 헤아릴 수조차 없는 많은 변수들이 존재한다. 당시 사람들은 어느 한 사람이 벼슬에 오른 사실 때문에 어떤 변화가 일어날 거라고 예측하지 못한다. 서로의 이익 때문에 왕을 비롯한 수많은 인물들이 상호 간의 연결고리를 맺었다가 끊었다. 이런 것이 역사에서는 변화의 물결을 만들어 그 흐름을 바꾼다. 조선 중종 대의 개혁가 조광조처럼……

이 책은 한국사의 흐름에 영향을 주고, 거대한 변화를 가져온 33장면을 선정하고 그 역사적 사건을 재구성하여 서술하고자 했다. 왕검조선의 탄생에서부터 근대 민족국가 건설로 발돋움함으로써 세계에 우뚝 선 한국사의 위풍당당함을 그리고자 한 것이다. 한국사는 삼면이 바다에 둘러싸여 있는 지리적 조건 때문에 외부와 차단된 독자적인 역사를 써온 것이 아니다. 주변 국제 정세의 영향을 받기도 했고, 주변국에 영향을 주기도 했다. 한국사는 특히 중국, 북방 민족, 일본과 국제 교류를 피할 수 없었다. 그것은 전쟁으로 이어졌고, 그 결과 한국사의 지배층 구조와 역사적 흐름을 완전히 뒤바꿔놓기도 했다.

우리 인생은 매순간의 선택에 따라 과정과 결과도 바뀐다. 역사도 마찬가지이다. A가 아닌 B를 선택했다면 하는 아쉬움이 역사 속 곳곳에 숨어 있다. 그 때문에 최근에는 '만약에'라는 역사 접근법도 등장해서 흥미를 끌기도 한다. '만약에' 김춘추가 연개소문 정권에 의해 죽임을 당하거나 인질로 잡혔더라면, '만약에' 고려 성종이 송나라와 연계하여 거란을 정벌하는 데 동의했다면, '만약에' 정몽주가 살해당하지 않고 오히려 이성계 일파를 쫓아내는 데 성공했다면, '만약에' 이순신 장군이 죽지 않고 거북선을 거느리고 일본을 정복했다면, '만약에' 정조가 수원화성 천도에 성공하고 르네상스를 이어갔다면 등의 유쾌한 상상을 하는 것이 가능하다. 이 책에서 다룬 33장면의 역사에 대한 재구성은 그런 아쉬움을 달래는 내용이 되기도 할 것이다.

한 시대가 꿈꾼 이상사회를 그려보려고도 했다. 불국토의 건설, 왕도정치의 실현, 부국강병을 위한 개혁의 완성, 근대화의 실현 등이 그것이다. 반면 역사의 실체가 곪을 대로 곪아터져 내과·외과 수술을 거치지 않는 한 해결될 수 없는 상황 등에 대해서도 서술했다. 그것이 결국 다음 시대를 요구하는 촉진제 구실을 하기도 했기 때문이다.

우리 역사는 매우 역동적이다. 늘 현실 속에 발을 담그고 있으면서 새로운 세계를 꿈꾸었다. 그래서 더 치열했는지 모른다. 관현악단처럼 자연스레 조율되어 움직여간 시대도 있었다. 말 그대로 작지만 강한 왕조라는 국가의 이미지가 확립되었던 것이다. 국제 관계에서도 한국사는 독특했다. 전쟁은 거의 대부분 한국사를 피로 물들였지만, 문명국으로 자리잡게 했다.

이 책은 건국대학교 김기흥 교수님의 성원으로 탄생할 수 있었다. 또한 2년에 가까운 시간을 꼬박 기다려준 평단문화사에 감사의 말씀을 드린다. 특히 편집부가 어렵고 복잡한 원고를 잘 가다듬어 훌륭한 글이 될 수 있었다. 이것은 저자인 나에게 크나큰 행복이자 빚이 되었다. 어쨌든 또 한 번의 산고를 겪은 셈이 되었다. 그 산고 끝에 탄생한 생명은 이제 누군가의 호기심과 탐독으로 무럭무럭 성장할 거라 믿는다. 이 책이 미래의 역사를 이끌어갈 청소년들에게 작지만 든든한 한국사의 길잡이가 되었으면 하는 바람이다.

2009년 무더위 속에서, 한정수

차 례

4부 조선 시대

1부

고조선의 성립

하늘을 열고 홍익인간을 외치다

위만조선 최후의 전쟁

🎯 고조선 왕조 계보 (기원전 2333~기원전 108)

제1대	제2대	제3대	제4대	제5대	제6대
단군	기자	부왕	준왕	위만	우거왕
기원전 2333~				기원전 194~?	?~기원전 108

🎯 북부여 왕조 계보 (기원전 239~기원전 58)

제1대	제2대	제3대	제4대	제5대	제6대	제7대
해모수	모수리	고해사	고우루	고두막	고무서	고주몽

🎯 동부여 왕조 계보 (기원전 86~기원후 22)

제1대	제2대	제3대
해부루	금와	대소
	金蛙	帶素

하늘을 열고 홍익인간을 외치다

건국 신화의 탄생

오랜 역사를 지닌 종족이나 국가에는 대부분 건국 시조와 관련한 신화가 있다. 그리고 언제 적 일인지 알 수는 없지만 아주 오랜 옛날의 시조는 신기하고 다양한 잉태 과정을 가지고 있다. 예컨대 하늘에서 내려왔다天降든지, 천신과 결합하여 임신했다든지, 빛에 감응하여 임신했다든지, 용과 관계를 맺고 임신했다든지, 커다란 알을 삼킨 뒤 배가 불렀다든지, 인간이 아닌 존재가 인간으로 변한 뒤 인간 혹은 신과 결합하여 잉태했다든지, 해와 달이 결합하여 낳았다든지 등과 같이 말이다.

탄생할 때 역시 신비롭다. 알로 태어나 만물의 보호를 받다가 알을 깨고 나오거나, 용의 비늘을 달고 태어나거나 계룡의 부리를 하고 태어난다. 향기로운 냄새와 신비로운 빛이 아이를 감싸기도 한다. 이렇게 태어난 아이는 영특하고 힘이 세며, 개국의 시조가 된다.

> **┃ 개천절 ┃**
> 우리나라 시조 단군이 기원전 2333년(단군기원 원년) 10월 3일 단군조선을 건국한 것을 기념하기 위해 제정한 날이다. 이 날을 개천으로 삼은 것은 1900년 1월 15일 나철의 대종교에서 비롯되었다. 이후 상해임시정부에서 민족의식 고취를 위해 기념일로 삼았고, 이를 이어 대한민국에서도 1949년부터 경축일로 삼았다. 다만 음력 10월 3일을 양력 10월 3일로 바꾸어 그 날짜의 의미를 담았다.

곰 모양 장식 평양특별시 낙랑구역 정백 석암리 9호 무덤에서 발견된 1세기 초의 것으로 이 지역에 곰 숭배 신앙이 오랫동안 내려오고 있음을 알게 해준다.

건국 시조 설화 내용의 대부분이 이렇다. 과학 문명이 지배하는 요즘의 관점에서 본다면 황당한 얘기에 지나지 않겠지만, 옛사람들은 이런 얘기를 믿으려 했다.

오랫동안 이어져 내려온 단군신화 이야기는 이미 하나의 신화가 되었다. 곰을 어머니로, 천신 환웅을 아버지로 둔 시조 단군의 탄생과 그가 연 새로운 세상은 기원전 2333년, 아주 까마득한 옛날로부터 출발한다. 겨레의 시작, 그 문을 열어보자.

겨레를 연 단군신화

단군신화의 내용은 고려시대 일연이 쓴 《삼국유사》〈기이편〉 '고조선', 즉 왕검조선王儉朝鮮에 '고기古記에 이르길'로 시작된다. 대략의 이야기는 다음과 같다.

제석 환인의 서자 환웅이 인간 세계를 널리 이롭게 하려는 뜻을 품고 있는 것을 알고 환인이 천부인天符印 세 개를 주어 다스리도록 했다. 환웅은 무리 3,000명을 데리고 태백산 신단수로 내려와 신시神市를 만들고 세상을 교화했다. 이때 곰과 호랑이가 사람이 되기를 바라매 쑥과 마늘을 주고는 이것만 먹으면서 100일 동안 햇빛을 보지 말라고 했다. 호랑이는 견디지 못하고 뛰쳐나갔으나, 곰은 21일 만에 여자의 몸이 되었다. 곰이 아이 배기를 바라자 환웅이 잠시 남자로 변하여 그 소원을 들어주었다. 이때 태어난 아이가 단군왕검檀君王儉이다. 왕검은 평양성에 도읍을 정하고 '조선朝鮮'이라고 이름 지었다. 그 후 아사달阿斯達로 도읍을 옮기고 기자가 조선 왕으로 봉해지기 전까지 1,500년을 다스렸다. 그리고 다시 구월산 장당경으로 옮겼다가 아사달로 돌아와 산신이 되었다고 한다.

《삼국유사》에서는 왕검조선과 기자조선까지를 고조선, 그 후를 위만조선이라 했다. 환웅은 태양 숭배 신앙을 바탕으로 한 광명사상에 기반을 두고 왕검조선을 건국했다. 그리고 새로운 정치 지배 방식과 농경 기술을 토대로 문명을 교화했다. 천부인을 받아 풍백風伯, 우사雨師, 운사雲師를 거느리고 수명, 질병, 형벌,

단군왕검 영정

곡식, 선악 등을 주관하면서 인간의 360가지 일을 나누어 다스려 교화했다는 것으로 이 사실을 알 수 있다. 바로 이러한 선진 문명을 가진 환인·환웅족이 수렵 생활을 하고 있던 토착족을 상징하는 곰과 호랑이를 교화시켰다는 것이다.

한편 이 신화는 고조선이 환웅이 세우고 다스린 시대, 단군왕검의 조선, 기자조선으로 변화했음을 암시한다. 이 변화에 따라 도읍지도 태백산 신시, 평양성, 백악산 아사달 등으로 바뀐다. 신화가 전해주는 고조선 사회의 정치적 성격은 신정神政 혹은 제정祭政일치 사회였다. 그것은 단군왕검이라는 호칭에서 단적으

| 기자箕子
단군조선 때에 존재했다고 하는 기자조선의 전설상의 시조로, 은나라를 멸망시킨 주무왕周武王이 조선 왕으로 봉한 인물이다. 현재 학계에서는 기자조선의 실재를 부정하고 있다.

| 위만조선
고조선과 관련한 또 다른 기록인 이승휴의 《제왕운기》에서는 고조선을 단군조선, 기자조선, 위만조선 등으로 크게 나누어 삼조선으로 기록했다.

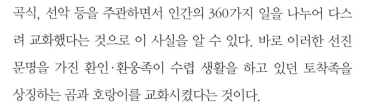

단군이 세운 '조선'을 '고조선'이라고 하는데, 이는 사람들이 알고 있듯이 이성계가 세운 '조선'과 구별하기 위한 것이 아니다. 고조선이라는 표현은 일연이 쓴 《삼국유사》에 처음 나오는데, 《삼국유사》는 이성계가 조선을 건국하기 100년 전에 쓴 것이다. 그럼 왜 일연은 조선에 '고古'를 붙였을까? 고조선은 단군조선, 기자조선, 위만조선으로 나뉘는데, 일연은 위만조선과 그 전의 조선을 나누기 위해 이렇게 쓴 것이다. 위만조선과 그 전의 조선을 구분하기 위해 '고'를 붙인 것이다.

로 드러나는데, 이 칭호는 단군과 왕검으로 나누어진다. 단군은 제사장을 뜻하고 왕검은 정치적 지배자, 즉 군장君長을 뜻하며 왕의 또 다른 호칭인 '임금'과 통한다. 당시의 음을 한자인 왕검으로 표현한 것일 뿐 실제로는 큰 곰, 즉 왕곰을 뜻하는 표현일 수도 있다. 결국 '단군+왕검' 호칭은 그것 자체가 사람의 이름이라기보다는 하늘, 즉 광명신과 통할 수 있는 능력의 소유자이자고 조선의 지배자에 대한 존칭이다.

문명의 흔적이 증명하는 고조선

우리 역사 문헌 중에 일연의 《삼국유사》와 이승휴의 《제왕운기》가 가장 먼저 고조선 사회에 대해 언급하고 있다. 환인과 환웅, 단군왕검, 기자조선, 위만조선까지 언급하고 있어 고조선사에 대한 이해를 도와준다. 기원전 2000년경에 단군조선이 세워졌으며, 단군왕검이 지배하였다는 사실이 기록되어 있다. 그러나 그 내용이 대체로 신화적인 면이 강하므로 고조선의 영토나 통치 방식, 구체적인 문명의 내용을 알기에는 부족하다.

하지만 옛 중국 사료나 고고학을 통하여 발굴된 여러 유적과 유물 등은 고조선에 대한 보다 풍부한 정보를 알려준다. 이 가운데 《상서대전》이 고조선과 관련한 가장 오랜 기록을 담고 있다. 《상서대전》에서는 은殷나라 현자 기자가 은이 망하자 고조선에 나라를 세웠으며, 이 소식을 들은 주무왕周武王이 그를 고조선의 제후로 봉하였다고 했다. 대략 기원전 12

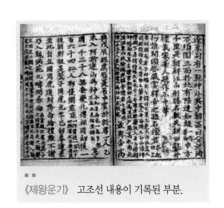

《제왕운기》 고조선 내용이 기록된 부분.

세기경이다. 현재 이 기록의 내용은 부정되고 있으나 한나라 때
에 고조선을 기자와 연결시키는 데 의미가 있다.

한편 《한서》〈지리지〉에는 기자가 만들었다고 하는 '범금8
조*'가 나온다. 범금8조로 알 수 있는 것은 고조선 사회는 사유
재산제를 바탕으로 계급분화가 이루어진 사회였다는 것과 노예
제 사회였다는 점이다. 고대 노예국가로 성장했음을 추측하게
하는 대목이다.

┃ 범금8조犯禁八條 ┃
고조선이 시행한 8가지 금
기 법률. 8조 중 3조만이
전해진다. ①살인자는 사
형에 처하고, ②남의 몸을
다치게 한 자는 곡물로 보
상하고, ③도둑질한 자는
노예가 된다. 후에 60조까
지 늘어났다.

그럼 중국의 문헌 기록이 알려주는 것은 무엇일까? 문헌 기록이 기원전
4세기에서 기원전 3세기에 집중되어 있는 것이 특징인데, 결국 시기적으로
이 무렵에 고조선의 존재가 중국에서 중요하게 인식되고 있었다는 것을 알
수 있다. 고조선은 전국시대 때 연燕나라의 동쪽에 있었으며 강력한 세력 집
단이 지배하고 있었다는 것이다. 《삼국유사》가 전하는 시기와 중국 측 사료
의 시기는 크게 차이가 나는데, 이는 신화 위주의 서술과 중국 중심의 사료
가 갖는 한계라 할 수 있다. 그러므로 고조선의 실체를 확인하기 위해서는
다른 접근이 필요하다. 바로 유물·유적의
발굴과 해석을 통한 고고학적 접근이다.

발굴 자료에서 주목할 점은 중국 동북
지방에서 발견되는 청동기 문화이다. 대략
기원전 10세기에서 기원전 3세기까지 걸
쳐 있는데 중원 문화와 달리 비파형 동검
문화라 불린다. 이것이 한반도 일대에까지
연결되기 때문에 청동기를 이용한 비파형
동검 문화를 고조선의 문화로 볼 수 있다
는 것이다. 이들은 거대한 고인돌을 조성

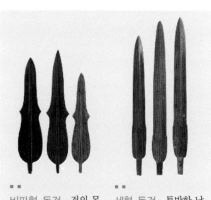

비파형 동검 검의 몸
체가 비파 모양으로 생
겼다 해서 붙여진 이름
이다.

세형 동검 투박한 날
이 내려오다 손잡이 부
분이 조금 들어간 모양
이다.

비파형 동검·세형 동검·고인돌 분포도

하여 지배층의 사후 공간을 만들었고, 거기에 청동검 등을 비롯한 부장품을 묻고 순장을 했다는 사실 등이 밝혀졌다. 비파형 동검 문화는 이후 한반도 지역으로 유입되면서 새로운 세형 동검 문화를 형성했다.

이러한 문헌 자료와 고고학 발굴 성과가 고조선 사회를 구체적으로 알 수 있게 해주지는 않는다. 그러나 건국 초기부터 정형화된 국가의 모습은 아니더라도 기원전 2000년 전후로 시작되어 기원전 1000년 이래로 중국 문화와 일정한 교류를 시도해 나갔다는 사실은 틀림없다. 그리고 이때의 비파형 동검을 사용했던 고조선이 우리 민족의 뿌리를 형성한 것이다.

위만조선 최후의 전쟁

요동과 만주의 지배자, 고조선

역사가가 기록을 중시하는 이유는 기록을 토대로 이러저러한 해석을 하여 역사상을 재구성할 수 있기 때문이다. 한국사와 연결되는 상고시대를 살피기 위해서는 당시의 모습을 정리한 기록물, 책과 고고학 유적·유물 등을 검토해야만 한다. 《삼국유사》가 왕검조선을 기록한 가장 오래된 문헌이라면, 중국 측의 문헌은 기자조선과 위만조선을 보다 상세하고 구체적으로 기록하고 있다.

초기의 왕검조선은 요동에서 만주까지 흩어져 있던 정치 집단들이 결합된 형태였다. 사회경제적 변화 과정이 있었다고는 하지만 제정일치 사회였다. 그러나 중국이 춘추전국시대에 들

기자조선의 실체를 보여준다는 평양 기자묘

어선 후 왕검조선은 중국에서 이주해온 세력들을 수용하면서 일차 변화를 겪었다. 그 결과가 새롭게 등장한 기자조선이었다.

《상서대전》에서 언급한 것을 전제로 하여 기자조선의 기원을 따지면 기원전 12세기까지도 거슬러 올라간다. 기자조선 마지막 지배자는 기자의 40여 세손인 조선후朝鮮侯 준왕準王이었다. 당시 고조선은 느슨했던 주변 지역에 대한 지배력을 강화하는 방향으로 영향력을 넓혀갔다. 《삼국지》〈한전〉 '위략'에 "준이 위만衛滿을 신뢰하여 박사로 삼아 규圭를 하사하고 100리의 땅을 주어서 서쪽 변경을 지키게 했다"는 기록이 그 증거다. '규'는 제왕이 신하에게 주는 지위의 상징으로 이러한 형식을 통해 이미 고조선은 주변 지역을 지배해가고 있었다.

기자조선이라 일컬어졌던 지배 집단은 요하遼河, 라오허강 동쪽에 존재하면서 산동山東, 산둥이나 요동遼東, 라오둥, 한반도 북부, 만주 일대에 어느 정도 영향력을 끼치고 있었다. 고조선은 춘추 때의 오패* 중 가장 세력이 컸던 제나라와 교류를 하고, 전국 7웅* 중 하나였던 연나라와 대결을 꾀할 정도로 비교적 큰 군사력을 가지고 있었다. 따라서 고조선은 요동, 만주, 한반도 북부 일대를 완전히 지배한 하나의 왕조는 아니더라도 이 지역을 통일하여 한나라와 전쟁을 벌일 정도로 성장하고 있었던 셈이다.

▌오패五覇 ▌
중국 춘추시대의 대제후로 대개 주나라 왕실을 위한다는 명분 아래 제후국들의 회맹會盟을 주도한 나라를 말한다. 제환공齊桓公, 진문공晉文公, 초장왕楚莊王, 오합려吳闔廬, 월구천越句踐 등이 그들이다.

▌전국 7웅 ▌
전국 7웅은 중국 전국시대 때의 강국들을 말한다. 연燕·제齊·한韓·위魏·조趙·진秦·초楚나라다.

위만조선과 한제국

준왕이 지배한 고조선은 기원전 2세기를 전후하여 최대의 위기를 맞는다. 진秦나라와 한漢나라가 분열되어 있던 중국을 통일하여 대제국이 탄생했기 때문이다. 진나라는 변방 문제를 해결하는 데 힘을 쏟으면서 만리장성을 쌓았고, 한나라는 서쪽 변방의 강적이었던 흉노 문제를 차츰 해결해가기 시작했다. 이러한 상황 변화는 곧바로 산해관山海關, 산하이관 너머 요동 지역에 있던 고조선에 알려졌고 고조선 역시 나름대로 해결책을 찾으려 했다.

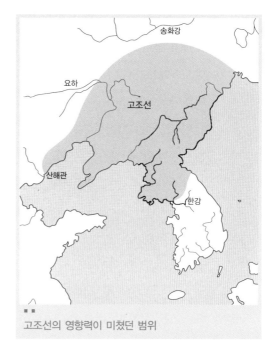
고조선의 영향력이 미쳤던 범위

그러나 고조선은 지금까지 이렇게 강력한 적을 상대해본 적이 없었다. 전국 7웅 중 하나였던 연과 국지전을 벌이는 정도였고, 부족 규모 정도의 초기 국가 등과 전쟁을 하는 게 고작이었다. 고조선은 이 국방 문제를 진지하게 생각하고 전략을 마련해야 했다.

하지만 고조선 왕은 주변 정세 변화를 심각하게 생각하지 않았다. 연나라 관리였던 위만이 중국 통일 전쟁 과정 중에 망명해오자 그를 받아들이고, 가장 중요한 지역이라 할 수 있는 서쪽 변경에 대한 책임을 맡겼다. 준왕이 위만의 망명을 허락하고 중용한 것은 변화하는 중국 정세에 대응하고자 한 노력의 일환이었다. 하지만 결과적으로 준왕의 선택은 결코 바람직하지 않았다. 위만에게 왕위를 빼앗기고, 《위략》에 전하듯이 궁인과 백성을 거느리고 한韓으로 내려와야 했기 때문이다.

위만은 왕검성에 도읍을 정하고 변경의 안정을 추구할 목적으로 실행한 한나라의 국방 정책을 적극 이용했다. 외신의 자격을 얻고, 군장으로서 한의 동북변 지역 수장渠長 구실을 하고, 정복 국가의 면모를 갖추기 시작했다. 발달된 철기 문화를 수용한 고조선은 행정과 관료 제도도 정비해가고 있었다. 그 영토가 사방 수천 리가 되었다는 내용을 본다면 요동과 만주, 한반도 일대에는 위만조선을 중심으로 거대한 통일 국가가 탄생할 가능성이 컸다.

위만조선은 이러한 자신감을 토대로 중국 한나라와 경쟁하려 했다. 한문제漢文帝 재위 때 장군 진무는 다음과 같이 보고했다. "남월南越과 위만조선은 진나라의 전성기 때 복종하여 신하가 되었으나 그 후에 군대를 갖추고 험준한 지형에 자리잡고 중국을 엿보고 있습니다." 이는 위만조선이 한나라의 조정에 관여하지 않았으나 주변 국가들의 중국 알현을 막았다는 기록이 그 증거다. 하지만 한나라로서는 위만조선이 급격하게 팽창하고 고대 정복국가로 성장하는 것이 달갑지 않았다. 위만조선을 이용해 외적을 통제하려던 한나라의 '이이제이'* 정책이 무너지고 오히려 강력한 정복 국가의 탄생을 방치하는 결과를 가져왔기 때문이다.

한무제漢武帝 때에 이르러 위만조선에 대한 한나라의 정책은 강경책으로 돌아섰다. 한무제는 강력해진 위만조선을 달래고자 사신 섭하를 보냈으나 협상에 실패했다. 아무 성과 없이 돌아가기 두려웠던 섭하는 전송 나온 위만조선의 장사 장長을 죽이고는 천자에게 거짓 이유를 대며 위만조선 장수를 죽였다고 보고했다. 이를 철썩같이 믿었던 한무제는 그에게 요동 동부도위의 벼슬을 내렸다.

우거왕은 자신의 신하를 죽인 섭하에게 벼슬을 내린 것에 격분해 복수를 결심하고, 군대를 보내 섭하를 죽였다. 협상 사신으로서 무책임하게 행동한 죗값을 물은 것이다. 이렇게 조한전쟁王儉城 전투이 시작되었다.

사신이자 요동 동부도위인 섭하를, 그것도 한나라 지역으로 들어가 죽이는 극단적 방법을 택한 것은 한편으로는 통쾌한 복수였다. 하지만 우거왕은 섭하가 저지른 일을 다른 방식으로 처리할 수도 있었다. 왜 사신을 보내 한무제에게 사건의 진상을 밝히고 그에 따라 섭하를 처벌할 것을 요구하지 않았을까? 물론 요동 동부도위에 임명된 섭하가 이를 적극 막으려고 했을 것이다. 하지만 우거왕은 이러한 노력이 수포로 돌아가더라도 최소한 단 한 번이라도 시도하여 한나라 외부 세력을 하나로 모으는 방법을 택해야 하지 않았을까? 만약 시도라도 해보았다면 위만조선은 한무제를 상대로 새롭게 국가 외교 정책 전략을 세우는 기회가 되었을 것이다. 결국 우거왕은 이 사건을 계기로 더욱 중요한 것을 얻는 데 실패했다. 우거왕의 극단적인 선택은 아마도 위만조선이 아직 국가적 위상을 완전히 정비하지 못한 데 그 이유가 있을 것이다.

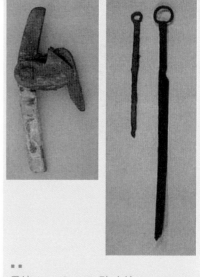

공성(적의 성을 공격) 및 수성(아군의 성을 방어)에 쓰였을 무기들 활의 일종으로 활보다 더 멀리 쏠 수 있는 쇠뇌(좌)와 환두대도(칼).

결국 위만조선은 이이제이의 변방정책을 수정하고자 벌인 한나라와의 전쟁을 피할 수 없었다. 건곤일척*의 전쟁이 전개되었으나 전쟁은 의도한 대로 쉽사리 끝나지 않았다.

▌ 건곤일척乾坤一擲 ▌
주사위를 단 한 번 던져 승패를 결정한다는 뜻으로, 운명을 걸고 단판으로 승부 혹은 승패를 겨룸을 뜻한다. 오직 단 한 번의 기회에 흥망성쇠가 나뉨.

한반도의 역사를 바꾼 조한전쟁

기원전 109년, 마침내 전쟁의 서막이 올랐다. 한무제는 겨울이 오기 전에 전쟁을 끝낼 수 있으리라 보았다. 공을 들여 힘겹게 이길 전쟁으로 보지 않은 것이다. 그러나 한나라는 김칫국만 잔뜩 마신 꼴이 되었다.

한무제의 군대는 위만조선의 왕검성을 치기 위해 군사를 크게 둘로 나누

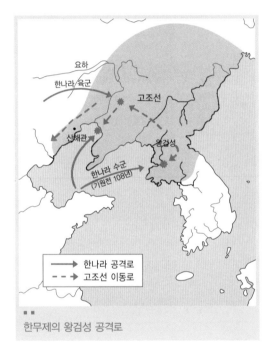

한무제의 왕검성 공격로

었다. 해로를 통하여 접근하는 방법과 육로를 따라 공격하는 것이었다. 누선 장군 양복은 제나라 병사 7,000명을 거느리고 왕검성에 도착했다. 반면 좌 장군 순체는 요동의 군사를 동원하여 진격했다. 한무제는 협공을 원했던 것이다. 이 작전이 성공하려면 전략적으로 습격과 공격의 순간이 잘 맞아떨어져야 한다. 하지만 이 시도는 초반부터 실패했다.

그제야 한무제는 위만조선 원정이 쉽지 않음을 깨달았다. 다시 전략을 수정하여 협상과 공격을 병행했다. 우거왕도 협상에 응했지만 한나라의 태도를 주시하면서 언제든지 공격할 태세를 갖추었다. 이렇게 양국은 동상이몽*이었다. 전쟁이 오래 지속되면서 양국은 다른 처지에 놓였다.

한나라는 본국에서 군량미를 조달하고 군사력을 보강할 수

┃ 동상이몽同床異夢 ┃
같은 자리에서 같은 이불을 덮고 자면서도 서로 다른 꿈을 꾼다는 뜻. 겉으로는 뜻을 같이하는 것처럼 보이지만 속으로는 각자 딴 생각을 함.

평양특별시 낙랑구역에서 출토된 유적유물들 청동세발솥(좌, 8호 무덤), 주고도장(우, 3호 무덤).

있는 시간을 얻었고, 또 위만조선이 주변 국가에 원군을 청하는 연락도 막을 수 있었다. 반면 위만조선은 한나라와 정반대의 처지에 놓이게 되었다. 한나라 군대를 막아야 한다는 중압감과 주변국에 연락할 방법이 막혀 외부의 원군을 기대하기 어렵게 되었기 때문이다. 위만조선은 초반의 승리로 자신감이 팽배했으나 계속된 수성守城 전략은 결국 내부 분열을 가져왔다.

　　주화파主和派, 전쟁을 그만두고 화평하게 지내자고 주장하는 파 주요 인물이었던 노인, 한도, 왕겸 등은 결국 도망하여 한나라에 항복했다. 반면 이계상尼谿相, 지방 행정을 담당하던 장관직 삼參은 남아서 사람을 시켜 우거왕을 죽이고 성문을 열고자 했다. 암살은 성공했지만 왕검성은 함락되지 않았다. 대신 성기成己가 저항했기 때문이다. 하지만 한나라는 항복한 우거왕의 아들 장長과 노인의 아들 최最로 하여금 백성을 달래게 하고 성기를 죽이도록 했다. 이러한 한나라의 위만조선 분열 전략은 성공을 거두었다. 마침내 전쟁은 한나라의 승리로 끝났다. 위만조선에는 진번眞番, 임둔臨屯, 낙랑樂浪, 현도玄菟 등 한사군이 설치되었다.

　　전쟁 후에는 논공행상이 벌어지기 마련이다. 분명 승자는 한

▌ 논공행상論功行賞 ▌
전쟁이 끝난 후, 공적을 조사하여 공적의 크고 작음을 결정하여 그에 알맞게 상을 줌.

나라 측이었는데 《한서》〈조선전〉에 전하는 논공행상의 결과는 오히려 전쟁에 참여했던 한나라 장군들에게 책임을 묻는 쪽으로 정해졌다. 항복한 위만조선 측 인물들은 제후로 책봉되었다.

　《사기》를 저술한 사마천은 이 전쟁의 결과를 "결국 양군兩軍이 함께 욕을 당하고, 장수로서 열후列侯가 된 사람이 없었다"고 평가했다. 한무제는 전쟁에서는 승리했지만 전투에는 패배한 한나라 장수들에게 책임을 물어 군기를 잡으려 했다. 또 항복한 고조선 인물들을 제후로 책봉하고, 이들에게 후한 보상을 하여 훗날 일어날 반란을 뿌리 뽑아버렸다. 어쨌든 위만조선의 분열은 이후 동북아시아와 한반도의 역사를 새롭게 바꾸는 계기가 되어 한국사의 새로운 시작을 열었다.

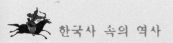
고조선의 수도는 과연 어디였을까?

고조선의 수도는 왕검성이지만 그 위치에 대한 논란이 분분하다. 처음부터 지금
의 평양(삼국유사) 기록이 수도였다는 설과 요동 지방(위략) 기록에 있었다는 설과 중심지
이동설이 있다. 지금은 의견을 절충하여 원래 요동에 수도가 있었지만, 연나라의
침략으로 평양으로 옮겼다는 설을 대부분 받아들이고 있다.

국내 사료 중 일연이 쓴 《삼국유사》에 제일 처음 고조선에 관한 기록이 나온다.
여기서는 고조선을 (환웅천왕)-왕검조선-(기자조선)-위만조선으로 구분하고,
《제왕운기》에서는 단군조선-기자조선-위만조선으로 나눈다.

환웅이 다스리던 시대와 왕검조선 시대는 고대국가로 성장했으나, 영토를 지금
의 국경선이나 행정 구역처럼 명확하게 구분하지 않았다. 따라서 개경과 한양처럼
도성을 갖추고 행정 구역을 나눈 수도가 있는 것은 아니었다. 《삼국유사》 등에서
는 도읍을 뜻하는 '도都'를 쓰고 있지만 당시의 상황을 고려했을 때 지배층이 거처
하는 중심지를 뜻했을 것이다.

《삼국유사》의 기록에 따르면 위만조선까지를 포함한 고조선의 역사는 2,000년

이상이다. 한 왕조의 역사가 대략 300~500년 정도인데, 이렇게 오랫동안 역사를 이어온 것을 보면 지배층의 변동이 있었을 것이다. 환웅천왕–단군조선–기자조선–위만조선의 구분이 이를 뒷받침해준다. 《삼국유사》에서는 이들의 수도를 각각 태백산 신단수 밑 신시, 평양성, 아사달, 왕검성이라고 밝히고 있다.

이때의 신시, 평양성, 아사달, 왕검성은 어디였을까? 이를 알기 위해서는 고조선에 대한 문헌상의 기록뿐만 아니라, 청동기 유물의 특징과 분포 지역을 알아야 한다. 고조선의 대표적 유물인 비파형 동검과 고인돌이 요동 지방 도읍설을 뒷받침해주는 증거이자, 두 유물이 발견되는 곳을 고조선 영역으로 추정하기 때문이다.

요하 이동에서 한반도 서북, 길림 일대에 걸쳐 고인돌이 분포하고 있고, 요하 유역 등을 중심으로 8세기에 사용된 것으로 밝혀진 비파형 동검이 출토되었다. 요하에서 압록강 하류 지역에 걸쳐서는 의주 미송리 동굴 유적에서 발굴된 미송리식 토기가 출토되었다. 이러한 점 등으로 볼 때 전기 고조선의 수도는 요하에서 요동 일대였다. 기원전 3세기부터 세형동검이 출현했는데, 만주 지역에서는 그 흔적을 찾아볼 수 없다. 이것을 바탕으로 고조선이 평양으로 옮겼다고 추측할 수 있다. 중국 측 사료에 나타난 고조선과 관련된 내용은 다음과 같다.

전국시대 이후의 기록인데, 이들 사료에서 공통적으로 나타나는 고조선은 중국의 동북 지역에서 요동과 인접한다. 이때 고조선 사회에서는 조선후_{朝鮮侯} 준왕_{準王}, 위만의 칭왕_{稱王}, 조선상_{朝鮮相}, 대신_{大臣}, 장군_{將軍}, 니계상_{尼谿相}, 대부_{大夫}, 박사_{博士} 등의 지배자 호칭과 관직 등이 나온다. 신정_{神政}사회를 넘어 강력한 지배력을 갖춘 새로운 정치 세력이 등장했음을 나타내는 것이다.

이를 좀더 명확히 보여주는 것이 위만조선의 성립이다. 기원전 4~3세기 전국시

사 료 명	내 용
《관자》	산동반도에 있는 제나라와 교역하고 제나라에서 8,000리 떨어진 곳에 있었다.
《전국책》권27, 연책燕策 1	연의 동쪽에 조선 요동이 있다.
《산해경山海經》	열양列陽의 동쪽, 바다의 북쪽, 산의 남쪽에 있었고, 열양은 연에 속했다.
《사기》〈조선열전〉	위만이 망명하여 패수를 건너 진나라의 땅에 거주하다가, 망명자를 복속시켜 왕이 되고 패수를 건너 도읍을 왕검성에 두었다.
《삼국지》〈위략〉	연나라 장수 진개가 조선의 서쪽 2,000리를 점령하고 성을 쌓았다.

대 말이 되면서 중국의 혼란을 피해 유민들이 요동과 한반도로 들어왔다. 이 시대에 사용된 명도전明刀錢 중국 춘추전국시대에 연나라·제나라에서 사용하던 청동 화폐, 철기, 와당 등이 요동에서 평안북도 일대에 걸쳐 확인되고 있다. 《사기》〈조선열전〉에는 이때의 고조선은 결국 위만조선으로 정권이 바뀌게 되고 위만조선은 사료에서 나타난 것처럼 패수를 건너 왕검성에 도읍하게 되었다. 왕검은 단군왕검, 즉 지배자를 뜻하는데, 그 뜻으로 보면 왕검성은 지배자가 있는 곳, 즉 궁궐 혹은 왕궁과 같은 의미를 갖는다.

한편 이때의 왕검성은 지금까지의 왕검성과는 다른 지역이다. 패수를 건넜다고 했는데, 패수는 요하, 압록강, 청천강 등으로 여겨질 만큼 불명확하다. 그 위치를 좁혀주는 것이 세형 동검 등 한반도 서북 일대에서 새롭게 출토되는 세형 동검과 명도전의 분포 등이다. 이를 토대로 본다면 청천강과 압록강을 경계로 한 고조선

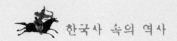

의 경계가 성립된다. 또한 위만조선 패망 후 낙랑군 조선현이 평양지역에 설치되었다는 점 등을 고려한다면, 위만조선 이후의 고조선의 중심지는 평양 즉 왕검성이 된다.

고조선은 요하 유역을 중심으로 신정정치가 바탕이 되는 군장사회로 출발했지만, 주변 국가 즉 중국 춘추전국·진한시대의 나라들과 맞닥뜨리면서 초기국가단계로 발전한 것이다. 이에 따라 고조선의 중심지도 요하 이동 요녕성 지역의 왕검성에서 평양의 왕검성으로 이동하면서 동북아시아의 중심지 역할과 중국 세력과의 교섭·대립 관계를 유지해갔던 것이다.

2부

삼국 시대와 남북국 시대

◎ 고구려 왕조 계보 (기원전 37 ~ 기원후 668)

제1대	제2대	제3대	제4대	제5대	제6대	제7대
동명성왕	유리왕	대무신왕	민중왕	모본왕	태조왕	차대왕
기원전 37~기원전 19	기원전 19~기원후 18	18~44	44~48	48~53	53~146	146~165

제14대	제13대	제12대	제11대	제10대	제9대	제8대
봉상왕	서천왕	중천왕	동천왕	산상왕	고국천왕	신대왕
292~300	270~292	248~270	227~248	197~227	179~197	165~179

제15대	제16대	제17대	제18대	제19대	제20대	제21대
미천왕	고국원왕	소수림왕	고국양왕	광개토대왕	장수왕	문자명왕
300~331	331~371	371~384	384~391	391~413	413~491	491~519

제28대	제27대	제26대	제25대	제24대	제23대	제22대
보장왕	영류왕	영양왕	평원왕	양원왕	안원왕	안장왕
642~668	618~642	590~618	559~590	545~559	531~545	519~531

◎ 발해 왕조 계보 (기원후 698 ~ 기원후 926)

제1대	제2대	제3대	제4대	제5대	제6대	제7대	제8대
고왕	무왕	문왕	폐왕	성왕	강왕	정왕	희왕
698~719	719~737	737~793	793	793~794	794~809	809~812	812~817

제15대	제14대	제13대	제12대	제11대	제10대	제9대
인선	위계	현석	왕(건황)	왕(이진)	선왕	간왕
906~926	894~906	871~894	857~871	831~857	818~830	817~818

◎ 신라 왕조 계보 (기원전 57~기원후 935)

제1대	제2대	제3대	제4대	제5대	제6대	제7대
혁거세	남해	유리	탈해	파사	지마	일성
기원전 57~기원전 4	4~24	24~57	57~80	80~112	112~134	134~154

제14대	제13대	제12대	제11대	제10대	제9대	제8대
유례	미추	첨해	조분	나해	벌휴	아달라
284~298	262~284	247~261	230~247	196~230	184~196	154~184

제15대	제16대	제17대	제18대	제19대	제20대	제21대
기림	흘해	내물	실성	눌지	자비	소지
298~310	310~356	356~402	402~417	417~458	458~479	479~500

제28대	제27대	제26대	제25대	제24대	제23대	제22대
진덕여왕	선덕여왕	진평왕	진지왕	진흥왕	법흥왕	지증왕
647~654	632~647	579~632	576~579	540~576	514~540	500~514

제29대	제30대	제31대	제32대	제33대	제34대	제35대
무열왕	문무왕	신문왕	효소왕	성덕왕	효성왕	경덕왕
654~661	661~681	681~692	692~702	702~737	737~742	742~765

제42대	제41대	제40대	제39대	제38대	제37대	제36대
흥덕왕	헌덕왕	애장왕	소성왕	원성왕	선덕왕	혜공왕
826~836	809~826	800~809	798~800	785~798	780~785	765~780

제43대	제44대	제45대	제46대	제47대	제48대	제49대
희강왕	민애왕	신무왕	문성왕	헌안왕	경문왕	헌강왕
836~838	838~839	839	839~857	857~861	861~875	875~886

제56대	제55대	제54대	제53대	제52대	제51대	제50대
경순왕	경애왕	경명왕	신덕왕	효공왕	진성여왕	정강왕
927~935	924~927	917~924	912~917	897~912	887~897	886~887

◎ 백제 왕조 계보(기원전 18~기원후 660)

제1대	제2대	제3대	제4대	제5대	제6대
온조왕	**다루왕**	**기루왕**	**개루왕**	**초고왕**	**구수왕**
기원전 18~기원후 28	28~77	77~128	128~166	166~214	214~234

제13대	제12대	제11대	제10대	제9대	제8대	제7대
근초고왕	**계왕**	**비류왕**	**분서왕**	**책계왕**	**고이왕**	**사반왕**
346~375	344~346	304~344	298~304	286~298	234~286	234

제14대	제15대	제16대	제17대	제18대	제19대	제20대
근구수왕	**침류왕**	**진사왕**	**아신왕**	**전지왕**	**구이신왕**	**비유왕**
375~384	384~385	385~392	392~405	405~420	420~427	427~455

제27대	제26대	제25대	제24대	제23대	제22대	제21대
위덕왕	**성왕**	**무령왕**	**동성왕**	**삼근왕**	**문주왕**	**개로왕**
554~598	523~554	501~523	479~501	477~479	475~477	455~475

제28대	제29대	제30대	제31대
혜왕	**법왕**	**무왕**	**의자왕**
598~599	599~600	600~641	641~660

동명성왕, 고구려 역사의 문을 열다

초기 국가 형성의 태동

한나라와의 전쟁에서 패배한 고조선의 유민들은 각지로 흩어졌는데, 이들은 고조선의 청동기·초기 철기 문화를 주변 국가에 전파하는 역할을 했다. 한나라가 요동과 한반도 북부에 한사군을 설치한 후 문자와 각종 제도, 철기 제작 등이 인근 지역으로 확대되었다. 그 결과 과거 고조선의 영향력 밖에 있던 지역에까지 변화를 일으켰다.

가장 두드러진 변화가 나타난 곳은 부여다. 부여는 송화강松花江, 쑹화강 유역을 중심으로 지배권을 형성했다. 고구려와 백제가 부여에서 형성되었음을 스스로 밝힐 정도로 부여는 초기 국가 형성 단계에서 산파 역을 수행했다. 부족연맹체적 성격을 띠었으며, 족장 회의를 통해 왕을 뽑았다. 이때 왕은 주술적 능력이 있는 자였는데, 제정일치적 성격을 반영한 것이다. 하지만 부여의 왕은 절대적 샤먼 존재가 아니었다. 가뭄 등으로 흉년이 들 경우 왕위에서 물러나야 했고 심지어는 죽음을 당하기까지 했다. 말하자면 왕위에 올라 있지만 위태로운 자리에 불과했다.

지배 세력인 대가들은 관직명을 동물 호칭에서 따와 마가, 우가, 저가, 구가라 했다. 이들은 사출도四出道를 두어 수도를 네 구역으로 나누어 다스렸다. 반목반농의 사회였지만 점차 농업 사회로 발전해나갔다. 12월에 영고迎鼓라는 제천 행사를 실시하여 종족간 결속도 다졌다. 살인자는 죽이고 그 가족을 노예로 삼거나, 절도의 경우 12배로 배상케 하는 등 매우 엄격한 법도 실시했다. 북방 유목민족에게서 나타나는 특수한 혼인 형태인 형사취수혼[1]도 있었다.

▮ 형사취수혼 ▮
형이 죽으면 동생이 형을 대신해 형수와 결혼하는 혼인 풍습. 중국의 동북 지역에 살던 북방 민족, 즉 부여·고구려·흉노 등에서 유사한 관습이 있었다.

부여는 북만주 지역까지 그 영향력을 미쳤으나 정복 국가라고 할 수는 없었다. 부여는 금와金蛙가 지배하는 동부여, 그리고 해모수가 새롭게 건국한 북부여로 나뉘었다. 494년 고구려에 완전 흡수되었다.

한반도 동북부에는 고구려와 비슷한 풍속을 지닌 옥저와 동예가 있었다. 옥저는 대체로 함경도 동해안 일대에 있었다. 고조선과 한사군의 지배를 받았으며, 고구려 태조왕 때 정복되었다. 옥저에서는 매매혼의 일종인 민며느리제도와 장사를 지낸 후 일정한 시간이 지난 뒤 다시 시신을 옮겨묻는 세골장洗骨葬, 두벌 묻기과 같은 장법 풍속이 있었다.

동예는 한반도의 동해안 일대에 자리를 잡았다. 이들은 산천을 경계로 구역을 나누고 서로 함부로 침범하지 않았는데, 어길 경우 소나 말로 보상하는 책화責禍라는 제도가 있었다. 같은 족族끼리는 결혼하지 않는 족외혼을 유지했고, 10월에는 수확제이자 제천 행사인 '무천舞天'을 지냈다.

한반도 중부와 남부에는 청동기 문화를 꽃피우던 한족韓族이 있었다. 진국辰國은 이 지역에서 대표권을 가진 세력이었다. 고조선 유민들의 이동과 한사군의 영향력을 받으면서 삼한 사회로 전개되었는데, 《삼국지》〈위지 동이전〉에는 마한은 54개, 진한과 변한은 각각 12개의 소국으로 이루어졌다고 기록하고 있다. 후에 마한에서는 부여계의 남하로 당시까지 대표 역할을 하던 목지국을 대신하여 백제국이 주도권을 잡았다. 진한에서는 경주의 사로국이 실질적인 주도권을 잡아나가 군사적 정복이 이루어졌으며 변한 지역에서도 김해의 구야국狗邪國이 중심 역할을 해나갔다.

천제의 아들과 지신 유화

《삼국사기》에 고구려 시조 주몽朱蒙의 탄생 내용이 실려 있는데, 그 부모에 대한 이야기도 기록되어 있다. 하백河伯의 딸 유화柳花는 동생들과 압록강 근처에서 놀다가 천제의 아들이라 칭한 해모수解慕漱를 만나 사랑을 나누었고, 그로 인해 아버지의 노여움을 사서 우발수에서 귀양살이를 하게 되었다는 줄거리다.

여기서 말하는 천제의 아들 해모수는 누구일까? 그런데 위의 기록 앞에는 동부여가 원래 도읍했던 자리에 해모수가 도읍했다는 내용이 있다. 해모수가 또 다른 부여를 세운 것이다. 이름이 해모수인 것을 보면 부여계 사람이었으나 동부여와는 다른 길을 걸었던 인물임을 추측할 수 있다. 하지만 고구려 건국 후 동부여에서 죽었던 유화가 신묘에 모셔진 것과는 달리 해모수에 대한 기록은 자취를 감춘다.

광개토대왕 비문에 주몽은 북부여에서 나왔고, 그 아버지는 '천제의 아들天帝之子'이라고 쓰여 있다. 5세기 고구려 귀족 무덤 중 모두루 묘지에 추모성왕이 '해의 아들日月之子'이며, 북부여에서 나왔다는 기록이 있다. 고구려의 지배층은 자신들의 혈통이 동부여가 아닌 북부여라고 인식하고 있는 것이다. 따라서 해모수는 북부여를 세운 인물이라 볼 수 있다.

　　유화 역시 그 출신이 분명치 않다. 광개토대왕 비문에서도 유화를 하백의
딸로 밝히고 있다. 하백이라는 이름 자체가 가지고 있는 의미는 황하黃河, 황허
강에 사는 물의 신을 뜻한다. 그렇다고 해서 유화가 황하 수신의 딸이라는
의미는 아니다. 하백이라는 이름을 빌려온 것을 보면 유화의 집안은 하천과
관련 있다고 볼 수 있다.

　　유화의 가계家系는 비옥한 하천 유역에 정착하여 농업을 바탕으로 세력을
이루었다. 유화가 가진 땅의 신이자 농업신적인 성격이 바로 그 증거다. 유
화가 농업에 대해 잘 알고 있으며 새를 부렸다는 것은, 그녀가 신모의 능력
이 있다는 점을 보여줌과 동시에 본래 그녀의 집안 내력과 관련 있다. 따라
서 유화는 하늘신의 아들인 해모수와 짝을 이루는 지신地神이자 농사신인 여
신이다. 주몽은 하늘신 해모수와 지신 유화의 결합, 바로 천지의 결합으로
태어난 신성한 존재다.

주몽의 등장과 고구려의 건국

유화가 임신한 과정은 신비롭기 그지없다. 햇빛이 들지 않는 방에 햇빛이 들더니, 유화가 햇빛을 피하자 햇빛이 유화를 따라다니며 비추었다. 이런 일이 있은 후 유화는 태기를 보이더니 닷 되 크기의 알을 낳았다. 그러고 나서 얼마 후 한 아이가 알을 깨고 나왔으니, 바로 고구려 시조 주몽이다.

주몽은 자라면서 매우 영특했다. 특히 활을 잘 쏘아 이름도 '활을 잘 쏘는 자'를 뜻하는 주몽이라고 했다. 유목 민족에게 활쏘기와 말타기는 매우 중요했는데, 주몽은 기마술은 물론이고 말을 보는 안목도 있었다.

주몽은 오이烏伊, 마리摩離, 협보陜父 세 사람과 함께 새로운 나라를 찾아 다스리기 위해 동부여를 떠났다. 고구려 건국이자 정복 국가의 시작이었다. 주몽은 건국 과정에서 주요 역할을 하는 인재 세 명, 재사再思·무골武骨·묵거默居를 만난다. 이들의 이름으로 추측하건대 재사는 지략가, 무골은 장수, 묵거는 신앙 혹은 재정과 관련이 있을 듯하다. 주몽은 이들에게 성씨를 하사했다. 사성 정책*을 편 것이다. 재사에게는 극씨克氏, 무골에게는 중실씨仲室氏, 묵거에게는 소실씨少室氏의 성을 주었다.

> **사성 정책賜姓政策**
> 건국 과정에서 공을 세우거나 왕실에 충성을 다한 신하에게 왕실의 성씨를 내려주거나 왕이 직접 다른 성씨를 하사한 정책.

주몽은 졸본현 길림성 근처 비류수 가에 풀을 엮어 임시로 궁궐을 짓고 왕도王都로 삼았다. 그리고 마침내 나라 이름을 고구려高句麗라 하고 나라 이름의 첫글자인 고高를 왕의 성씨로 삼았다. 이때 주몽의 나이 22세였다.

고구려란 국호의 뜻을 보면, 고는 '높고 크다'라는 뜻이며 구려는 '성읍城邑'을 뜻한다. 따라서 고구려는 높고 큰 성읍이라는 의미다. 이것은 도읍의 지형적 특징을 드러낸 표현이며 고구려의 산성 축조 기술이 얼마나 발달했는지를 상징적으로 보여준다.

환인 오녀산성(졸본성)　고구려 시조 주몽이 나라를 세우고 최초로 쌓은 성으로 졸본성이라고도 한다. 세계문화유산에 중국의 유적지로 등재되어 있다.

주몽은 인근 읍루挹婁 부족을 물리치며 점차 영역을 넓혀나갔다. 그리고 비류국 송양왕松讓王과 벌인 전쟁에서 승리를 거둔 후 명실상부한 국가로서 그 면모를 갖추기 시작했다. 이때부터 고구려의 흥성을 예고라도 하듯이 상서로운 현상들이 있었다고 《삼국사기》는 기록하고 있다. 황룡이 출현했다, 상서로운 푸르고 붉은 구름이 머물렀다, 신작神雀인 봉황이나 난새가 몰려들었다 등이 그 예다.

주몽은 혈기왕성한 나이라 할 수 있는 40세의 나이로 죽었다. 유리를 태자로 정한 뒤 겨우 5개월 만이었다. 왕위 계승 다툼에서 승리한 유리는 곧이어 승하한 주몽의 시신을 용산龍山에 모시고 동명성왕東明聖王이라 칭하여 건국 시조를 높였다. 마침내 고구려 역사가 열리기 시작한 것이다.

동북아시아의 패자, 고구려

한중일 역사의 열쇠, 광개토대왕릉비

1876년 청이 집안集安, 시안 지역에 내린 봉금령을 풀고, 회인현을 설치하자 다시금 농민들의 이주가 시작되었다. 1880년 어느 날 개간을 하던 한 농부가 거대한 돌을 발견하고, 현의 지사 장월에게 신고했다. 그 밑에 있던 관리 관월산이 탁본 작업을 했는데, 그 일부분이 북경 학계에도 알려져 관심을 끌었다.

비석이 발견된 후부터 청과 일본에서는 탁본을 해석·연구하여 이것이 고구려 제19대 광개토대왕의 일생과 업적이 담겨진 광개토대왕릉비라는 것을 밝혀냈다. 비문의 기록을 통해 5세기에 중국과 만주, 한반도, 일본을 아우르는 국제 관계가 고구려를 중심으로 형성되었음을 알아냈다. 본격적인 연구를 처음으로 시작한 일본은 비문의 내용 가운데 일부분을 확대 해석하여 왜의 한반도

광개토대왕릉비 탁본 현재 동경박물관에 소장되어 있는 탁본 중 하나. 위작 여부를 떠나 가장 오래된 것이다. 길이 6.39m, 너비 2.7m, 사면 1,775자로 되어 있다.

｜임나일본부설　｜
4세기 후반 야마토 정권이 한반도에 진출하여 가야·백제·신라를 지배했다는 설. 특히 일본부라는 통치 기관을 두어 6세기 중엽까지 가야를 직접 지배했다는 설이다.

경영을 말하는 임나일본부설"을 부각시키려고 했다. 당연히 이것은 차후 한국과 중국, 일본으로 이어지는 국제 관계의 돌풍의 핵이 되었다.

《삼국사기》에서는 왕위에 오른 담덕談德을 광개토왕이라 했고, 광개토대왕릉 비문에서는 영락대왕이라 했다. 전자는 업적을 토대로 시호를 말한 것이고, 후자는 연호를 그대로 붙여 부른 것이다. 광개토대왕의 완전한 묘호는 국강상광개토경평안호태왕國岡上廣開土境平安好太王인데 '국강상'은 왕릉이 있는 곳을 말하는 것으로, 고구려 왕실에서는 대체로 지명을 따라 선대 왕들을 칭했다. '광개토경'은 영토를 넓게 확장했다는, '평안'은 평온하고 안정스럽다는 뜻이고, '호태왕'은 그 당시 왕의 호칭이다.

광개토대왕의 아들 장수왕은 재위 3년에 비문을 새긴 이 엄청난 비석을 세운다. 부왕의 공훈을 모두 1,775자로 구성했고, 비문의 내용은 크게 세 가지로 나뉜다.

첫째, 고구려 건국 시조 신화와 고구려 초기 동명성왕, 유류왕, 대주류왕으로 이어진 왕위 계승과 광개토왕의 업적에 대한 총괄적 평가, 그리고 산릉을 만든 때와 비문을 새기는 이유 등의 내용이 적혀 있다.

둘째, 395년(광개토대왕 5년) 거란의 부족 패려稗麗를 친 것부터 시작하여 20년 동부여를 멸망시킨 때까지의 정벌 역사가 실려 있다. 《삼국사기》에서는 즉위한 당시부터 이미 정벌을 단행했다고 했는데 비문에는 재위 5년부터의 기록이 남겨져 있어 차이를 보인다. 특히 이 부분의 내용 가운데에는 '倭以辛卯年來渡▨破百殘▨▨▨新羅以爲臣民'라고 한 기록이 있는데, 글자 판독과 문장 해석 방식에 따라 커다란 차이가 제기되어 한국 고대사를 둘러싼 일본과의 역사 논쟁을 불러일으켰다.

무너진 광개토대왕릉 주변 주민들이 왕릉의 돌을 가져다 공사를 지어서 무너졌다. 지금의 모습은 왕릉이라기보다는 언덕처럼 보인다.

장군총 고구려 때의 돌무덤. 이곳 아래에 광개토대왕릉비가 있어 광개토대왕릉으로 보기도 하지만, 장수왕릉이라는 의견이 더 많다.

셋째, 왕릉을 지키고 관리하는 수묘인守墓人, 무덤을 지키던 사람과 관련한 규정 내용이다. 수묘인을 국연國烟과 간연看烟으로 나누어 국연 30가家, 간연 300가 도합 330가로 했다는 것이다. 그리고 광개토왕이 제정한 관련 규정을 소개하고 있는데 다음과 같다. "수묘인을 이제부터 다시 서로 팔아넘기지 못하며, 비록 부유한 자일지라도 또한 함부로 사들이지 못할 것이니, 만약 이 법령을 위반하는 자가 있으면, 판 자는 형벌을 받을 것이고, 산 자는 자신이 수묘하도록 하라."

천하의 중심, 고구려

5세기 전후 동북아시아는 전쟁과 정복의 시대였다. 3세기 초 중국은 서한이 망하고 위·촉·오 삼국시대가 도래했고, 다시 5호 16국 시대로 분열된다. 5세기 중엽 중국 북부가 북위北魏로

▌5호16국 시대 ▌
304~439년 중국에 있던 5호胡가 세운 13국과 한족漢族이 세운 3개의 왕조 시대를 말한다. 5호는 흉노匈奴·갈羯·선비鮮卑·저氐·강羌의 5개 변방 민족을 말한다.

통일되고 남부가 송寒으로 정리되는 위진남북조시대까지 중국은 혼란을 거듭했다. 거대한 통일 제국이 형성되지 않았던 이 시기는 국내성을 중심으로 세력을 확장하고 있던 고구려에게는 기회였다. 그렇지만 한편으로는 국경을 마주한 연燕과 백제와 자주 전쟁을 치러야 했다.

342년(고국원왕 12년)에 연이 침략하여 미천왕의 무덤을 파 시신을 싣고가고, 고국원왕의 모후인 주씨周氏와 왕비를 잡아갔다. 고구려에게는 최악의 패전 결과였다. 370년 전진前秦이 연을 멸망시킨 후부터 연과 더 이상의 전쟁은 없었으나 문제는 남쪽에서 터졌다. 371년(고국원왕 41년) 팽창주의를 선언한 백제 근초고왕이 군사 3만을 동원해 고구려의 평양성을 공격한 것이다. 이때 고국원왕은 활에 맞아 죽었다. 고구려군의 사기는 땅에 떨어지고, 전투 결과는 참담하기 그지 없었다. 고구려는 이 사건을 계기로 전열을 재정비하기 시작했다.

연이 멸망한 뒤 소수림왕 대의 고구려는 전진·동진과의 관계를 두텁게 함으로써 백제와 북위로 연결된 동서 결합을 북서남의 연합으로 압박해나 갔다. 372년(소수림왕 2년)에는 태학을 설립하고 전진에서 불교를 받아들였다.

373년에는 율령을 반포하고 초문사와 이불란사를 지어 전진에서 온 승려 순도와 동진에서 온 아도를 머물게 했다. 소수림왕 7년 백제군의 침략 후 약 10년간은 큰 전쟁이 없는 소강기에 접어들었고, 고구려는 이 시기에 군사력을 재정비하여 증강했다.

385년고국양왕 2년 군사 4만 명을 동원해 요동을 쳤고, 386년에는 남쪽의 백제를 정벌했다. 고국양왕 8년에는 신라와 우호 관계를 맺으면서 내물 마립간*의 조카 실성을 인질로 받았다. 이로써 고구려는 서쪽으로는 북위, 남쪽으로는 백제와 협공할 수 있는 외교 관계를 마련한 것이다.

▮ 마립간麻立干 ▮
신라 때 '왕'을 의미하던 말. 《삼국사기》에는 제19대 눌지왕 때부터 제22대 지증왕 때까지, 《삼국유사》에는 제17대 내물왕 때부터 지증왕 때까지 왕 대신 마립간 칭호를 사용했다고 기록되어 있다. 신라 시대 임금의 호칭은 거서간居西干 - 차차웅次次雄 - 이사금尼師今 - 마립간 - 왕 순서로 변했다.

고국양왕의 재위 기간은 8년에 불과했지만, 고구려가 앞으로 취해야 할 외교 정책과 군사 체제를 정비해 앞날의 방향을 잡아놓았다. 북위·백제와의 대결 구도, 고구려 북방의 거란과 동쪽의 부여 정벌, 신라의 복속 등이 그것이었다. 그러면서도 왕실의 신성함과 위엄을 세우고자 사직_{社稷}을 설치하고 종묘를 두었다.

391년 5월 고국양왕의 아들 담덕은 아버지의 국상을 치르자마자, 7월부터 곧바로 군사를 일으켜 백제와 거란을 쳤다. 그의 나이 18세에 불과했고, 왕좌에 익숙해지기도 전이었다. 386년_(고국양왕 3년) 태자로 책봉된

고구려 고분벽화 말을 타고 활을 쏘며 사냥하는 무용총 수렵도 (중국 지안현 고분벽화)와 기병 양성에 힘을 기울였던 고구려의 시대상을 짐작할 수 있는 기마궁술대회(평양시 덕흥리 고분벽화).

이래 부왕과 함께 세운 구상을 실현하고자 곧바로 행동에 나선 것이다. 더 이상 북위나 백제 등에 의해 좌초되는 고구려가 아닌 고구려 중심의 천하를 만들고자 한 것이다. 고구려 역사에서 최초로 연호를 '영락_{永樂}'이라 하고, 호를 영락대왕_{永樂大王}이라 한 것은 그 의지의 표명이었다.

고구려의 대외 전쟁 연표

연대	출정
기원전 9년	제2대 유리왕, 선비족을 쳐서 항복받고 복속시킴.
14년 8월	양맥을 공격하여 멸망시키고, 한漢나라의 고구려현을 공격하여 탈취함.
22년 2월	제3대 대무신왕이 부여를 공격, 국왕 대소를 죽임.
26년 10월	개마국을 정벌하여 그 지역에 군현을 설치함.
49년 2월	제5대 모본왕이 한나라의 북평, 어양, 상곡, 태원 등을 공격함.
121년 4월	제6대 태조왕이 선비족의 군대와 함께 요대현을 공격하고, 요동 태수를 신창에서 죽임.
121년 12월	마한과 예맥의 기병 1만여 명을 거느리고 현토성을 공격, 부여가 한나라와 합세하여 대패함.
146년 8월	한나라 요동의 서안평을 습격하여 대방령을 죽이고 낙랑 태수의 처자를 잡아옴.
242년	제11대 동천왕 요동의 서안평을 공격함.
302년 9월	제15대 미천왕이 군사 3만 명을 거느리고 현도군을 공격하여 8,000명을 사로잡음.
311년 8월	요동의 서안평을 습격하여 빼앗음.
313년 10월	낙랑군을 침공하여 남녀 2,000명을 사로잡음.
314년 9월	대방군을 침공함.
320년 12월	군사를 보내어 요동을 침공하였으나 모용인에게 패함.
385년 6월	제18대 고국양왕이 후연의 요동과 현토성을 함락시키고 남녀 1만 명을 사로잡음.
392년 7월	제19대 광개토대왕이 군사 4만 명을 거느리고 백제 북쪽 변경을 공격하여 석현성 등 19개 성을 함락시킴(광개토대왕의 정복사업).
394년 8월	패수에서 백제군 8,000여 명을 격파함.
400년	군사 5만 명을 보내어 왜倭의 침입을 받은 신라를 구함.
410년	동부여를 공격하여 64개 성을 점령.
468년 2월	제20대 장수왕이 말갈의 군사 1만을 동원하여 신라의 실직주성을 점령.
475년 9월	군사 3만 명을 거느리고 백제의 수도인 한성을 공격하여 점령하고 백제 개로왕을 죽임 (고구려의 한강 유역 점령).
507년 10월	제21대 문자명왕이 말갈군과 함께 백제의 한성을 공격했으나 백제군의 반격으로 퇴각.
529년 10월	제22대 안장왕이 백제 북쪽 변경의 혈성을 함락시킴.
598년 2월	제26대 영양왕 때 말갈병 1만 명으로 요서 지방의 영주를 공격.
603년 8월	장군 고승이 신라의 북한산성을 공격했으나 신라군의 반격으로 실패함.

638년 10월	신라의 칠중성을 공격했으나 11월에 신라군에 패함.
655년 1월	백제와 말갈의 군사와 연합하여 신라의 북쪽 변경을 침입, 33개의 성을 빼앗음.
670년 4월	신라의 설오유와 고구려의 고연무가 각각 1만 명을 거느리고 압록강을 건너 당나라 말갈 군사를 격파함.

백년간 대륙을 지배한 고구려

20년간의 불꽃 같았던 영광은 막을 내렸다. 적국이 왕성을 무너뜨리고 왕의 시신을 탈취해가고, 왕이 적군에게 죽는 비극을 겪기도 했으나 대고구려는 오히려 강해졌다. 광개토대왕 20년, 장수왕 79년의 재위 기간은 영광의 시기였다. 중국 대륙의 강력한 왕조였던 북위 역시 고구려를 인정해야만 했다. 그러나 100년의 찬란한 시기가 끝나갈 무렵 고구려는 수隋와 당唐이라는 중국의 강력한 통일 왕조를 적으로 맞게 된다.

수나라를 건국한 문제文帝는 북주北周의 수국공隋國公이자 황제의 장인, 그리고 북주 제5대 황제 정제靜帝의 외조부로서 실권을 장악한 후 스스로 황제의 지위에 올라 그동안 분열되어 있던 중국을 통일했다. 문제의 뒤를 이은 차남 양제煬帝는 대운하 건설과 북위 아래 변방을 안정시키고 천하를 통일하겠다는 일념으로 숙원 사업이었던 고구려 원정을 시도했다. 하지만 을지문덕의 활약으로 수나라는 패배와 함께 몰락했다.

뒤이어 들어선 당나라 역시 수나라처럼 고구려를 정복하려는 야심이 가득했다. 하지만 당태종唐太宗은 원정에 따르는 부담과 적지와 적의 전략을 파악하고 대처하는 데 실패하여 원정 실패의 참담한 결과를 맛보았다. 결국 당은 신라와의 연합을 통해 고구려 재정벌의 야욕을 채우려 했다. 신라가 적극적으로 협조한 탓에 고구려와 한뿌리였던 백제가 결국 망했고, 최강의 군사력을 자랑했던 연개소문淵蓋蘇文의 군대 역시 그가 죽고 난 뒤 무너졌다.

광개토대왕이 꿈꾸고 장수왕 대에서 이룬 대제국 고구려는 무너졌다. 그렇지만 고구려의 영광의 흔적은 곳곳에 기록과 유적으로 남아 있다. 이 자료들을 통해 대제국 고구려의 위상을 체감할 수 있다.

신라 전성기와 황룡사에 담긴 꿈

사로국 시대

고조선 유민들은 경주 일대를 중심으로 6촌으로 나누어 살며 정착하기 시작했다. 이때 경주 인근 양산 기슭 나정 옆 숲 사이에서 박 형태의 큰 알이 발견되었는데, 거기서 어린아이가 나왔다. 그 아이가 13세가 되자 6촌의 촌장들은 그를 거서간, 즉 왕으로 추대했다. 그가 바로 신라^{당시 나라 이름은 서라벌}의 시조 박혁거세 거서간이다.

그의 부인 알영은 알영정에 나타난 용의 옆구리에서 태어났으며 덕이 있어 혁거세의 부인이 되었다고 한다.

혁거세가 죽은 뒤, 아들 남해 南解 차차웅이 뒤를 이었다. 이때

나정蘿井 비각 천년 신라의 역사가 시작된 박혁거세가 태어난 우물터. 현재 우물터는 없고, 우물터를 표시한 비석만 있다. 사적

알영정閼英井 현재 터만 남아 있으며, 돌 세 개로 덮어두고 비석을 세워 표시해 놓았다.

부터 이사금 칭호를 사용하는 본격적인 사로국 시대가 열렸다. 사로국은 진한의 실질적인 맹주 자리를 차지하며 주변 소국들을 통합해갔고, 이사금 시대는 김씨 왕조가 자리를 잡아갔다. 눌지가 군사 쿠데타를 일으켜 실성 이사금을 제거한 뒤 왕위에 오르면서부터 마립간 칭호를 썼으며, 왕권이 강화되어갔다. 눌지 대부터 시작된 마립간 시대는 이후 자비慈悲, 소지炤知를 거쳐 지증智證 마립간까지 갔다. 사로국은 지증 마립간 대에 이르러 고대 국가로 변모를 꾀했다.

지증 마립간 4년(504)에 '덕이 날로 새로워진다德業日新'와 '그 덕이 사방을 모두 덮는다網羅四方'는 의미인 신라新羅를 국호로 정했다. 또 22대까지 써왔던 거서간, 차차웅, 이사금, 마립간 호칭을 버리고 '국왕國王'이라 칭했다. 이밖에도 지증 마립간 대에는 순장殉葬 금지와 우경牛耕, 소로 밭을 갈도록 함 권장 등의 조치가 내려졌다.

그가 죽은 뒤 신라는 죽은 왕에게 처음으로 시호를 올렸다. 그것이 바로 '지증'이었다. 이로써 소국 단계의 사로국은 지증왕 대를 지나면서 고대국가로 성장하는 발판을 다졌다.

정복 군주 진흥왕

지증왕의 맏아들로 왕위에 오른 법흥왕은 병부兵部, 군사 일을 담당를 설치하고,

불교의 공인을 위해 순교한 이차돈(좌)과 순교비(우)　6면 중 5면에 각각 글씨를 새겼으나 마모가 심해 알아보기 어렵다. 그러나 판독 가능한 글자를 중심으로 해석한 결과, 《삼국유사》에 나오는 이차돈 순교 기록과 일치한다. 양각 그림도 이차돈임을 증명해준다. 현재 국립경주박물관에 소장되어 있다.

율령 반포와 관복 제정을 꾀하여 체제를 정비했다. 이차돈의 순교"를 계기로 체제 정비와 사회 안정에 필요한 불교를 공인했다. 또 상대등화백 회의와 같은 귀족 회의를 이끄는 신라 최고의 벼슬을 처음으로 두어 국사를 총괄하게 했고, 연호를 쓰기 시작하여 재위 23년을 건원建元 원년이라 했다. 법흥왕은 김씨 왕권을 중심으로 신라의 국가 체제를 강화하는 데 큰 공헌을 했다. 지증왕과 법흥왕 대를 거쳐 추진된 체제 정비는 진흥왕 대에 이르러 신라가 본격적인 고대국가로서 완전히 자리잡고 팽창 정책을 추진하는 기반이 되었다.

진흥왕 최대 업적인 영토 팽창은 점령지를 직접 돌아보고 그것을 기념하기 위해 세운 비석에 잘 나타난다. 551년 진흥왕은 연호를 개국開國으로 바꾸고, 군사적 자신감을 드러내며 곧바로 영토를 확장하기 시작했다. 같은 해 단양적성비를 세우고, 552년 한강 진출을 꾀하여 점령했다. 555년 북한산진흥왕순수비를 세웠으며, 561년 창녕에도 역시 순수비를 건립했다. 568년에 황초령순수비와 마운령순수비를 건립함으로써 신라의 영토는 최대로 넓어졌다.

진흥왕은 화랑제도"를 두어 단체 생활을 통한 심신 연마와 인

┃ **이차돈의 순교** ┃
신라 법흥왕 때의 승려로, 불교 공인을 위해 순교를 자처했다. 그가 처형된 후 일어난 기적(피가 하얀색으로 변함)에 감흥해 신하들이 불교를 신라에 공인했다.

┃ **화랑花郎제도** ┃
신라 시대에 문벌과 학식이 뛰어난 청소년을 모아 심신을 단련시키고, 군사 훈련을 통해 인재를 양성하던 제도.

북한산신라진흥왕순수비北漢山新羅眞興王巡狩碑
처음에는 북한산 비봉에 있었으나 보존을 위하여
경복궁으로 옮겼다가, 현재는 국립중앙박물관에
있다. 국보 3호.

단양적성비丹陽赤城碑 오랫동안 흙속에 파묻혀 있어 글자는
잘 보존되어 있지만, 윗부분은 소실되었다. 국보 제198호.

재 양성의 틀을 세웠다. 화랑 중의 화랑을 뽑아 원화源花라고 불렀고, 그 대표적 인물이 진골 출신의 사다함斯多含이다. 그는 원화로 뽑히면서 무리의 지도자가 되었고, 이사부와 함께 가야를 정벌하는 데 큰 공을 세웠다.

진흥왕은 재위 기간 동안 왕족의 압도적인 지지를 받았고, 금관가야에서 망명한 김무력과 같은 신흥 세력들과 조화도 꾀했다.진흥왕과 이사부, 거칠부, 김무력의 세력 결합은 영토 확장을 이루어나가는 기반이 되었다.

불국토와 통일의 꿈을 담은 황룡사

한결같은 마음으로 불교를 받들었던 진흥왕승명 법운法雲은 스스로 부처이자

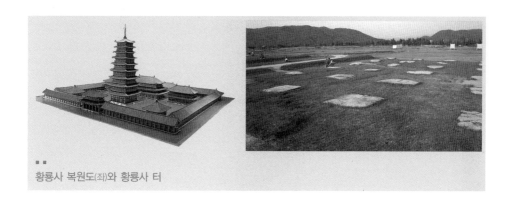

황룡사 복원도(좌)와 황룡사 터

왕이 되고자 했다. 진흥왕은 부처와 부처의 세상을 상징할 사찰이 천하의 중심에 있어야 한다고 생각했다. 그러면서도 왕을 상징할 만한 세속적인 것을 원했다.

553년 월성 동쪽 신궁궐지에서 황룡이 나타났는데, 이를 계기로 절을 짓기 시작했다. 진흥왕 14년(553)에 만들어지기 시작한 황룡사皇龍寺는 진흥왕 27년(566)에 가서야 그 윤곽이 완성되었다. 황룡사 건립은 당대 최고의 고승 자장慈藏이 전개해나갔다. 황룡사는 단순한 사찰이 아니라 민심을 하나의 불심으로 모으고 그 불심을 천하에 널리 퍼뜨리려 큰 뜻을 품고 세워진 신라 제일의 호국사찰이었다.

《삼국사기》에서는 이 사찰의 준공을 아주 간단하게 단 한마디로 기록했다. "황룡사가 준공되었다."

진평왕 6년에 주존불을 모시는 금당이 완성된 후, 신라는 계속해서 고구려, 백제, 말갈, 왜 등의 침입을 받았다. 진흥왕 이래 안정을 되찾았던 신라 사회에 동요

황룡사 발굴 유물 용마루 양쪽 끝에 올리는 기와로 치미 또는 망새라고 불린다. 이것은 건물에 들어오는 나쁜 기운을 막아주고 안전을 염원하기 위해 제작된 것이다.

첨성대　선덕여왕이 세운 동양에서 가장 오래된 천문 기상 관측대. 국보 제31호.

가 일기 시작했다.

진평왕은 딸이자 후계자인 덕만선덕여왕을 위해 대내외적으로 기반을 다지는 작업을 추진했다. 그 하나가 국인들에게 '성조황고聖祖皇姑'란 호를 올리도록 한 것이다. 또 선덕이 당에서 보내 온 모란꽃 그림을 보고 그것이 향기가 없는 꽃이라는 것을 알아냈다며 딸의 지혜로움을 과시했다. 이찬伊飱 칠숙柒宿이 반란을 꾀하자 즉시 잡아들여 목을 베고 9족을 멸하여 내부의 안정을 꾀했다. 한편 당나라에 사신을 보내 고구려와 백제에 대응할 수 있는 외교 관계도 마련해두었다.

선덕여왕은 즉위하자마자, 연호를 개정하고 자신의 염원을 담은 절을 짓는 등 새로운 시도를 감행했다. 634년 연호를 인평仁平이라 했고, 그 바람을 담은 절 분황사芬皇寺를 준공했다. 더불어 천체를 살피고 제사를 올리기 위한 단을 쌓았다. 이것이 바로 첨성대다.

왕위에 오른 선덕여왕은 김유신과 김춘추를 거느리는 데 성공했으며, 대신 을제와 수품에게 국정을 총괄하도록 했다. 유난히 승려 자장에 대한 기대가 컸는데, 자장은 선덕여왕의 기대에 훌륭하게 부합했다. 신라가 꿈꾼 불국토와 통일의 상징이자 선덕여왕을 중심으로 한 왕실의 위엄을 높이는 방법으로 9층탑 건립을 제안했다.

탑을 건축하기 위해 백제의 공장 아비지阿非知를 초청했고, 선덕여왕 12년(643)에 이찬 용춘龍春 등이 공장 200인과 함께 짓기 시작하여 14년(645)에 완공했다.

황룡사는 신라가 꿈꾼 불국토와 통일의 상징이 되었다. 그 중심에는 장륙존상"과 9층탑이 있었고, 신라인들은 왕실과 귀족, 백성이 하나가 되었다. 삼국 통일의 야심찬 발걸음은 이렇게 그 꿈을 이루어가면서 하나씩 시작되었다.

┃ 장륙존상丈六尊像 ┃
《삼국유사》에 이 불상에 대한 기록이 있다. "인도 아육왕阿育王이 황철黃鐵 5만 7,000근과 황금 3만을 모아서 석가의 불상 셋을 주조하려다가 이루지 못했다. 그래서 그것을 배에 실어 바다에 띄우면서 '인연 있는 국토에 가서 장륙존상이 이루어지길 바란다'고 축원했다. 한 부처와 두 보살의 상도 모형과 함께 실려 있었다."

천도로 본 백제의 역사

백제의 태동

왕조 국가에서 도읍은 왕이 있는 곳을 상징한다. 그러므로 도읍은 왕조의 운명과 직결될 수밖에 없다. 백제는 도읍을 여러 차례 옮겼는데, 모두 정치·군사적 이유에서였다. 천도를 통해 새로운 영광 재현을 꿈꾸었지만 오히려 좌절의 역사만 겪어야 했다.

백제는 북부여에서 출발한 주몽의 두 아들 비류沸流와 온조溫祚가 남하하여 정착하면서 그 역사가 시작된다. 기원전 18년 온조는 한강을 중심으로 정착했고, 하남 위례성에 도읍을 정하고 국호를 십제十濟라 했다. 비류는 미추홀에 도읍을 정했으나 토지가 척박하고 기후가 나빠 백성들을 데리고 위례성을 찾아와 스스로 복종했다. 그 후 나라 이름을 백제百濟로 바꾸었다.

그런데 위례성은 동쪽에는 낙랑, 북쪽에는 말갈이 자주 침입하고 불운한 징조가 자주 나타났다. 또 국모가 죽은 곳이라 하여 기원전 6년에 남한산 자락 쪽으로 옮겼다. 이후 백제는 한강을 중심으로 하여 하남과 하북을 사정에 따라 오가면서 도읍을 경영했다.

풍납토성 우물터에서 발굴된 토기 유물

몽촌토성 백제 위례성으로 추정하고 있으며, 현재 서울시 송파구 올림픽공원 내에 있다. 사적 제297호.

위례성한성에 도읍을 정하면서 백제는 시조에 대한 숭배 의식을 체계화했다. 기원전 18년에 동명성왕묘를 세우고, 기원전 2년에는 국모에게 제사를 지내기 시작했다. 또 시조 구태묘仇台廟를 세워 일 년에 네 번 제사를 지냈고, 매년 사계절의 중간 달에는 하늘과 오제신五帝神에게 제향을 올렸다.

전성기를 구가하다

백제는 한성을 중심으로 500년간의 영화를 구가했다. 백제 제8대 고이왕은 낙랑군과 대방군, 말갈족을 북으로 밀어냈고 신라와 싸워 승리하여 영토를 넓혔다. 천지에 제사를 올리고 남당南堂에서 정치를 돌보았다. 그리고 중앙에 6좌평*을 두는 한편 16품의 관등제와 백관의 공복公服을 제정했다. 이로써 삼국 중 백제가 가장 먼저 고대국가로 발전할 수 있는 기틀을 갖추었다.

┃6좌평六佐平┃
백제 시대에 있던 16관등 중 첫째 등급. 내신좌평(육좌평 가운데 최고 벼슬로 왕명 출납, 정령 반포, 백성 상소 전달)·내두좌평(재정)·내법좌평(의례)·위사좌평(숙위와 병사)·조정좌평(형옥)·병관좌평(지방 병마) 등이다.

일본 석상신궁에 보관되
어 있는 칠지도

369년 근초고왕은 마한을 멸하고 가야의 여러 나라들을 부용국^{附庸國}으로 병합했다. 고구려와의 전쟁에서 고국원왕을 전사시켰으며⁽³⁷¹⁾, 일본에 칠지도^{七支刀}를 하사했다. 일본에 전수해준 것은 이뿐이 아니었다. 아직기^{阿直岐}는 한자를 가르쳤으며 박사 왕인^{王仁}은 《논어》와 《천자문》을 전해주었다. 박사 고흥에게는 《서기》를 편찬하게 하여 백제 왕실의 역사를 정리하도록 했다.

근초고왕 대에 중요한 변화 중 하나는 수도를 옮긴 것이다. 371년 고국원왕을 전사시킨 후 고구려의 공격이 더욱 거세어질 것을 염려하여 남한산 자락으로 수도를 옮겼다.

한성에 도읍했던 시대를 일컬어 한성 백제 시대라고 하는데, 남한산 자락의 이성산성 일대와 풍납·몽촌토성 일대가 한성의 범주에 있었기 때문이다. 한강 유역은 정치·군사·경제·외교적 장점이 매우 컸다.

웅진 백제 시대

《삼국사기》〈백제본기〉 개로왕 21년의 기록에 백제의 치욕적인 모습이 생생하게 묘사되어 있다. 475년 장수왕은 중국과 여러 조공 관계를 맺고 북방을 안정시킨 뒤 남하 정책을 폈다. 수도를 평양으로 옮기고, 숙원 관계인 백제를 대대적으로 침공했다. 물론 중국과 북방의 국경이 안정을 찾은 뒤에 시도한 것이었다. 장수왕의 백제 침공은 매우 치밀하게 계획된 것이었다.

개로왕 21년 즉 장수왕 63년⁽⁴⁷⁵⁾ 장수왕은 군사 3만 명을 동원하여 한성을 포위하고 불을 놓는 등 공격을 단행했다. 당시 한성은 매우 견고한 성이었으므로 고구려의 공격을 막아냈다.

장수왕은 승려 도림道琳을 이용하여 백제 개로왕과 백성들을 이간시키는 전략을 썼다. 도림은 바둑과 장기에 능했는데, 마침 개로왕은 이를 매우 좋아했다. 도림은 이 점을 노려 개로왕의 상객上客이 되어 바둑을 나누는 사이가 되었다. 그리고 개로왕에게 충언을 가장한 모략의 말을 꺼내었다.

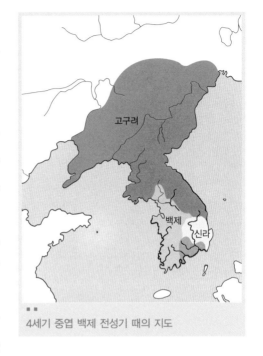

4세기 중엽 백제 전성기 때의 지도

"대왕의 나라는 사방이 산과 언덕, 강과 바다입니다. 이는 하늘이 베푼 험한 요새로 사람의 힘으로 만들어진 것이 아닙니다. 그러므로 사방의 이웃 나라들이 감히 엿볼 마음을 먹지 못하고 다만 받들어 섬기고자 합니다. 그런즉 왕께서는 마땅히 존귀하고 고상한 위세와 부강한 업적으로 남의 이목을 두렵게 해야 할 것입니다. 하지만 성곽은 수선修繕되지 않았고 궁실도 수리되지 않았으며, 선왕의 해골은 땅에 임시로 매장되어 있고, 백성의 집은 자주 강물에 잠기니 신은 대왕을 위해 이 같은 일을 그냥 두고만 볼 수 없습니다."

개로왕은 이를 듣고는 옳다 하여 성을 쌓고 궁궐을 짓고 부왕의 묘를 성대하게 장사 지냈다. 그 결과 창고가 비고 백성들이 곤궁해졌다. 도림과 장수왕의 계략은 성공했다. 결국 개로왕은 아차성阿且城 밑으로 끌려가 죽임을 당했다.

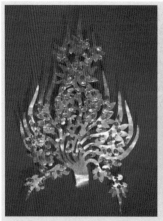

왕비 금관장식(좌), 왕 금관장식(중), 청동신수경(우) 1971년 무령왕릉에서 발견된 유물들. 총 108종 2,906점의 유물들이 발견되었다.

　　문주왕은 한성 백제 시대의 영광을 재현할 만한 곳을 찾아 그와 비슷한 지역을 선택했다. 바로 금강 유역의 웅진이었다. 475년 10월 문주왕 즉위년에 웅진으로 천도하고, 476년 대두산성을 쌓아 도성을 세워 한강 이북에 있던 백성들을 이주시켰다. 그러나 문주왕은 사냥 나갔다가 병관좌평으로 삼은 권신 해구解仇에게 살해당했다. 해구는 대두성을 근거로 은솔16관등 중 셋째 등급 연신과 반란을 일으켰다가 죽임을 당한다. 삼근왕이 15세의 나이로 후사 없이 죽자 문주왕 동생 곤지의 아들 모대牟大가 왕위에 올랐다. 제24대 동성왕이었다. 웅진 백제의 흥성은 동성왕과 무령왕 대에 걸쳐 이루어졌다.

　　동성왕은 신라와 연합하여 고구려와 말갈의 침략에 대비했다. 485년동성왕 7년 동성왕은 신라에 사신을 보내 결속을 확인하고, 493년에는 신라 이찬 비지比智의 딸을 맞아 혼인 동맹을 맺었다. 당시 소지 마립간이 다스리던 신라도 고구려의 남하를 막아야 할 처지였으므로 군사동맹은 쉽사리 맺어졌다. 또한 중국 남제南齊, 일본과도 밀접한 관계를 맺어 고구려에 대비했다. 고구려의 남하에 대응하는 남제, 백제, 신라, 일본이라는 동맹 선을 구축한 것이다.

그러나 동성왕은 신하 백가에게 살해당하고, 이종사촌 사마斯摩가 왕위에 올라 백가를 처벌했다. 바로 무령왕이다. 무령왕은 고구려와 말갈을 치는 한편 신라와 군사동맹 관계를 더욱 굳건히 했다. 제방을 튼튼히 하고 놀고먹는 자들이 다시 농사를 지을 수 있도록 권장하여 농업 생산의 안정을 구축했다. 또 고구려와 말갈의 공격을 대비하기 위해 한강 북쪽에 성을 쌓았다.

웅진 백제 시대는 약 60여 년간 지속되었는데, 이때 백제사에서 중요한 지방 통치 제도 22담로제擔魯制가 시행되었다. 왕의 자제나 종친을 담로에 파견하여 다스리게 한 것으로 보아 보다 강력한 왕실 중심의 중앙집권 체제를 시도했던 것이다.

사비 백제 시대

백제는 왕권 강화와 새로운 백제 건설을 위해 천도를 다시 추진했다. 538년(성왕 16년)에 수도를 사비泗沘로 옮기고 나라 이름을 남부여南扶餘라 했다. 사비에는 백강白江, 백마강이 있었다. 바다와 수도, 그리고 지방과의 연결이 용이한 곳이라는 점에서 한성 백제 때와 비슷한 형상이었다. 안정을 찾은 성왕은 양梁나라와의 외교 관계를 강화했다. 사신을 보내 조공을 바치고 모시박사毛詩博士, 시경에 능통한 학자와 《열반경涅槃經》 등의 경전, 공장工匠과 화사畵師 등을 청했다.

백제는 신라 진흥왕과 연합하여 한강 유역의 고구려를 공격하여 영토를 회복했으나 신라가 동북쪽의 변경을 빼앗아 신주를 설치·운영하여 신라와

양직공도에 나타난 백제 사신도 왼쪽부터 백제, 고구려, 신라 사신. 우호적 관계를 맺은 신라 사신과 백제, 고구려 사신을 다르게 그렸다.

의 동맹이 위태로워졌다. 성왕은 왕녀를 진흥왕에게 시집보내 관계를 회복하려는 화친책을 쓰는 동시에 신라를 공격했으나 오히려 죽임을 당했다.

사비 시대의 백제는 끊임없이 옛 영토를 찾기 위해 노력했고, 신라와의 암투에서 이겨야 했다. 이러한 와중에도 국가 체제 정비를 위해 22부의 중앙 관제를 다시 조정하는 한편 수도를 5부部, 지방을 5방제方制로 편제했다.

607년 무왕은 당시 중국 대륙을 통일한 수양제와 연합하여 고구려를 치고자 했다. 무왕은 고구려와 수나라 사이에서 다시 정세에 따라 외교적 협력을 달리하는 방책, 양단책兩端策을 취했다. 수나라의 고구려 원정 실패 후 당이 들어서자 백제는 당과 관계를 긴밀하게 유지하고자 조공을 바쳤다. 당과 외교 관계를 맺고 고구려와 화친하면서 북방을 안정시킨 백제는 신라와의 경쟁에 나섰다. 백제와 신라의 외교 전쟁은 점점 치열해졌다.

사비 백제는 의자왕 대에 이르러 고비를 맞았다. 신라와의 국지적 전투가 지속되는 가운데 태자궁을 사치스럽고 화려하게 수리했으며, 왕궁 남쪽에는 망해정을 세워 국고를 낭비해갔다. 의자왕은 좌평 성충成忠의 간언에도 불구하고 주색에 빠졌고, 성충은 옥중에서 굶어죽었다. 의자왕의 서자는 무려 41명이나 되었다.

사택지적비 백제 의자왕 14년(654)에 만들어진 백제 시대의 유일한 석비.

부여 능산리 절터에서 발굴된 금동대향로 국보 287호.

고구려를 치기 위한 나당 연합이 이루어지자 백제는 신라와의 외교 전쟁에서 뒤쳐졌고, 이는 곧 국가 위기로 치달았다. 계백繼伯은 황산에서 신라군과 죽기를 각오하고 싸웠으나 역부족이었다. 결국 사비에서 백제는 최후를 맞았다. 당의 소정방蘇定方은 의자왕과 태자 효孝, 왕자 태泰·융隆·연演, 대신과 장사將士 88명과 백성 1만 2,807명을 당나라 수도로 보냈다. 그리고 백제에는 웅진·마한·동명·금련·덕안의 5도독부都督府를 설치하여 다스렸다. 150여 년간의 사비 시대는 백제의 멸망과 함께 막을 내렸다.

고·당 전쟁과 신라의 삼국 통일

영류왕, 당에 화해를 청하다

618년 당은 수나라가 이룩해 놓은 기반 위에서 건국되었다. '천책상장天
策上將, 하늘이 내린 장수'의 칭호를 받을 정도로 뛰어났던 당고조唐高祖의 차남 이세
민李世民이 쿠데타를 통해 등극하면서 본격적인 당의 시대가 열렸다.

당태종은 집권 후부터 당 중심의 세계 질서 편입을 거부하고, 일정한 거리
를 두면서 대결 구도를 고집한 고구려를 정벌하고자 했다. 위징과 장손무기
등의 만류로 이 시도는 중단했지만 고구려 내부의 분란은 큰 유혹이었다.

한편, 고구려의 영류왕은 수나라와의 전쟁에서 승리했지만 그 결과가 가
져올 심각한 위험성을 알아차렸다. 수와 싸우는 동안에도 북방, 신라, 백제
의 공격을 늘 우려했다. 영류왕은 고구려 중심의 동북아시아 질서를 유지
하면서 당과 병존하는 정책을 꾀했다. 622년 이를 위해 중국인 포로 수만
명을 돌려보냈고, 매년 당에 조공을 보냈으며 태자까지도 사절로 보냈다.
또 624년에는 당의 책력冊曆을 반포해줄 것을 청했고, 도교를 받아들이려 했
다. 626년 고구려가 백제와 신라의 조공 길을 막아놓은 것에 대해 사과하

고 두 나라와도 화해를 시도하겠다고 전했다. 631년에는 고구려와 수의 전쟁에서 전사한 수나라 군사들의 시신을 쌓아 올려 전승 기념으로 삼았던 합동 무덤인 경관京觀을 무너뜨려 당의 자존심을 달래기도 했으며, 고구려 봉역도封域圖도 바쳤다.

당나라 제1대 황제 당고조 이연과 제2대 황제 당태종 이세민

연개소문의 집권과 고당 전쟁의 신호탄

영류왕의 평화공존 외교 전략은 내부의 반발로 흔들렸다. 연개소문이 영류왕과 친당파 귀족 세력 제거에 나섰기 때문이다. 642년 연개소문은 쿠데타를 일으켜 성공했지만, 곧바로 외교 전략을 수정하지는 않았다. 당에 조공을 지속적으로 바쳤고, 당에서 《도덕경》을 받기도 했다. 하지만 고구려가 잃어버린 영토를 찾기 위해 신라를 정벌하는 것에 대해 당이 간섭하자 듣지 않았다. 소위 내정간섭으로 보면서 신라가 옛 고구려 땅을 돌려준다면 그만두겠다고 했다.

이로써 그동안 위태롭게 유지해왔던 평화는 깨지게 되었다. 그리하여 당

┃ 안시성 전투 ┃

고구려 보장왕 4년(645) 당
태종이 고구려 침공을 목
적으로 30만 대군을 이끌
고 안시성을 공격했으나,
양만춘이 끝까지 싸워 당
군을 물리쳤다. 당은 총인
원 50만 명을 동원하여 60
여 일 동안 흙을 쌓아 산을
만들고 그 위에서 성을 공
격하는 방법도 썼지만, 끝
내 고구려가 승리했다. 3개
월가량의 긴 전투였다.

태종은 군신 살해 등을 명분으로 군대를 일으켰다. 당태종은 승
리를 확신했지만, 상황은 반대로 전개되었다. 당군은 요동성에
서 거둔 승리를 바탕으로 백암성을 항복시키고 안시성을 공격
하기에 이르렀다. 하지만 양만춘楊萬春이 지키는 안시성°에서 제
동이 걸렸다. 양만춘이 지키고 있는 안시성은 쉽사리 무너지지
않았다. 그리고 겨울이 다가오는데다가 보급로가 서서히 막히
기 시작하자, 당태종은 결국 회군을 결정할 수밖에 없었다.

고구려의 연개소문과 당태종의 1차 회전은 이것으로 끝났지
만, 전투가 끝난 것은 아니었다. 이후에도 태종은 고구려를 수
차례 공격했지만, 결과는 실패였다.

나당 연합과 백제의 멸망

고당 전쟁 격전 상황

신라는 진흥왕 대의 팽창정책을 고
수하여 한강 유역을 차지하고 고구려
의 동쪽 영토를 점령했다. 고구려와
백제는 잃어버린 영토를 찾기 위하여
계속해서 신라와 충돌했다.

642년(선덕여왕 11년) 대야성지금의 합천 도
독 품석品釋과 부인김춘추의 딸이 백제 장
군 윤충의 공격으로 죽었다. 김춘추
는 이 소식을 듣고 기둥에 기대어 서
서 하루 종일 눈도 깜박이지 않고 사

태종 무열왕릉과 비 무열왕은 백제를 멸망시키기 위해 당나라와 연합하여 삼국 통일의 기반을 닦았다. 현재 빗돌은 없어지고 거북 모양의 받침돌과 용을 새긴 머릿돌만 남아 있다. 경상북도 경주 서악동에 있다.

람이 그 앞을 지나가도 알아보지 못했다. 그리고 "아, 슬프도다! 대장부가 되어 어찌 백제를 정벌하지 못하겠는가?" 하고 홀로 읊조리며 복수를 맹세했다. 이를 위해 직접 선덕여왕에게 다음과 같이 청했다. "신이 고구려에 사신으로 가서 군사를 청하여 백제에 원수를 갚고자 합니다." 하지만 김춘추의 이런 노력은 연개소문 정권에 의해 좌절되었다.

648년(진덕여왕 2년) 김춘추는 아들 문왕文王과 함께 당에 조공을 바치러 들어가 당태종을 만나는 데 성공했다. 당태종도 김춘추와 신라의 협조가 필요한 상황이었으므로 양국은 협상을 맺었다. 그 핵심은 평양 이남의 백제 땅을 신라에 준다는 것이었다.

이때 당태종이 약속했던 사항

계백 장군의 묘 계백 장군은 나당 연합군이 백제를 공격하자, 결사대 5,000명을 이끌고 황산벌에서 신라 장수 김유신과 네 차례 전투를 벌인 끝에 전사했다.

은 1차 고당 전쟁에서 당이 패하는 바람에 지켜지지 않았으나, 신라는 2차 고당 전쟁이 시작될 것을 알고 더욱 적극적으로 당의 협조를 이끌어냈다. 진덕여왕은 그야말로 최고의 찬사로 가득 찬 〈태평송太平頌〉을 당고종에게 올렸다.

한편 이때 백제에서는 의자왕의 실정이 이어지고 조정의 전략가 좌평 흥수와 성충의 충언이 묵살되면서 위기를 맞았다. 두 신하의 의견은 백강과 탄현을 결사적으로 막아야 하며, 그 후 형세를 보아 나당 연합군을 공격해야 한다는 것이었다. 결국 660년 마지막 보루였던 황산의 계백이 무너지면서 백제는 멸망하기에 이르렀다.

2차 고당 전쟁과 고구려의 멸망

고구려는 백제의 멸망을 지켜보아야 했다. 고구려도 보장왕 17년⁽⁶⁵⁸⁾부터 당이 요동 쪽을 거듭 공격했기 때문이다. 그리고 백제 점령에 성공한 나당 연합은 660년 11월에 길을 나누어 고구려를 공격했다. 그러나 총공세를 시작한 지 5년이 지나서도 고구려의 수도 평양성을 함락하지 못했다. 연개소문과 그 아들 남생 등의 저항으로 일진일퇴가 반복되었다.

2차 고당 전쟁은 의외의 사태로 승리가 결정되었다. 보장왕 24년 연개소문은 대막리지"의 지위를 장남인 남생에게 잇게 하고 죽었다. 연개소문에게는 남생 외에도 남건과 남산 두 아들이 있었다. 모두 권력에 뜻을 두고 있었던지라 남생이 여러 성을 순행하러 떠나자 이들 간에 알력이 본격화되었고 남건과 남산은 형 남생을 제거하기로 했다. 극적으로 탈출에 성공한 남생은 국내성에 있으면서 아들

| 대막리지 |
삼국 시대 후기에 있었던 고구려의 최고 벼슬. 연개소문이 집권하고 나서 기존의 벼슬 막리지보다 한 등급 높은 것이다.

헌성을 당군에 보내어 항복 의사를 전달했다. 그때부터 당군은 승세를 잡았고, 668년 압록강 서쪽은 당군이 점령하기에 이르렀다.

신라 역시 고당 전쟁이 마무리 단계에 이르렀음을 알아차리고 더욱 적극적으로 고구려를 공격했다. 668년 6월 21일 문무왕은 군대를 다시 편성하고, 대각간 김유신을 대당 대총관大幢大摠管으로 임명하고 당군과 힘을 합쳤다.

그리고 파죽지세로 평양성에 도달한 나당군은 총공격을 퍼부었다. 결국 고구려는 막리지 남건의 수하 등이 성문을 열어 파국을 맞았다. 10여 년에 걸친 2차 고당 전쟁의 최후였다. 고구려가 가졌던 동북아시아의 패권은 이렇게 무너져버리고 말았다.

나당 전쟁과 삼국통일

668년 9월을 끝으로 고당 전쟁은 막을 내렸다. 그러나 신라는 이보다 훨씬 규모가 큰 두 전쟁인 당과의 전쟁과 백제·고구려 부흥군과의 전쟁을 하게 되었다. 당은 전쟁을 끝내면서 직접 점령지를 지배하는 정책을 썼다. 도독부와 도호부를 두고 이를 통해 점령지를 통치했다.

이러한 점령지 지배 정책을 정하는 과정에서 신라는 철저히 배제되었다. 그뿐만 아니라 663년에 신라가 당의 연합

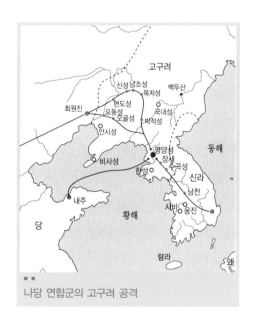

나당 연합군의 고구려 공격

국이었는데도 당은 신라를 계림대도독부^{鷄林大都督府}로 삼고, 왕을 계림주대도 독^{鷄林州大都督}으로 삼았다. 이때부터 신라는 당의 의도에 의구심을 품고 대처 하기 시작했다.

신라는 당태종과 태종무열왕의 처음 협상 내용대로 백제 땅과 평양 이남 을 신라가 지배해야 한다고 주장했다. 양쪽의 주장이 이렇게 대척점에 서자 충돌은 불가피했다. 그리하여 신라는 당군 축출 전쟁을 일으켰다.

전쟁은 670년부터 676년까지 무려 7년여 동안 전개되었다. 이 기간 동안 신라는 당군 축출을 기도하면서 고구려·백제 부흥군과 결탁하여 지배력을 확대하려고 했다. 665년 당은 신라를 분열시킬 목적으로 부여융^{扶餘隆, 의자왕의 아들}을 웅진 도독으로 삼아 귀국하게 했으며, 673년 문무왕의 동생 김인문^{金 仁問}을 신라 왕으로 삼았다. 677년에는 보장왕을 요동주도독으로 삼고 조선 왕으로 봉하여 요동으로 돌려보내 나머지 무리들을 다스리도록 했다.

676년 나당 간의 전쟁은 매초성과 기벌포 등지의 싸움으로 일단락되었 다. 그리고 문무왕은 당이 고구려 평양에 설치했던 안동도호부를 요동성으 로 물리쳤다. 당은 더 이상 한반도에 집중할 수 없었다. 서역 토번^{吐蕃, 티베트 족} 의 침공이 시작되었기 때문이다. 신라 로서는 당군 축출에 성공한 것임과 동 시에 삼국 통일을 이룩한 것이었다.

김인문 묘비 단순한 원형 형태의 묘로, 태종무열왕 릉 맞은 편에 있다.

신라가 삼국을 통일하기는 했지만 독 자적인 힘으로 통일을 이룩한 것은 아 니다. 당과 외교 관계를 맺고 군사적 협 조 관계를 유지하여 성공을 거둔 것이 다. 고구려 영토를 빼앗기고 말았지만, 소모적인 삼국 간의 전쟁은 사라졌다.

나당전쟁과 백제·고구려 일부 지역에 대한 통합 노력은 고구려와 백제의 유민들을 끌어안는 데 성공적이었다. 따라서 삼국 간의 사회·문화적 통일이 점차 이루어져갔다. 나아가 군사적 대립을 유지했던 당과의 화해를 적극적으로 시도함으로써 외부의 적을 만들지 않는데도 성공했다. 바야흐로 삼국 통일 시대가 열리게 된 것이다.

또 다른 고구려의 역사, 발해 시대

고구려의 재건, 진국

고구려 멸망 이후 당은 고구려 지배층을 강제 이주시키고 소수 고구려계 친당 세력을 도독으로 삼아 유민들을 다스리는 이이제이 방식을 썼다. 그러나 696년 영주 도독의 가혹한 통치가 계속되자 거란족 이진충李盡忠은 무리를 모아 반란을 일으켰다.

이때를 틈타 영주로 강제 이주당해 살고 있던 고구려의 후예 대조영大祚榮은 무리를 이끌고 천문령을 넘어 동쪽으로 이동했다. 진압군 장수 이해고李楷固가 뒤쫓자 대조영은 고구려 유민, 말갈과 연합한 후 항거하여 크게 승리를 거두었다. 그리고 마침내 698년 길림성吉林省, 지린성 돈화시敦化市, 둔화시 동모산을 중심으로 성을 쌓고 나라 이름을 진국震國 713년 발해로 고침이라 했다. 당현종唐玄宗은 대조영의 위세를 인정하고 좌효위대장군左驍衛大將軍 발해군왕渤海郡王 홀한주 도독忽汗州都督으로 책봉했다. 시호는 고왕高王이다.

고왕의 적자인 대무예大武藝 발해 제2대 무왕는 즉위한 후 흑수 말갈과 당의 연합을 우려하여 친아우인 문예門藝를 시켜 흑수 말갈을 공격하게 했다. 문예

상경용천부 황궁 터(좌)와 상경용천부 안내비 상경용천부는 발해 시대에 둔 오경五京의 하나로, 755년 발해 제 3대 문왕이 도읍한 후부터 멸망할 때까지의 수도이다.

는 고왕 때 당에 숙위*로 갔고 친당파에 가까웠으므로 무왕에게 대당 전쟁의 우려와 원정의 어려움을 들어 반대하다가 결국 살해당할 지경에 처한다. 그는 당으로 망명하여 목숨을 부지했는데, 당현종은 그를 이용해 무왕을 자극했다. 무왕은 계속해서 영토 정복에 나서 만주의 대부분과 연해주 지역을 정복했고, 종내에는 신라와 국경을 접하게 되었다. 또한 신라와 당을 견제하는 수단으로 왜와 국교를 열었다. 하지만 무왕 대에는 문예가 걸림돌이 되어 당과의 관계가 불편했다.

고왕과 무왕은 40여 년의 재위 기간을 이어갔다. 그동안 진국은 주변을 평정해갔고, 고구려 후예들과 말갈인들을 중심으로 국가의 위상을 갖추게 되었다. 당나라도 이를 인정할 수밖에 없어 대조영을 발해군왕이라 했다. 발해 스스로 왜에 보낸 국서 내용 중에 "고구려의 옛 땅에서 일어나 부여의 풍속을 이어간다"고 적은 내용이 있다. 고구려의 정통성은 발해로 연결된 것이다.

| 숙위宿衛 |
군소 국가의 왕자들이 당나라 황실에 머물면서 황제를 지키는 것. 사실 적국의 볼모였다.

북방의 해동성국

제3대 문왕의 재위 기간은 50여 년에 이른다. 아버지 무왕과 달리 그는 대외 정책을 새롭게 세웠고, 문치를 바탕으로 내치에 힘을 기울였다. 당과 화친 관계를 유지하기 위해 사신을 보내 조공을 바치고, 문물 수입을 위한 유학생을 파견했다.

이를 바탕으로 문왕 대에는 당의 3성 6부제를 받아들여 정당성·선조성·중대성을 두고, 정당성 아래로 좌사정과 우사정을 두었다. 좌사정에 충부·인부·의부, 우사정에는 지부·예부·공부를 두었다. 이외에도 어사대 기능의 중정대를 두었고, 비서성에 해당하는 문적원을 설치했으며, 국자감에 해당하는 주자감을 두었다. 이처럼 문왕 대 이후로는 당의 관제를 수용하면서도 유교적 성격을 반영한 6부의 명칭을 썼다. 연호를 인안仁安에서 대흥大興으로 고쳐 선포했고, 죽은 왕에게 시호를 스스로 올리는 등 강력한 왕권 구축에 기반을 두는 독자성을 띠었다. 한편 수도인 상경은 당의 장안성을 모방한 계획도시로 정비했다.

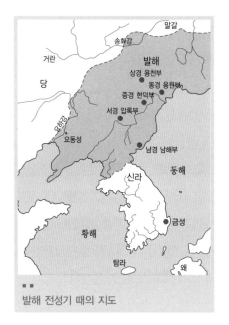

발해 전성기 때의 지도

문왕 26년(762) 당에서 발해국왕이라는 책봉을 내려 그 지위는 더욱 굳건해졌다. 문왕 대의 문치 업적 등에서 보듯이 발해는 동북아 지역의 패자로 자리잡게 되었다. 발해가 더욱 자리를 굳히게 된 때는 대조영의 아우 야발野勃의 4대 손인 인수仁秀, 즉 선왕宣王이 즉위하면서였다.

818년 선왕은 즉위하면서 연호를 건흥建興

이라 선포하여 왕조 체제의 재정비를
상징화했다. 그는 12년간 재위하면서
흑수 말갈이 주로 살던 지역을 토벌
하여 영토를 확장했으며, 당에도 자
주 사신을 파견하여 관계를 돈독히
했다. 행정 구역을 재편하면서 국토
를 5경京·15부府·62주州로 나누어 다
스리도록 했다. 5경은 5방위를 뜻하
는 것으로 상경 용천부, 중경 현덕부,
동경 용원부, 남경 남해부, 서경 압록
부 등이다. 부에는 도독, 주에는 자사,
현에는 현승을 파견했다.

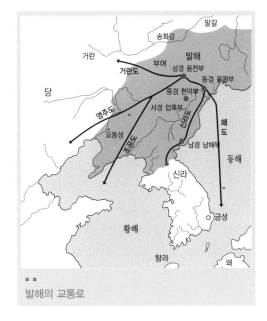

발해의 교통로

이처럼 문왕과 선왕의 치세를 통해 발해는 문물이 발달하고 국토가 넓어
지는 한편 국제 교류도 활발해졌다. 국제 교류를 위해 발해는 당과의 교류
를 위한 조공도朝貢道, 신라와의 교류를 위한 신라도新羅道, 왜와의 교류를 위
한 일본도日本道 등의 교통로를 두었다. 이외에도 서쪽과 교류하기 위한 영주
도營州道, 거란과 통교하기 위한 거란도契丹道를 두었다.

그러나 지배층 내에서는 지나친 모화慕華, 중국 문물과 사상을 우러름 경향을 띠는
모습도 보였다. 발해와 신라는 문물 습득을 위해 당에 유학생을 파견했다.
때마침 당이 당의 태학에 유학하는 숙위 유학생 등을 상대로 빈공과賓貢科를
열자 발해와 신라의 유학생들은 경쟁적으로 응시했다. 발해 유학생 중 오소
도烏炤度는 빈공과에 수석 합격했고, 그의 아들 오광찬烏光贊 역시 뛰어난 성적
으로 급제했다. 문왕의 딸들인 정혜공주 묘비와 정효공주 묘비에는 이 사실
들이 기록되어 있다.

지배층이 주로 고구려 후예인 대씨와 고씨로 구성되었다는 점에서 알 수 있듯이 지배층의 문화는 고구려 문화를 계승한 것이었다. 정혜공주 묘의 고분 축조 방식과 와당, 불상의 제조 방식도 고구려의 것을 계승했다. 불상 제조로 불교 문화 역시 융성했음을 알 수 있다. 정혜공주 묘지 비석에는 제3대 문왕이 자신을 대흥보력효감금륜성

정혜공주 묘 길림성 돈화시에 있으며, 1949년에 우연히 발굴되었다. 조그마한 비석조차 없었다면 정혜공주의 묘인지도 모르고 지나칠 정도다.

법대왕大興寶曆孝感金輪聖法大王이라 일컬었다는 내용도 있다.

고구려의 옛 땅에 세워진 발해와 삼국을 통일한 신라는 서로 안정을 찾으면서 교류를 했다. 남북국 시대를 향하기 시작한 것이다. 발해는 해동성국海東盛國이라 불릴 만큼 문물제도가 갖춰졌고, 신라는 당이 보낸 사신을 맞이할 때 학식이 뛰어난 자를 사신으로 임명해야 체면을 세울 수 있다고 할 만큼 문명국으로서 그 입지를 다지는 중이었다.

무너지는 발해, 멀어져간 요동과 만주

15명의 왕이 재위한 발해 왕조는 926년 거란에 멸망당한다. 해동성국이라 불릴 만큼 전성기를 누리기도 했으나, 대내외적으로 많은 위험 요소들이 도사리고 있었다.

첫째는 주민 구성 문제였다. 비록 대씨 왕실이 고구려 후예들의 지지로

왕권을 유지했다고는 하나 기본적으로는 말갈인들이 다수를 구성하고 있었다. 신분 편제 상으로 고구려 후예들이 지배 귀족을 형성하고 말갈인 일부가 여기에 포함되는 정도여서 말갈인들 측에서는 불만이 있을 수밖에 없었다. 그 때문에 말갈인들은 지배 체제에서 자주 이탈하는 행동을 보였다.

둘째는 국제 정세였다. 발해는 가장 강력한 군사력을 보유한 당나라, 거란, 흑수 말갈, 신라에 둘러싸여 있었다. 문왕과 선왕은 당과 신라와 교류를 꾀하여 그 불안을 약화시켰으나 9세기 후반에서 10세기로 들어서면서 당의 혼란이 가속화되고, 신라 역시 왕위 계승 다툼이 끊이지 않았다. 결국 황소농민반란(874~884)ᵇ 때 반란군의 일원이었던 주온朱溫이 당 황실에서 주전충朱全忠이란 이름을 하사받고 조정의 권력을 차지하게 되었다. 그는 스스로 황제의 자리에 올라 국호를 후량後梁이라고 했다. 당 중심의 체제는 5대10국의 분열 시대를 맞게 된 것이다.

발해와 국경을 접하고 있던 거란은 신속하게 지배 체제를 갖추어 나갔다. 거란 질라부迭剌部 출신 태조 야율아보기耶律阿保機는 당말 화북華北 화베이 지방에 침입하여 전공을 세우기 시작했다. 그는 재능 있는 자들을 다수 등용하고 군사 체제를 정비하여 돌궐, 탕구트, 위구르 등을 정복해나갔고 가장 위협 요소로 여겼던 동북 지역의 발해를 공격하기에 이르렀다. 925년 12월의 일이었다.

귀족들의 권력 갈등으로 혼란에 빠졌던 발해에서 이를 막기에는 역부족이었다. 이미 이때를 전후하여 발해의 지배층들은 신생국 고려로 귀화하거나 왜로 망명하는 등 분열을 시작했다. 결국 926년 1월 14일 발해의 마지막 왕인 대인선大諲譔은 항복을 선언했다.

거란 태조는 정복지의 통치를 위해 동단국東丹國을 세워 통치를 안정화시

▌ 황소농민반란 ▐
중국 당나라 말기에 황소黃巢가 일으킨 농민반란으로, 당이 멸망하는 계기가 되었다. 소금 밀매가 성행하면서 왕선지가 반란을 일으켰을 때 그를 따른 황소는 그가 죽은 후 남은 반란군을 이끌고 중국 땅 대부분을 공략했다. 황소는 스스로 왕위에 오르고 국호를 대제大齊로 정했으나, 결국 내부 분열로 망했다.

키고자 했으나 발해의 유민들은 끊임없이 발해 부흥 운동을 벌여나갔다. 929년경 상경성에서 후발해가 건국되었고, 936년쯤에는 압록강 유역에서 열씨烈氏 중심의 정안국定安國이 세워져 986년까지 지속되었다. 이후에도 1029년에는 발해의 후예 대연림大延琳이 동경요양부를 중심으로 흥요국興遼國을 건국하여 고려와의 연합을 꾀했으나 실패했다. 1030년 대연림이 사로잡혀 죽자 이 계획은 수포로 돌아갔다. 1116년에도 금나라에 맞서 고영창高永昌은 동경요양부를 중심으로 대발해국을 세워 황제에 올랐지만 금의 공격을 이겨내지 못하고 잡혀 죽었다.

결국 압록강 동쪽, 서쪽, 만주 등을 중심으로 전성기를 구가했던 고구려의 영광을 재현하고자 세워졌던 발해의 역사가 막을 내린 후 고구려와 발해의 영토였던 요동과 만주는 한국사에서 멀어져갔다.

견훤과 궁예의 등장

천년 신라의 균열

《삼국사기》에 신라 왕조 천년 역사 가운데 헌강왕 대에 가장 태평성대를 이루었다고 기록되어 있다. 헌강왕 6년 9월 9일 왕과 신하가 나누고 있는 대화 내용과 그들이 보고 있는 경주의 정경은 천국이 따로 없다고 할 정도다. 기와로 지붕을 덮고 숯으로 밥을 지어 먹으며 매년 풍년이 들었다고 기록되어 있다. 이렇게 먹고 살만하니 노래와 음악 소리가 끊이지 않고 태평가를 부르는 것 같았다는 것이다.

왕실 사람들은 봄에는 동야택東野宅, 여름에는 곡량택谷良宅, 가을에는 구지택仇知宅, 겨울에는 가이택加伊宅 등에서 놀았다. 이른바 사절유택四節遊宅이다. 경주의 성 안에 초가집은 하나도 없고 이웃과 처마와 담이 붙어 있다고 할 정도였다.

하지만 실제 그러했을까? 혜공왕 대를 지나면서 혼란의 조짐은 분명하게 나타났다. 첫째, 8세의 나이로 즉위한 혜공왕은 태후의 섭정을 받았다. 혜공왕 4년(768)에 대공의 난이 일어났는

> **│ 대공大恭의 난 │**
> 신라 중기에 일길찬一吉飡을 지내던 대공大恭이 동생 대렴大廉과 함께 일으킨 반란. 당시 어린 나이로 보위에 오른 혜공왕을 대신하여 경수태후景垂太后가 섭정을 했다. 이에 반발하여 난을 일으켰으나 실패하여 구족九族이 몰살되었다. 귀족들 간의 알력 다툼도 난의 원인 중 하나다.

포석정鮑石亭 신라 시대에 유상곡수流觴曲水, 즉 왕족과 귀족들이 물길을 따라 앉아서 물에 띄운 술잔이 돌아오기 전에 시를 짓던 놀이를 하던 곳. 사적1호.

주령구 안압지 연못 속에서 발견된 주령구. 목재로 만들었으며 14면체이고, 각 면에 글씨가 새겨져 있다. 출토품은 불에 타, 현재 복제품만 남아 있다.

데, 이때 96명의 각간진골만 오를 수 있는 최고 관등 중 첫째 등급이 싸움을 벌였다. 혜공왕은 16년간 재위했지만, 정사는 돌보지 않고 음악과 술로 시절만 보냈다. 기강이 문란해진 것은 말할 것도 없고, 엎친 데 덮친 격으로 천재지변도 자주 일어나 민심이 등을 돌렸다.

780년 참다 못해 이찬 김지정金志貞이 난을 일으켰는데, 혜공왕과 왕후를 죽였다. 상대등 김양상金良相이 이찬 김경신金敬信과 함께 이 난을 진압했다. 이후 내물 마립간 후손인 김양상이 왕위에 오르니 바로 선덕왕宣德王이다. 이때부터가 신라하대다. 김경신은 제38대 원성왕이 되었다. 신라하대는 150년간 지속되었는데 무려 20명의 왕이 교체되었다.

둘째, 지배층 내부의 혼란이었다. 20명의 왕이 교체될 정도로 반란과 진압이 반복되었다. 그 과정에서 지방 사회에 대한 중앙의 지배력은 약해졌다. 진성여왕 3년에는 지방에서 공물과 조세가 올라오지 않을 정도였고 도적들도 횡행했다. 중앙의 왕위 쟁탈전에서 밀려난 귀족 세력들이 지방에 정착한 반면, 지방 사회에서 나름대로 성장한 지방 세력은 중앙과 연결 고리를 갖고자 했다. 장보고와 같은 인물이 대표적이다.

새로운 세력, 호족의 등장

신라 왕들 가운데 가장 비판적 평가나 비난을 받는 왕은 진성여왕이다. 헌강왕의 여동생으로 천성이 총명하고 민첩하며 골격은 남자와 비슷하다 했다. 여왕은 각간 위홍과 정을 통하고 그가 죽자 미남자 2~3명을 몰래 끌어들여 음란한 행동을 일삼고, 그들에게 중요한 관직을 주었다. 당에서 돌아온 최치원崔致遠을 등용하여 개혁을 시도했으나 실효를 얻지 못했다. 결국 진성여왕은 헌강왕의 서자 요嶢 효공왕에게 왕위를 물려주고 물러났다.

진성여왕 대에 개혁을 통해 왕권을 강화하려던 노력은 실패로 돌아갔다. 그 결과 지금까지 신라 사회가 경험하지 못한 사회 혼란으로 이어졌다. 진성여왕 대에는 초적들의 봉기와 양길梁吉·궁예弓裔·적고적赤袴賊의 난 등이 계속해서 일어났다. 사실 농민과 초적의 봉기는 사회경제적 혼란에서 비롯된

■ ■ ■
경순왕릉 신라 제56대 왕이며, 마지막 왕이다. 경주 지역을 벗어나 있는 유일한 신라 왕릉이다. 경기도 연천군에 있으며, 사적 244호

일회적 성격이 짙었다. 하지만 막강한 군사력을 바탕으로 세력을 만드는 경우는 달랐다. 양길, 견훤, 궁예 등처럼 장군으로 칭하거나 나아가 나라를 세워 신라 왕조를 위협하는 경우가 생긴 것이다.

경애왕 4년(927) 9월에 견훤은 고울부에서 공격을 시작하여 11월에는 경주에 쳐들어갔다. 이때 왕은 왕비, 궁녀, 왕실의 친척들과 함께 포석정에서 잔치를 베풀며 즐겁게 놀고 있었다. 견훤은 이때 왕을 핍박하여 자살하도록 하고 경순왕을 세웠다. 왕조의 운명은 이미 경애왕 대에 끝난 것이나 마찬가지였다.

한편 이러한 시기에 등장하여 기회를 엿보고자 한 세력들이 있었다. 그들은 지방에서 독자적으로 성장한 세력들로 군사력과 경제력을 갖추고 있었다. 바로 호족豪族들이었다. 이들의 출신 배경을 보면 내륙의 지주층에서 성장하거나 바다를 지키는 군진軍鎭의 고위 장교나 장군, 국제 무역에 종사한 무역상인들, 초적의 우두머리들, 중앙에서 밀려나 지방으로 내려간 진골 귀족과 그 후예, 6두품 출신 등 다양했다. 이들은 지방의 근거지를 중심으로 성을 쌓고 군대를 보유하여 자위권을 갖추었고 스스로 성주城主나 장군이라 했다. 고려를 건국하는 데 이바지한 세력들이다.

견훤과 궁예, 나라를 세우다

견훤은 상주 가은현 사람으로 성은 이李씨였다고 하며, 아버지 아자개阿慈介는 농사를 짓다가 후에 가문을 일으켜 장군이 되었다고 전해진다. 견훤은 상주 출신 호족과 광주 호족 집안 사이에서 태어났으며, 군사 업적을 세워 군권을 장악하면서 세력을 키웠다.

견훤은 진성여왕 6년(892)에 후백제를 건국했다고는 하지만 실제 국가의 모습을 갖추지는 못한 상태였다. 후백제가 국가의 모습을 갖춘 것은 효공왕 4년(900) 때였다. 그는 백제를 계승하고 의자왕의 숙

견훤의 묘

원을 풀기 위해 나라 이름을 후백제라 하고 왕위에 올랐다. 완산주를 도읍으로 정하고 백제 계승 의식을 이어감으로써 민심을 모으는 데 주력했다. 중국 오월(吳越)과 후당(後唐)에 사신을 보내 외교적으로 국가의 면모를 세우려고 노력했다.

궁예는 제47대 헌안왕 혹은 48대 경문왕의 아들이라고 한다. 어머니는 누군지 밝혀지지 않고, 후궁이라고만 전해진다. 궁예가 신라 왕실의 후예인 것만은 사실일 듯하다. 궁예의 어린 시절은 불우했다. 5월 5일(중오일)에 태어난 데다 태어날 때부터 이미 이빨이 나 있었다. 또 일관(日官)이 햇빛이 이상하여 장차 국가에 이롭지 못할 것이라고 말하자, 왕은 갓 태어난 아이를 죽이라고 명했다. 이때 비록 궁예는 한쪽 눈을 잃었지만 유모의 도움으로 생명을 구했고 영월 세달사(世達寺)에 들어가 숨어살면서 선종(善宗)이라 불렸다.

궁예는 진성여왕 대의 혼란기를 노려 무리를 모으기 시작했다. 진성여왕 5년(891)에는 죽주의 도적 우두머리 기훤(箕萱)에게 의탁했다가 뜻이 맞지 않자 북원의 도적 양길에게 의탁했다. 진성여왕 8년에는 명주에 들어가 무리 3,500명을 14개 부대로 편성하여 장군이 되었다. 효공왕 1년(897)에 송악을 도읍으로 삼았으며 효공왕 4년에는 스스로 왕이라 칭하고 나라 이름을 후

고구려라고 했다.

904년에 이르러서는 본격적으로 새로운 국가 건설에 나섰다. 나라 이름을 마진摩震, 연호를 무태武泰라 했다. 광평성·내봉성·원봉성 등 관부와 정광·원보·대상·원윤·좌윤·정조·보윤·군윤·중윤 등의 품직을 설치했다. 905년에는 연호를 성책聖冊으로 바꾸었으며, 911년에는 다시 수덕만세水德萬歲로 바꾸고 국호도 태봉泰封으로 정했다.

후삼국 시대

후삼국 시대는 신라 왕조, 후백제, 태봉으로 나뉘면서 열렸다. 여러 지방의 본읍 장군本邑將軍, 성주城主 등 호족들은 이해관계에 따라 후백제나 태봉 쪽으로 붙었다. 하지만 무엇보다 이들은 어떤 사회체제를 지향하는지, 신라 사회에 나타난 혼란을 극복할 대안이 무엇인지에 대해 중요하게 여겼다.

궁예는 신라 왕실과 신라에 대한 복수심이 지나치게 깊어 신라의 수도 경주를 멸도滅都라고까지 했다. 지방 호족 세력들의 반신라 감정은 궁예에 대한 호응으로 이어졌으나, 스스로 미륵불로 자처하고 미륵관심법을 체득했다고 주장하자 그 이상의 지지는 없어졌다.

결국 궁예는 자신을 따른 호족

금산사 돌무지개문　아들에 의해 유폐된 견훤이 이 문을 통해 금산사 미륵전에 들어갔다고 전해진다.

들과 백성들에게 반신라의 상징적 인물이기는 했지만, 그가 약속한 새로운 세계는 불교에 대한 지나친 믿음과 그에 따른 폐해만 가득한 세상이 되고 말았다. 따라서 폭군적 기질과 행동으로 그의 정권은 외면당했고, 왕조 교체 움직임이 나타날 수밖에 없었다. 그 중심에는 그가 가장 총애했던 인물 왕건王建이 있었다.

금산사 미륵전 견훤은 이곳 지하에서 유폐 생활을 했다.

견훤은 가장 일찍 후백제 왕조를 세웠고, 가장 체계적인 군사력을 보유했었다. 그가 비장 출신이었으므로 당연한 것인지도 모른다. 또 오월이나 후당과도 교류를 하여 국가의 위상을 갖추려고 했다. 그런데 그는 지나치게 자주 신라를 공격했고, 태봉·고려와도 충돌했다. 더구나 왕조 초창기에 가장 중요하다고 할 수 있는 후계자를 정하는 데 실패했다.

장남 신검이 동생 금강을 살해하고 아버지 견훤을 금산사에 유폐하여 왕위에 오른 것과 같은 상황은 신라하대 사회에서 여러 차례 목격된 것이었다. 견훤은 금산사에서 몰래 빠져나와 고려로 망명하였고 고려와 후백제의 마지막 대회전인 일선군현재의 경북 선산 일리천 전투에서 결정적 역할을 했다.

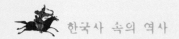

한국사에는 신라에만 3명의 여왕이 있었다

한국사에는 여왕이 3명 등장하는데, 그것도 모두 신라에만 있었다. 신라 제27대 선덕여왕, 제28대 진덕여왕, 제51대 진성여왕이다. 《삼국사기》에서는 선덕왕, 진덕왕, 진성왕이라고 했는데, 우연하게도 이들의 이름은 덕만(德曼), 승만(勝曼), 만(曼)이다.

다른 어느 시대에서도 여왕이 나온 경우는 없다. 그럼 유독 신라에서만 여왕이 있을 수 있었던 특별한 이유가 있을까? 신라사회의 신분제도, 바로 골품제도 때문이었다. 신라에서는 성골 신분만 왕이 될 수 있었다. 골품은 성골, 진골, 6두품 등 여덟 계급으로 나뉘었는데, 부모가 모두 성골이어야 자식도 성골이 될 수 있었다. 따라서 성골은 왕과 왕후의 직계 자손만 해당되었다. 진평왕 이후로는 덕만과 승만이 살아 있는 몇 안 되는 성골이었다.

선덕여왕의 아버지 진평왕은 신라의 정복왕인 진흥왕의 손자이고, 그의 아버지는 태자 동륜이었다. 태자 동륜이 책봉 5년 만인 진흥왕 33년(572)에 죽고, 진흥왕이 재위 37년(576)에 훙서하자, 둘째 아들인 진지왕이 그 뒤를 이어 즉위했다. 《삼국유사》에서는 진지왕이 음란하고 사치를 일삼아 백성들에게 쫓겨나고 동륜 태자의 아들 진평왕이 추대된 것으로 기록되어 있으나, 《삼국사기》에서는 재위 4년에 붕어해 그 뒤를 진평왕이 이은 것으로 기록되어 있어 기록상 차이가 있다.

진평왕은 마야부인과의 사이에서 아들을 얻지 못하고, 딸 덕만을 두었다. 삼촌인 진지왕은 직계 혈통이 없었고, 진평왕에게는 남동생이 2명 있었다. 하지만 진평왕은 왕위를 자신의 딸에게 물려주었다. 선덕여왕이 후사가 없이 죽자 진평왕의 친동생 국반갈문왕의 딸 승만, 진덕여왕이 왕위에 오르게 된다. 진성여왕의 아버지 경문왕은 2남 1녀를 두었는데, 자식들이 모두 왕위에 올랐다. 두 아들은 헌강왕惠康王과 정강왕定康王이고, 딸은 진성여왕이었다. 정강왕은 후사가 없었고, 헌강왕의 서자도 어려서 누이인 만에게 왕위를 잇게 했다.

그런데 《삼국사기》〈신라본기〉를 보면, 유독 왕의 신체적 특징과 성품에 대해 밝히고 있다. 예컨대 진평왕은 태어날 때부터 기이한 용모에 신장이 11척으로 신체가 장대하고, 뜻이 깊고 굳세었으며, 지혜가 밝아 사리에 통달했다고 나와 있다. 선덕여왕에 대해서는 성품이 너그럽고 어질며, 총명하고 민첩하다고 했다. 진덕여왕에 대해서는 생김새가 후덕하고 아름다웠으며, 키가 일곱 자였고 손을 내려뜨리면 무릎 아래까지 닿았다고 했다. 진성여왕에 대해서는 오라버니인 정강왕이 천성이 총명하고 민첩하며 뼈대는 남자와 비슷하다고 했다. 이러한 기록들을 본다면 여왕이라 하더라도 체격 조건과 성품 등이 특출났음을 알 수 있다.

또 왕으로서의 영명함도 즉위하는 데 중요하게 작용했다. 선덕여왕의 총명함은 당연히 한몫했다. 《삼국유사》에 '선덕여왕의 3가지 예언'이 나온다. 첫째는 당태종이 보낸 모란꽃 그림에 나비가 없는 것을 보고 꽃에 향기가 없음을 알아냈다는 내용이다. 둘째는 겨울인데도 옥문지 연못에서 개구리 떼가 울자, 백제군이 여근곡에 숨어 있다고 예언하고, 군사를 보내 물리친 내용이다. 셋째는 자신이 죽을 날

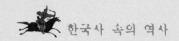

과 자신의 무덤이 도리천忉利天에 세워질 것을 예언한 내용이다. 진덕여왕 역시 비담과 염종의 난을 진압하고, 신라왕조에서 처음으로 당나라의 유학을 받아들여 새해 첫날 왕에게 예를 올리는 정조하례正朝賀禮를 시행했다. 또 김춘추의 활약을 통해 당나라와의 연합을 이루고 삼국통일의 기초를 닦았다. 진성여왕은 죄인을 사면하고 주군의 1년간 조세를 면제하고, 최치원을 등용하여 개혁정치를 시도하는 등의 노력을 기울였다.

당시 국제 정세도 여왕의 즉위가 가능하게 하는 데 한몫했다. 7세기 때 주변 왕조를 잠시 살펴보면, 당나라와 일본에서도 최초로 여황제와 여천황이 있었다. 측천무후는 중국 역사상 최초이자 마지막 여황제였고, 일본에는 여천황이 10명이 있었다. 592년 33대 추고천황스이코이 즉위하면서 최초의 여왕이 되었고, 이후 35대 황극천황고쿄쿠, 37대 제명천황사이메이, 41대 지통천황지토, 43대 원명천황겐메이, 44대 원왕천황겐쇼, 46대 효겸천황고켄, 48대 칭덕천황쇼토쿠, 109대 명왕천황메이쇼, 117대 후 앵정천황고사쿠라마치가 있었다.

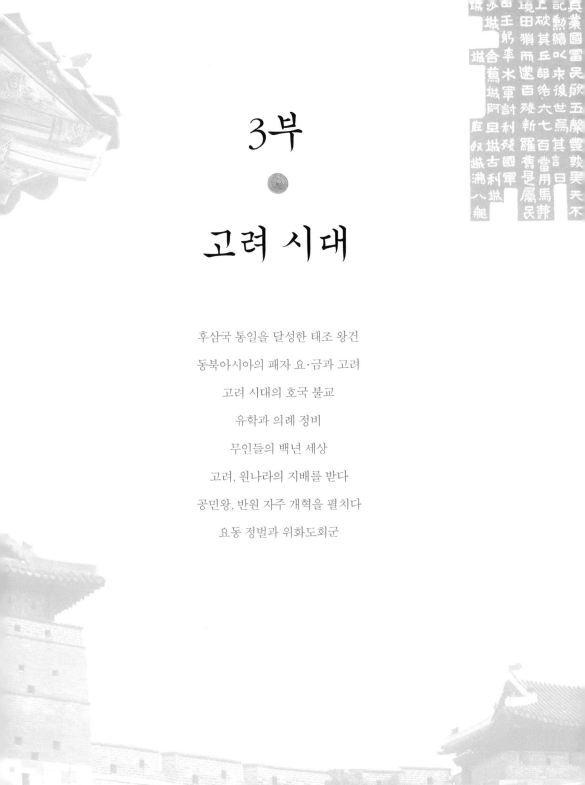

3부

고려 시대

고려 왕조 계보 (918~1392)

제1대	제2대	제3대	제4대	제5대	제6대	제7대
태조	혜종	정종	광종	경종	성종	목종
918~943	943~945	945~949	949~975	975~981	981~997	997~1009

제14대	제13대	제12대	제11대	제10대	제9대	제8대
헌종	선종	순종	문종	정종	덕종	현종
1094~1095	1083~1094	1083	1046~1083	1034~1046	1031~1034	1009~1031

제15대	제16대	제17대	제18대	제19대	제20대	제21대
숙종	예종	인종	의종	명종	신종	희종
1095~1105	1105~1122	1122~1146	1146~1170	1170~1197	1197~1204	1204~1211

제28대	제27대	제26대	제25대	제24대	제23대	제22대
충혜왕	충숙왕	충선왕	충렬왕	원종	고종	강종
1330~1332 1339~1344	1313~1330 1332~1339	1308~1313	1274~1308	1259~1274	1213~1259	1211~1213

제29대	제30대	제31대	제32대	제33대	제34대
충목왕	충정왕	공민왕	우왕	창왕	공양왕
1344~1348	1348~1351	1351~1374	1374~1388	1388~1389	1389~1392

후삼국 통일을 달성한 태조 왕건

예언된 영웅의 탄생

왕조 사회에서 천명天命은 새로운 왕의 즉위 혹은 새로운 왕조의 개창 등 제왕의 신분에 올라 천하를 다스릴 수 있는 일종의 권한을 상징한다. 즉, 천명은 새 왕조 개창을 정당화하고 합리화해주는 구실을 한다.

태조와 그 지지 세력들은 이것의 파급효과를 잘 알았다. 천명사상이 분명 유교 정치사상의 핵심 중 하나이긴 하지만 이를 뒷받침해주는 다른 장치들이 있다면 고려의 개창과 태조의 위엄은 하늘을 찌를 수 있게 되기 때문이다. 이를 위해 고려 건국 세력들은 영웅 탄생을 미화하면서 '후삼국 통일'과 새로운 왕조가 열리게 되었음을 부각시켰다. 태조의 시조는 성골 장군 호경이며, 할머니는 용녀였다. 태조의 아버지는 후삼국 통일의 야심을 갖고 있는 용건龍建이었다. 그는 당대의 풍수도참가인 도선道詵을 만나 제왕을 낳을 땅과 제왕의 이름을 받았다. 이렇게 태조 왕건의 탄생은 예언된 것이며, 태조가 용의 자손이라는 점을 부각시킨 것이다.

태조의 꿈 이야기도 전하는데, 태조는 30세 때 바다 가운데에 9층 금탑이

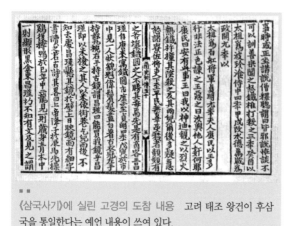

《삼국사기》에 실린 고경의 도참 내용 고려 태조 왕건이 후삼국을 통일한다는 예언 내용이 쓰여 있다.

세워져 있는 것을 보고 스스로 그 위에 올라가는 꿈을 꾸었다. 이 꿈을 최지몽崔知夢에게 해몽케 했는데, 그는 왕건이 왕이 되려는 야망이 있음을 알아차렸다.

또 궁예 통치 기간 중 중국 상인 왕창근王昌瑾이 어떤 거사에게 거울을 샀는데, 총 147자의 글이 새겨져 있었다. 이를 이상히 여겨 궁예에게 바쳤는데, 궁예는 이를 송사홍·백탁·허원 등에게 해석하게 했다. 글은 도참圖讖 앞날의 길흉을 예언하는 것 내용을 담은 것으로 궁예와 왕건의 등장, 궁예의 패망과 신라의 복종, 후백제의 멸망과 후삼국 통일 등의 미래 일을 적은 것이었다. 그들은 궁예에게 그 내용을 사실대로 알리지 않았다.

태조의 즉위와 후삼국 통일

태조는 스스로 밝히고 있듯이 왕족이나 귀족 집안의 자제가 아니었다. 송악개성 지방을 중심으로 해상무역을 하여 부를 축적한 부유한 상인 가문의 자제였다. 궁예가 중용하면서 그는 장군으로서 실력을 인정받아 명망을 얻었다. 그리고 기다림 끝에 궁예가 신하들에게 쫓겨나자 왕건은 918년 6월에 철원의 포정전에서 신료들의 추대를 통해 즉위했다. 태조는 국호를 고려高麗로 고치고, 연호를 천수天授라 했다.

935년(태조 18년) 6월 견훤이 아들 신검을 피해 항복해오자, 그를 상부尙父 왕이 특별한 대우를 하는 신하에게 내린 칭호 중 하나라 부르고 극진히 대접했다. 10월에는 신라 경순왕이 사신을 보내 복종하겠다고 했고, 11월에는 경순왕과 신료와 백성들이 경주를 출발해 개경으로 들어왔다. 12월에 태조는 천덕전에 나와서 백관을 모아 놓고 공식적으로 신라의 복종을 받아들이는 축하 의식을 열었다. 그리고 936년 6월 견훤의 청을 받아들여 군대를 동원하기로 하고 9월에 일선군 일리천으로 진격하여 백제와 마지막 전쟁을 치렀다.

개성 송악산 자락에 있는 고려 궁궐터 만월대

명실상부하게 후삼국을 통일한 태조는 개경 궁궐의 위봉루에서 문무백관과 백성들의 축하를 받았다. 그리고 신하가 지켜야 할 규범과 예법을 바로잡기 위해 《정계》1권과 《계백료서》8편을 저술해 반포했다. 그 내용은 전해지지 않지만 태조가 정치적 신념으로 삼은 유교 정치사상의 핵심적 내용인 애민 정책 실행, 검소·겸손, 인재 등용에 관한 정신이 담겨 있었을 것으로 추측한다. 후삼국 통일의 꿈을 달성한 태조는 신라의 정통성을 계승했으며, 오직 태조 자신만이 성스러운 군주라는 것을 밝히려 했다.

태조는 신라 왕조를 상징하는 세 가지 보물인 황룡사의 장륙존상, 황룡사 9층탑, 진평왕이 하늘에서 받아 허리에 찼다고 하는 천사옥대天賜玉帶에 관심을 가졌다. 특히 천사옥대는 말 그대로 신라 제왕의 상징이었다. 따라서 태조는 이 천사옥대에 유독 관심을 보였고, 이를 직접 자신이 받아 가짐으로써 후삼국을 통일한 군주로 자리매김하고자 했다. 그리하여 경순왕은 태조에게 길이 열 뼘에 62조각으로 이루어진 전금안옥배방요대鐫金安玉排方腰帶를

태조 왕건 청동상 1992년 고려 태조 능인 현릉 공사 중 발견되었다. 천자만이 쓸 수 있는 통천관을 쓰고, 하반신만 가린 누드 상이다.

바쳤다. 후삼국을 통일한 이듬해 성제대는 태조의 허리에 둘러져 제왕의 성스러움을 보여 주었다.

태조는 이미 정치적으로 어진 인재를 등용해야 한다는 '설관분직設官分職', 상벌을 공평히 하면서 간신들의 아첨이나 참소를 막고 왕실과 지배층이 스스로 애민사상을 가지고 모범을 보여야 한다는 것을 깨닫고 실천했다. 또한 조세와 부역 등을 줄이고 때에 맞추어 백성을 부리어 그들을 평안하게 하는 것을 최우선으로 정했다. 바로 이러한 내용을 책으로 지어 실천함으로써 신료들을 깨우쳤다.

태조의 정치 개혁

왕조 개창 후 태조는 후삼국 시대가 요구한 정치 개혁을 과감하게 추진해 나갔다. 그것은 다음과 같이 요약할 수 있다.

첫째, 신라 사회의 유지 기반이었고 사회 운영 원리였던 골품제骨品制를 정리했다. 이미 신라하대는 각 지역에서 호족들이 들썩이면서 골품제의 핵심이었던 중앙 귀족이 지방 사회를 통치하는 방식이 무너진 상태였다. 그렇지만 여전히 관료 사회는 골품제로 인한 제약이 심각했다. 당에서 귀국한 최치원이 개혁을 주도하다가 물러난 것이 대표적 사례이며, 특히 진골 중심 체제가 전개되면서 왕위 계승 다툼이 일어난 것 역시 이를 뒷받침한다. 지방 사회 지식인층, 예컨대 남해 영암 출신 도선국사道詵國師나 최지몽, 황주 토산 출신 최응, 혜성군 출신 박술희, 광해주 출신 박유 등 지방 출신 지식인 계층은 새로운 사회가 건설되기를 바랐다.

둘째, 가혹한 세금 수탈로 고통을 겪고 있던 백성들을 구제하기 위해 세금을 줄이고 생업에 전념하게 하는 정책을 실현했다. 신라하대와 후삼국 시대 농민들은 생업 기반을 잃었다. 가뭄이나 서리 등의 자연재해가 지속되었던 탓도 있지만, 붉은 색 바지를 입고 도적질을 일삼던 적고적이 출몰했기 때문이다. 또 일부 관료와 호족들은 농민들의 토지를 강제 흡수하거나 고리대 등을 놓아 토지를 빼앗아갔다. 농민들이 노비가 되는 일이 늘어났고, 농사에 전념하기 어려운 상황이 되었다. 따라서 농민들은 안정적인 농본이자 민본, 애민 정책을 세우고 실현해줄 정치 변화를 요구했다.

셋째, 후삼국 시대의 정치 변화 주도 세력인 호족을 정리했다. 후삼국 시대의 호족에 대해서는 주로 정복과 회유를 꾀했다. 태조는 각 지역 유력 호족 세력들을 포섭하기 위해 그들의 딸을 후궁으로 들이거나 자신의 자녀들과 혼인케 하는 정책을 썼다. 제한적이지만 호족들의 기득권을 인정하는 '사심관' 제도를 두

▎사심관事審官 ▎
중앙에 있으면서 출신지나 지방 행정에 관여하는 벼슬직. 경순왕을 경주의 사심관으로 두고 관할하게 하면서 시작되었다. 중앙 집권 체제를 이루기 위해 호족 세력을 억제하는 수단 중 하나였다.

도선국사가 거처하던 암자 옥룡사(좌)와 1997년 발견된 도선국사의 석관묘(우)

었으며, 호족 세력의 자제를 상경하게 하여 숙위토록 하는 기인其人 제도도 시행했다. 태조가 이들과 관계 개선을 목적으로 사용한 정책은 '중폐비사重幣卑辭, 선물을 후하게 주고 자신을 낮추는 정책'였다.

넷째, 천년 왕조 신라 사회가 가진 전통을 떨쳐내고 약탈 군주 궁예의 그림자를 지우기 위해 노력했다. 폭력과 수탈의 가면을 쓴 군주가 아니라 진정으로 백성을 사랑하고 올바른 정치를 행하는 성군의 상을 갖추려 했다. 그러기 위해서는 군주다운 신성성神聖性을 갖추어야 했고, 천명을 받은 존재로 자리매김해야 했다. 연호를 '천수天授'라 한 것, 궁궐 가운데 중심 전각인 정전正殿의 이름을 '천덕전天德殿'이라 한 것, 태조 자신의 군대를 천군天軍이라 한 것은 이 때문이었다. 천명을 받은 존재로서 하늘이 내리는 여러 가지 경고와 책망에 응해야 한다는 '천인감응론天人感應論'도 수용했다. 신료들에게 도덕 정치의 중요성을 설파한 《정계》, 《계백료서》는 과거와는 달리 왕이 직접 신료들의 행위를 규정한 것이었다.

다섯째, 민심을 신속하게 안정시켜나갔다. 태조는 불교와 풍수도참이 갖는 의미를 정치적으로 수용하면서 고려 왕실이 그 중심에 있도록 했다. '호국 불교'를 이용한 것이었다. '왕즉불'이자 '구세주'인 태조 자신과 그 후손들을 염두에 둔 것이었다. 고려 왕실의 위대함을 노래한 〈풍입송風入頌〉에는 황제이자 부처와 같은 존재로 군주의 영웅적 모습이 그려져 있다. 바로 '제불帝佛'이자 '해동천자海東天子'로 여겼으며 용의 후손이라는 '용손 의식'이 강렬하게 자리했다. 그것은 고려 왕조가 동방 황제의 나라라는 인식이었다.

누구의 도움도 받지 않고 자주적으로 왕조를 세우고 후삼국을 통일한 태조는 시대의 소명이 무엇인지를 분명히 인식하고 있었고, 고려 왕조가 어떤 정치적 전략으로 미래를 이끌어나가야 할지를 깨닫고 있었다.

943년태조 26년 4월 태조는 죽기 직전에 훈요를 남겼는데, 후손들이 감정과 욕심에 치우쳐 기강을 무너뜨리고 혼란에 빠져 망국의 길을 갈 듯하므로 이를 근심하여 경계시키기 위해 남긴다고 했다. 고려를 개창한 군주다운 원대한 포부와 깊은 애정이 담겨 있다. 따라서 훈요에는 태조만이 가졌던 후삼국 통일의 의지와 의미, 새로운 왕조의 기반을 다지고 이어갈 계책이 담겨 있다. 즉, 과거 지배 체제이자 사회 운영 원리를 청산하면서 새로운 사회로 진입한 고려 사회가 나아가야 할 길을 제시한 것이었다.

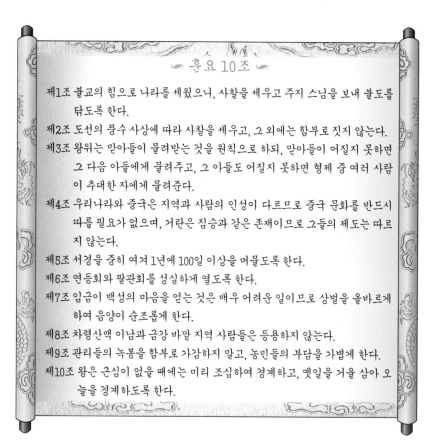

훈요 10조

제1조 불교의 힘으로 나라를 세웠으니, 사찰을 세우고 주지 스님을 보내 불도를 닦도록 한다.

제2조 도선의 풍수 사상에 따라 사찰을 세우고, 그 외에는 함부로 짓지 않는다.

제3조 왕위는 맏아들이 물려받는 것을 원칙으로 하되, 맏아들이 어질지 못하면 그 다음 아들에게 물려주고, 그 아들도 어질지 못하면 형제 중 여러 사람이 추대한 자에게 물려준다.

제4조 우리나라와 중국은 지역과 사람의 인성이 다르므로 중국 문화를 반드시 따를 필요가 없으며, 거란은 짐승과 같은 존재이므로 그들의 제도는 따르지 않는다.

제5조 서경을 중히 여겨 1년에 100일 이상을 머물도록 한다.

제6조 연등회와 팔관회를 성실하게 열도록 한다.

제7조 임금이 백성의 마음을 얻는 것은 매우 어려운 일이므로 상벌을 올바르게 하여 음양이 순조롭게 한다.

제8조 차령산맥 이남과 금강 바깥 지역 사람들은 등용하지 않는다.

제9조 관리들의 녹봉을 함부로 가감하지 말고, 농민들의 부담을 가볍게 한다.

제10조 왕은 근심이 없을 때에는 미리 조심하여 경계하고, 옛일을 거울 삼아 오늘을 경계하도록 한다.

동북아시아의 패자, 요·금과 고려

고구려의 북진 정책을 계승하다

901년(효공왕 5년)에 궁예는 후고구려를 세웠다. 말 그대로 고구려를 계승한다는 선언이었다. 여기에는 고구려 중심의 천하관과 고구려가 영유했던 영토를 회복한다는 두 가지의 큰 목표가 담겨 있었다. 궁예는 신라와 후백제를 경계하면서도 북쪽으로 진출을 시도했다. 궁예의 이러한 시도는 태봉의 몰락과 함께 물거품이 되었다. 하지만 태봉을 이어 고려를 세운 태조 왕건은 궁예 정권의 고구려 계승 의식을 유지했다.

태조는 고려를 세운 918년 9월에 중요한 발표를 했다. 처음으로 평양서경에 대한 언급을 했으며 평양 지역에 대한 실질적 소유를 선언한 것이다. 그러고 나서 평양을 대도호부大都護府로 삼고 사촌 동생 식렴式廉과 광평시랑백관총괄 관아의 버금 벼슬 열평列評을 보내 평양을 수비하게 했다. 또한 이듬해 10월에는 평양에 성을 쌓으라고 명했다.

태조는 재위 기간 동안 서경 행차를 자주 했으며 처음으로 교육기관을 창설하고 불교식 재제齋祭를 베풀었다. 태조가 북방과 서경을 중시한 이유는 고려의 수도 개경이 갖고 있는 협소함을 극복하고 오랜 숙원을 이루기 위해 평양으로 천도를 감행하겠다는 의지였다.

924년(태조 25년) 10월 거란은 사신 30명과 함께 낙타 50필을 보내왔다. 태조는 거란이 발해를 멸망시킨 주범이라고 생각했다. 그리하여 짐승 같은 나라와는 친선 관계를 맺을 수 없다며 거란과 국교를 단절하고, 사신들은 섬으로 귀양을 보냈다. 낙타는 만부교 아래 매어 두어 굶어 죽게 했다.

태조는 후손들에게도 자신의 뜻을 이어받도록 했다. 그것은 훈요10조 중 5조에 나타나 있다. "내가 삼한 산천 신령의 도움을 받아 왕업을 이루었다. 서경은 수덕水德이 순조로워 우리나라 지맥의 근본이니 만대 왕업의 터전이다. 마땅히 춘하추동 사시절의 중간 달에 국왕은 거기에 가서 100일 이상 체류함으로써 왕실의 안녕을 도모하게 할 것이다."

태조 대의 북진 정책이 분명한 영토 확장 의식으로 나타난 것은 성종 대 서희徐熙에 의해서다. 성종 12년(993) 거란의 1차 침입에서 서희는 소손녕蕭遜寧과 담판을 지을 때 이렇게 말했다. "우리나라는 고구려의 후계자다. 그러므로 나라 이름을 고려라고 부르고 평양을 국도로 정했다." 그것은 고려가 신라의 북방 영토선인 대동강과 원산만을 잇는 경계를 허물고 북쪽으로 진출해 압록강을 넘어서겠다는 의지였다.

고려의 천하 의식은 고구려 중심의 천하관처럼 고려 중심의 천하관이었다. 고려의 천하관은 '해동천자', '제불', '신성황제神聖皇帝'가 지배하는 나라라는 인식에 바탕을 두었다. 즉, 안으로는 황제이자 천자국 체제를 지향하지만 밖으로는 국제 질서 테두리 속에 존재하는 왕이라는 의미의 '외왕내

서희 장군묘

제外王內帝’였다. 또 문명국임을 자부하여 북쪽의 거란과 여진보다 우월하다고 생각했고, 특히 여진은 고려의 울타리 즉 번국藩國이라 인식할 뿐이었다.

'고려, 거란, 송'의 삼각 구도

후삼국 사회와 고려 왕조 초기에 천명한 북진 정책은 큰 난관에 부딪쳤다. 통일신라 이후 후삼국 시대까지 북방은 발해 왕조가 지배하고 있었다. 고구려의 옛 영토를 발해가 지배하고 평양 이하의 지역을 신라 왕조가 다스린 이때를 일컬어 남북국시대南北國時代라고 하는데, 10세기를 전후한 때에 위기를 맞았다.

907년 거란의 강력한 군주 중 한 사람이었던 야율아보기가 요하 상류 지역을 중심으로 거란족을 통일하고 황제의 자리에 올라 천하 통일을 꿈꾸었다. 925년 12월 야율아보기는 발해를 공격했고 이듬해 정월 부여성을 빼앗고 수도 상경 용천부를 포위했다. 발해는 한 달도 안 되어 멸망하여 230년 간의 역사는 끝이 나고 말았다.

이때부터 거란 중심의 동북아 질서가 형성되기 시작했다. 960년 대륙에서는 송나라가 5대10국의 혼란을 수습하고 중원을 통일했다. 고려와 송과 거란이라는 삼각 축이 만들어진 것이다. 강력한 군사력을 가진 거란이 송을 압도하지 못하고 송 역시 거란을 힘으로 누르지 못하는 대치상황이었다. 고려의 선택은 어느 한쪽에 힘을 실어주게 됨을 뜻했다. 따라서 고려는 이러한 상황을 이용해 송과 거란에 외교정책을 썼다.

거란은 고려가 복속하기를 원한 반면, 송은 고려에 사신을 보내 양국의 군사를 동원하여 거란을 협공하자고 제의했다. 그 낌새를 알아챈 거란은 이러한 시도를 차단하는 동시에 고려를 속국으로 만들려는 계획을 유감없이 드러냈다. 고려와 거란의 밀고 밀리는 공방전이 3차례에 걸쳐 계속되었다.

제1차 전쟁은 성종 12년⁽⁹⁹³⁾ 정안국^{발해 유민이 세운 나라}을 멸망시킨 거란이 침공하면서 시작되었다. 땅을 떼어주자는 할지론^{割地論}과 항복론^{割地降伏論}이 우세한 때 서희는 거란의 장군 소손녕과 외교 담판을 지어 협상을 맺었다. 이때 강동6주를 획득함으로써 고려의 영토는 압록강까지 이르게 되었다. 하지만 이때 고려는 요에게 스스로 신하라고 자처하는 칭신사대^{稱臣事大} 관계를 약속한다.

제2차 전쟁은 1010년 강조^{康兆}가 목종을 폐하고 현종을 옹립했는데, 신하가 임금을 죽인 죄를 벌한다는 명분으로 벌어졌다. 강조는 거란 방어에 실패한 뒤 사로잡혀 칭신을 거부하다 죽었다. 거란은 양규의 항전으로 퇴각로가 막힐 상황에 놓이자, 신속하게 현종의 입조^{入朝, 다른 나라 조정에 들어가서 황제를 알현함}를 조건으로 협상한 뒤 퇴군했다.

1019년 제3차 전쟁은 2차 전쟁 때의 협상안을 재확인하기 위한 것이었다. 현종의 입조와 제1차 때 고려에 내준 강동6주의 반환이었다. 이때 고려는 강감찬이 청야전술^{淸野戰術, 적군이 사용할 만한 모든 물자와 식량을 없앰}을 써서 거란군에 대승리를 거둔다. 이것이 바로 귀주대첩^{龜州大捷}이다.

이후 고려는 송과 거란 사이에서 거란을 우선하는 외교정책을 펼쳤다. 그렇다고 송을 완전히 배제한 것은 아니다. 대각국사^{大覺國師} 의천^{義天}이 송을 방문한 것, 선종이 송에서 요구한 구서목록^{求書目錄}을 보내준 것, 문종이 송으로부터 약재 등을 받은 것, 송의 사신 서긍^{徐兢}이 고려를 방문한 것 등과 같은 교류가 있었다. 따라서 고려는 거란에 대해서는 힘의 우위를 인정하는 조공 관계를 유지해 평화를 우선시했고, 송에 대해서는 선진 문물을 받아들이는 문화 외교에 초점을 두었다고 볼 수 있다.

금나라의 성장

요 중심의 국제 질서는 11세기 말에서 12세기 초에 이르면서 다시금 동요가 일었다. 여진족의 진출이 두드러졌기 때문이다. 이들은 고구려 때 말갈이라 불리던 민족으로서 발해 멸망 뒤 여진女眞이라 불리었다. 여진은 고려로부터 여러 가지 도움을 받아 생활했고 고려를 '부모의 나라'로 부르기도 했다. 그런데 북만주 하얼빈 지방의 여진 부족 완안부完顏部, 완연부에서 우야소烏雅束가 등장하여 여진족들을 통합해나가기 시작했다. 1107년 신기군기병과 신보군보졸, 항마군특수 작전 부대으로 구성된 별무반을 이끈 윤관尹瓘과 오연총吳延寵이 이들을 토벌했다. 고려는 이때 동북9성을 설치했다.

하지만 우야소의 동생 아구다阿骨打는 형과는 달리 고려에 해마다 조공을 바치라고 요구하는 한편, 고려를 침범하지 않는다는 약속을 하고서도 세력을 키워나갔다. 1115년 아구다는 나라를 세워 금金이라 했다. 아구다가 금을 세운 후 거란은 고려에 군사 협력을 요청했다. 거란과 고려가 연합해 금을 치자는 의도였다. 고려는 이 요청에 응하지 않았다. 이미 금나라로 형세가 기울었다고 판단했기 때문이다. 오히려 이때 고려는 발 빠르게 움직여 거란의 관리 아래에 있던 보주의주를 점령하고 성을 축성하여 방비를 강화했다.

1127년 금나라에 밀려 남으로 내려간 남송 역시 고려에 협조를 요청했다. 금에 포로로 잡힌 휘종과 흠종을 구출하기 위해 급습 작전을 수행하는데 고려의 길을 빌려 달라고 한 것이다. 고려는 금의 군사력을 고려하여 이 요청도 거부했다.

문제는 이 무렵부터였다. 금이 고려에 군신 관계를 요구해왔고, 고려는 인종 즉위 초반에 내분을 겪고 있었다. 예종과 인종의 외조부인 이자겸李資謙을 제거하려고 했으나 실패로 돌아갔다. 하지만 이 시도는 끊임없이 계속되었다. 따라서 이자겸 세력들은 정권 안정을 위해 가능하면 외세와의 충돌을 피하려고 했다.

인종 4년(1126) 금은 송의 수도를 공격하기 전 고려와의 관계를 정리할 명목으로 사신을 파견했다. 고려도 송을 공격하려는 금의 의도를 알고 있었다. 인종과 많은 신료들은 금을 사대할 수 없다고 거부했다. 그러나 이자겸과 척준경은 "작은 나라가 큰 나라를 섬기는 것은 옛날 제왕이 취한 도리이니 우선 사신을 보내 예빙예를 갖추어 맞음해야 합니다" 하고 사

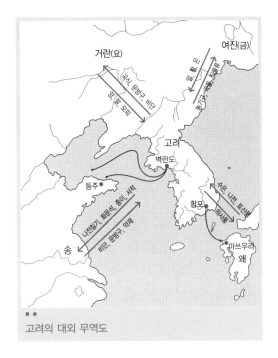
고려의 대외 무역도

대의 명분을 내세웠다. 결국 인종 4년 4월 고려는 금에 대한 칭신사대를 결정하고 사신을 금나라에 보내 표문을 올렸다. 이로써 고려와 금은 무력 충돌을 피함으로써 평화적 관계를 맺었다.

국가의 안정이라는 현실을 고려한 불가피한 선택이었지만 그 이면에는 이자겸 세력과 문벌 귀족 사회를 유지하려는 목적이 있었다. 한편으로 금의 흥성을 돕는 데 결정적인 역할을 한 것이 고려였는데, 반대로 그런 금에게 칭신을 요구받게 되었다는 역사적 아이러니가 담겨 있기도 하다. 왜냐하면 1109년(예종 2년) 윤관을 중심으로 17만 별무반이 함흥 지방을 점령하여 9성을 쌓았다가 금의 요청에 따라 이를 돌려주었기 때문이다. 이를 계기로 금은 더욱 세력을 결집시키는 데 성공했다.

고려 시대의 호국 불교

선종의 등장과 사찰 창건

고려 왕조에서 불교는 수신修身의 도, 유교는 통치의 근본 이념으로 삼았다. 신라하대의 불교계에는 두 가지 큰 변화가 있었는데, 선종禪宗의 대두와 민간신앙의 대중화였다. 신라하대에 이르러 불교계에는 선종 바람이 불었다. 경전의 가르침을 숭상하던 불교계의 시대 흐름과는 달리 깨달음과 수행을 중요시하는 선종은 남종선南宗禪을 배우고 돌아온 도의道義가 귀국한 후 관심이 집중되었다. 교종의 반발이 있기는 했으나 신라하대와 후삼국 시대의 지방 세력인 호족의 적극적 지원으로 정착하기 시작했다. 그 덕분에 9산선문이 이루어졌다. 9산선문의 개조開祖를 비롯한 선승禪僧, 선종의 승려도 호족 출신인 경우가 많았다.

한편 신라하대와 후삼국 시대의 불교 신앙은 다양한 방식으로 나타났다. 내세의 극락왕생을 빌기 위한 미타 신앙, 구원자로서 미륵 하생을 믿는 미륵 신앙, 경전 강독과 예참 신앙을 실행하는 화엄신중 신앙 등이 있었다.

태봉의 궁예가 불교에 미쳤는데 태조 왕건 역시 궁예가 집착했던 미륵 하생이라는 의미를 중시했다. 그렇지만 궁예처럼 미륵불을 자처하지는 않았다. 그보다는 다른 색채를 띠었다.

태조는 즉위한 이듬해⁽919⁾에 철원에서 송악으로 도읍을 옮겨 정치 개혁을 꾀했다. 3월에는 다른 것은 제쳐두고 하루 빨리 법왕사와 왕륜사 등 10개 사찰을 도성 안에 짓도록 했으며, 개경과 서경의 탑과 불상 수리를 명했다. 후삼국 통일 후에는 광흥사, 현성사, 미륵사, 사천왕사, 개태사 등을 창건했다.

태조 대에 창건된 대표 사찰인 법왕사·왕륜사·외제석원·제석원 등은 그 이름에서 드러나듯이 법왕 법문의 왕이라는 뜻으로 부처를 뜻함 과 제석천왕 帝釋天王, 십이천의 하나인 동방 하늘의 임금으로 불법에 귀의하는 사람을 보호함 과 관련이 있다. 이들은 이후 팔관회나 연등회와 왕실 기도 도량 불도를 얻기 위해 수행하는 장소 으로 이용되었다. 태조가 도성과 궁궐을 중심으로 사찰을 창건한 목적은 후삼국 통일과 왕권의 안정, 신앙을 통한 민심의 지지 유도 등이었다. 그렇기 때문에 태조의 사찰 창건은 고려의 호국 불교화와 매우 밀접한 관련이 있다. 태조는 훈요10조 가운데 첫째, 둘째, 여섯째 조항 등을 통해 불교와 사찰, 사찰 관련 행사는 모두 왕실과 국가의 복을 위한 것이라는 훈요를 남겼다.

호국 염원을 담은 《팔만대장경》

고려 왕조는 숭불 정책을 펴 불국토 건설을 추진했다. 왕실에서는 죽은 왕, 왕비, 왕족의 명복을 비는 원당 願堂 과 왕의 어진을 모신 진전 眞殿 사찰을 건립하여 내세의 안녕을 빌었고, 때마다 재 齋 를 열어 수많은 승려를 초청하여 반승 飯僧 행사를 개최했다. 그 규모는 1만 명 단위로 현종 9년에는 10만

명까지 이르렀다. 왕실과 관료의 자제 중 일부는 출가하는 것이 일반화되었고, 왕은 6월에 보살계를 받는 수계 행사를 행했다. 광종 9년(958)에는 과거 제도를 시행하면서 승직자를 뽑는 승과僧科 제도도 실시하여 급제자에게는 승계僧階를 주었다. 불교계를 대표하여 국왕의 자문 역할을 수행한 왕사王師·국사國師 제도도 있었는데, 이들을 임명할 때에는 국왕이 직접 제자의 예를 갖추기도 했다. 《인왕반야경》, 《금광명경》, 《반야경般若經》 등은 고려 시대 대표적 호국경이었다. 또 도량과 경행經行, 백성들의 복을 빌던 의식 행사가 국왕 중심으로 이루어졌다.

왕실은 불경의 조판과 사경경문을 베껴 쓰는 일에 대해서도 적극 지원했다. 그 중 대표적인 것이 《대장경》 제작이었다. 현종은 거란의 침입으로 한때 피난한 적이 있어 다시는 거란이 침입하지 못하도록 하려는 염원으로 송에서 완성된 《대장경》을 가져와 이를 다시 제작하고, 장경도량*을 개최하기도 했다.

문종의 넷째 아들 의천은 1095년에 천태종의 종찰宗刹인 국청사國淸寺 개창을 주장하여 완공했으며, 《고려속장경高麗續藏經》 제작을 주도했다. 흥왕사에 《속장경》의 판각을 관리하는 교장도감敎藏都監을 설치하고 교장 간행 작업을 진행했는데, 그가 입적한 이듬해 1102년(숙종 7년)에 완성되었다. 1231년(고종 18년)에 몽고의 침공이 시작되자 최씨 무인 정권 주도로 강화도로 천도했다. 이때 대구 부인사에 보관되었던 《대장경》이 소실되었다. 외세 침공을 물리치기 위한 발원이 다시 일어나자 《대장경》을 새기기 위해 대장도감大藏都監을 설치하고 《대장경》의 재조再雕 작업이 진행되었다. 이 작업은 1251년에 완료되었으며 여기에는 모두 1,496종 6,568권의 불경이 포함되었다. 이것이 바로 《팔만대장경》*이다.

고려 시대 불교 종파 중 천태종天台宗이 가장 주목을 끌었다. 광종은 중국

| 장경도량 |
1029년(현종 20년)에 처음 베푼 신앙 의례. 불경을 신앙 대상으로 삼아 예경하고 공양하던 의례다. 1041년(정종 7년)부터 1년에 두 번, 봄가을에 정기적으로 베풀었고, 고려 말기까지 이어졌다.

오월에 승려 제관과 의통을 파견한 적이 있었는데, 천태학을 받아들이기 위해서였다. 제관은 천태종 입문서 《천태사교의天台四教義》를 저술하고, 의통은 중국 천태종 '제16조 사명 보운 존자 대법사'가 되었으나 이들은 고려에 돌아오지 않고 입적했다. 이 때문에 천태종은 고려에 제대로 전해지지 못하였다.

대각국사 의천은 화엄학에서 출발했다. 그는 이론 탐구를 위주로 하는 교학 불교와 이심전심以心傳心, 마음으로 뜻이 통함이나 교외

해인사 장경각 내부와 경판 《팔만대장경》은 1236년(고려 고종 23년)부터 1251년(고종 38년)까지 무려 15년에 걸쳐 완성한 대장경으로, 대장경판의 매수가 8만여 판에 달한다고 하여 붙여진 이름이다. 부처의 힘을 빌려 외세를 물리치기 위해 만들었다. 강화도에 보관되어 있었으나 1398년(조선 태조 7년) 해인사로 옮겨져 현재까지 보관하고 있다.

별전教外別傳, 마음으로 부처님의 진리를 깨닫는 법 등으로 경전을 무시하고 참선만을 중시하는 선종의 수행법을 비판했다. 송나라에서 귀국한 후에는 화엄 교학의 기본 관념인 법계연기法界緣起, 우주에 존재하는 모든 것은 생겼다 소멸한다는 법칙를 해명하는 교학教學과 심성의 본래 모습을 체득하기 위한 관행觀行을 닦아야 한다는 교관겸수*를 주장했다. 이 모든 것은 천태학의 내용으로, 의천은 천태종의 가르침을 세우고 펴기 위해 노력했다.

이처럼 승려들의 노력으로 불교 수행이 심화되었지만 민간 신앙의 유행도 무시할 수 없다. 보살상주 신앙, 관음 신앙, 정토 신앙, 지장 신앙, 나한 신앙 등이 성행했으며, 민간신앙 결사 활동도 전개되었다. 향도香徒를 조직하여 향나무를 베고 날

▌교관겸수教觀兼修 ▌
교관병수. 경전을 읽음으로써 참선을 수행하는 방법을 알고, 진리를 깨우치는 것을 이르는 말.

라 묻는 의식을 치르는 매향埋香, 내세의 복을 기원하며 향香을 바다나 강에 잠가 묻는 일 의식이 그 예다. 이는《미륵하생경》에 근거한 것으로 발원자가 미륵불과 연결되어 미륵 정토 용화 세계에 살게 해달라는 의지를 담고 있다.

고려에서는 불교 행사 연등회와 팔관회, 경행, 우란분회盂蘭盆會, 각종 도량 등을 통해 왕실·귀족·승려·민간의 모든 계층이 불제자로 하나가 되었다. 이 행사들은 국가 의례로까지 승화되었다.

연등회와 팔관회는 태조가 훈요에서 밝혔듯이 가장 중요한 국가 행사였다. 팔관회는 전통 신앙을 반영한 것으로 매년 음력 11월 보름에 행해졌다. 고려는 팔관회의 성대한 개최를 위해 개경을 중심으로 전국적 연계망을 만들었고 지방관들은 하표賀表, 새해나 경축일에 신하가 임금에게 올리는 축하글를 올려 참가했다. 팔관회 행사와 비용 처리를 위한 팔관보八關寶도 설치되었다. 연등 공양을 위한 상원 연등회는 2월 14일과 15일, 이틀간 주로 궁궐 강안전과 태조의 진전 사찰인 봉은사 두 곳에서 행해졌다. 이를 위해 연등 도감을 두었고 관리들에게는 사흘간 휴가를 주었다. 연등회는 4월 초파일에도 행해졌는데 이때는 저녁까지 이어졌다.

고려 왕조는 풍수를 살펴 지덕地德을 고려하여 불교 사찰을 짓고 관리했으며 불교에 대한 다양한 학문적 연구와 선을 위주로 하는 수행 등이 크게 발달했다. 또 불교 행사는 왕실을 중심으로 한 왕실 의례이자 국가 의례로 만들어갔다. 고려 시대 불교는 황제이자 부처의 존재인 국왕을 중심으로 부처님의 또 다른 이상향인 동방정토東方淨土 구현을 지향했다.

불교의 재정비

고려 왕조는 사원전*을 내리고, 면세를 행하여 숭불을 장려했다. 그러나 실제로는 불국토 구현이 어려웠다. 그것은 지나친 숭불 정책과 혹신 때문에 국가의 정책이 실패했기 때문이다. 소원을 빌거나 죽은 사람의 명복을 빌던 원찰願刹, 원당願堂이 우후죽순으로 생겨 사원이 개인 소유가 되기도 했다. 승려의 수도 급격하게 늘어났지만, 이것은 세속적인 권력을 얻고자 한 결과였다.

▌사원전寺院田 ▌
고려 때 절에 속해 있던 토지와 논밭. 왕이 하사하거나 신도들이 시주한 것이다.

불교계에도 새로운 변화가 필요하게 되었다. 크게 세 가지로 나타났다. 첫째, 세속적 탐욕이 결집되어 있던 개경을 떠나 지방의 조용한 곳에서 오로지 수행에만 정진하는 결사 불교의 대두였다. 화엄종의 반룡사와 수암사, 법상종의 수정사, 선종의 수선사, 천태종의 백련사 등이 이들이었다. 둘째, 새로운 지배 세력으로 등장한 원 제국을 인정하고 원 황실, 고려 왕실, 귀족의 사찰이 되는 것이었다. 참선參禪하며 선의 이치를 깨닫기 위한 법회인 담선법회談禪法會가 중지되고 국사 칭호는 국존國尊 혹은 국통國統으로 바뀌었다. 결과적으로 결사 불교의 퇴색과 고려 불교의 정체성 약화를 가져왔다. 마지막으로는 일연처럼 선종과 교종을 포괄하는 사상을 다시 정리하고 고려 불교의 정체성을 찾기 위해 삼국시대 이후의 불교 관련 역사적 일화들을 모으는 것이었다. 이것이 일연이 집필한 《삼국유사》이다.

원 간섭기인 고려 말에 이르면서 사원은 더욱 세속화된 모습을 띠었다. 13세기 말 원으로부터 화두참선 수행 이야기를 듣고 진리를 깨닫자는 간화선看話禪이 들어오면서 이를 수행한 서역 출신 지공指空은 불교 사상을 원칙적으로 따르고 술과 고기를 끊을 것을 강조했다. 태고 보우太古普愚나 나옹 혜근懶翁惠勤 등은 중국에서 유학하며 성종의 한 종파인 임제종을 받아들였다.

불교계의 새로운 변화가 눈에 띄는 반면 다수의 사원이 불법적으로 토지 겸병土地兼倂, 토지를 이중으로 소유과 상업 활동을 행하여 막대한 부를 축적했다. 또 승려와 사찰에 소속된 노비가 크게 늘었는데, 노비는 기진물품 대신 바치는 행위, 기부·투탁몰락한 농민이 지방 세력가나 지주의 노비가 되던 일·고리대 등을 통해 계속 늘어났다. 결과적으로 세속에 물든 승려들이 늘어나면서 불교계는 퇴락의 길로 접어들었다.

불교계에 대한 사회적 비판이 일기 시작했으나, 불교계는 자체 정화 능력이 부족했다. 새로운 사회 개혁 사상을 담고 있는 성리학性理學, 주자학을 수용한 신진 사대부는 불교의 근본을 부정하기에 이르렀다. 정도전은 《불씨잡변》을 지어 불교 자체를 비판·부정했고, 정몽주 역시 불교를 맹비난했다. 이처럼 고려 왕조가 지향했던 불국토의 현실은 왕조 말에 이르러 이러한 비난을 받을 정도로 크게 퇴락했다. 바야흐로 고려 불교는 새로운 위상 정립이 필요하게 되었다.

유학과 의례 정비

최승로의 개혁정책

신라의 삼국 통일 이후 유학사에서 주목되는 인물들로는 강수, 설총, 최치원, 왕거인, 최승우, 최언위, 박인범, 김운경 등이 있다. 이들의 가장 큰 공통점은 6두품이라는 점이고, 최치원처럼 당나라에서 유학한 도당 유학생들이라는 점이다. 이 가운데 최언위, 최승우, 최치원은 신라 말의 천하 인재로 꼽힌 사람들로 신라 삼최로 불렸다.

한편 최응, 박유, 최지몽 등은 모두 지방 출신으로서 유학에 뛰어난 인물이다. 이들은 궁예를 섬기다가 그 폭정에 반발하여 태조 왕건에게 협조했다. 또한 경주 국학이 아닌 지방 사회에서 나름의 학맥과 독학을 통해 학문을 이루었다. 이는 지방 사회에서도 교육이 가능했음을 말해준다.

그들이 지향했던 이상 사회의 모습은 최승로에게서 잘 나타난다. 그는 성종 원년⁽⁹⁸²⁾에 국왕의 명에 따라 개혁책을 담은 상서문^{上書文}을 올렸다. 바로 태조부터 경종까지 국왕의 치적을 평가한 '오조정적평^{五朝政績評}'과 앞으로 개혁해야 할 부분과 개혁정책을 담은 '시무28조^{時務二十八條}'다.

■ 시무28조 ■
유교 정치사상을 바탕으로
정치·사회 질서를 바로 잡
기 위해 왕에게 올린 개혁
책. 현재 22조만 전해진다.
국방, 불교, 사회, 왕실, 중
국, 토착신앙 문제 등을 다
루었다.

최승로는 태조와 광종을 이상적 군주상으로 제시했다. 국제 관계에서 군주는 예의를 다하고 절약과 검박, 겸양과 도덕을 실천해야 한다고 했다. 또 인재를 아끼고 상벌을 공정히 하는 한편, 유교와 불교를 각각 통치 이념과 수신의 방법으로 삼고 정교분리를 꾀해야 한다고 보았다. 사회문제에서는 지방관을 파견하고 노비를 줄이는 한편 공신 자손들을 우대하여 사회질서를 세워야 한다고 했다. 국방을 튼튼히 하고 민본에 힘쓰며 군주가 덕을 닦아 이상적 통치를 해나가야 한다고도 했다.

임금은 임금답고 신하는 신하다워야 한다

931년 태조가 신라를 방문했을 때 신라 경순왕과 그 신료들이 극진하게 대우했다. 비록 망해가는 신라였지만 왕조의 국가 의례는 나름대로 유지되고 있었던 것이다. 이때 태조는 국가의례가 국가 질서 회복과 유지에 어떤 영향을 주는지에 대해 생각하게 되었다.

태조가 생각할 때, 국가의례는 일차적으로 국왕과 왕실과 국가의 면모를 갖추는 데 필요했다. 하지만 태조 대에는 후삼국 통일과 국가 정비 등의 일로 국왕과 왕실이 중심이 되어 올리는 국가의례를 갖추지는 못했다. 대신 군신 상하 간의 원칙과 질서를 다잡는 데 주력했다.

왕실, 즉 국왕을 중심으로 한 의례 정비에 대한 인식이 본격화된 것은 성종 대부터였다. 성종 대에 제사 의례의 정비, 강무무예 강습·열병군인들의 사기와 훈련 상태 점검 등의 의식인 군례軍禮, 왕실의 성혼·즉위·책봉 행사 가례嘉禮, 자주 국가로서 국내외 사신 접대와 그 위차位次를 정하는 빈례賓禮, 왕실과 국가의 애도 의례인 흉례凶禮 등이 체계적으로 갖추어졌다. 이러한 의례의 내용이 집대성되고 고려의 의례로 정착되어갔다. 의종 대에 이르러서는 해동공자 최충의 손자인 최윤의가 《고금상정례》 50권을 편찬했다. 이로써 한국 역사 속에서 임금을 임금답게 하고 신하를 신하답게 하는 의례의 가치가 빛을 발하게 되었다. 이후 고려 때 행해진 모든 의례는 《고금상정례》를 참조했고, 《고려사》〈예지〉에서 다시금 편찬되었다. 여기에는 상원 연등회, 중동 팔관회 등의 불교 의례뿐만 아니라 유교 의례와 국가 의례도 정리되어 수록되었다.

유학의 활성화

고려 사회에서 성리학이 수용되기 이전에는 오경˙이나 육경, 혹은 구경 중심의 경전 수학이 주류를 이루었다. 그중에 《효경》과 《논어》는 반드시 배워야 하는 필수 과목이었다. 이는 관학이든 사학이든 크게 다르지 않았다. 992년(성종 11년)에 중앙 개경에 관학 국자감國子監을 세웠고, 성종 6년에는 경학박사지방민의 자제를 교육할 목적으로 둔 벼슬와 의학박사지방 교육을 위해 만든 벼슬 각 1명씩 12목에 내려보내 지방 교육에도 신경을 썼다. 1127년(인종 5년)에는 각 주에 향학鄕學을 세웠다. 사학은 최충이 문헌공도文憲公徒를 세워 구재九齋, 아홉 군데 학당로 나누어 오경 등 경전을 연구한 데서 확인할 수 있다. 더불어 문헌공도를 포함한 사학 12공도개경에 있던 12사학가 형성되어 사학의 융성을 가져오는 계기가 되었으며, 여기에서는 9경에 포함된 경전을 학문했다. 1109년(예종 4년) 국학國學에 7재七齋, 7개 분과를 만들었는데, 무학재를 제외한 나

▌오경五經 ▌
5가지 유학 경서 《주역》, 《서경》, 《시경》, 《예기》, 《춘추》를 말한다. 여기에 《주례》 혹은 《악기》를 넣으면 육경이 되고, 《효경》, 《논어》, 《맹자》를 포함하면 구경이 된다. 혹은 《주역》, 《시경》, 《서경》, 《주례》, 《의례》, 《예기》, 《좌전》, 《공양전》, 《곡량전》을 구경이라고 하기도 한다.

머지 6재에서 전문적으로 경학유교 경전을 수학하는 학문을 다루었다.

고려 시대 중 예종과 인종 대에 가장 모범적으로 경연이 행해졌다. 이때 강의한 경연 과목 가운데 《중용》과 《대학》을 눈여겨봐야 한다. 이 경전들은 수신修身과 치도治道의 핵심을 담은 것으로 주자성리학에서 중요시했는데, 인간의 심성과 우주의 원리를 철학적으로 탐구하는 내용을 담고 있다는 점에서 예종·인종 대 유학의 철학적 깊이를 알게 해준다.

이러한 점들을 고려해볼 때, 고려 왕조에서 유교 경전을 수학하여 얻으려한 것은 일차적으로는 효를 중심으로 한 인륜人倫 수신으로 사회 질서 안정, 즉 교화였다. 그 다음이 경전의 수학과 실천에 그 뜻을 둔 수기修己와 위기爲己였다. 그렇지만 무엇보다도 경학 수학을 통해 목적한 것은 어질고 착한 자의 육성과 그 등용에 있었다. 그렇기 때문에 국가 경영과 통치를 위한 경세학經世學 중심의 유학이 주류를 이루었으나, 한편으로 문장 저술의 가치도 매우 높게 평가받아 이 두 가지의 겸용을 추구했다.

고려 후기에는 안향安珦의 활동과 충선왕의 연경 만권당충선왕이 원나라에 있을 때 세운 독서당 운영을 통해 원의 성리학이 수용되었다. 사서오경과 주자학을 과거 시험 과목으로 채택하면서 고려의 유교 지식인들도 이를 중요시 하게 되었다. 《고려사》의 기록을 보면 부모 3년상, 사당 설립, 조상 제사와 관련하여 《주자가례》를 따르고 있는데, 이것으로 《주자가례》를 수용한 것을 알 수 있다.

이처럼 고려 후기의 유학에서는 성리학을 위주로, 거경궁리"와 정심성의"의 수신을 강조했고, 이를 바탕으로 정치 윤리와 국가 통치 방법을 강조했다. 그것이 사서육경의 공부였다. 한편 이를 일상생활에서도 실천하는 《소학》과 《주자가례》의 수용으로 이어져 사회 변화를 일으켰다.

┃거경궁리居敬窮理┃
주자학에서는 두 가지 학문 수양 방법을 중요시한다. 거경은 몸과 마음을 바르게 하는 내적 수양법을, 궁리는 사물의 이치를 연구하여 지식을 얻는 외적 수양법을 뜻한다.

┃정심성의正心誠意┃
허식 없이 마음을 바르게 하고, 뜻을 정성스럽게 한다는 뜻이다.

성리학을 수용하면서 불교적 사회윤리와 사회 풍조는 비판되었다. 유교 지식인들은 효를 바탕으로 한 가족 윤리와 도덕, 의리를 바탕으로 한 충, 경세를 위한 현실 참여라는 점에서 볼 때 불교는 오히려 이를 해칠 뿐 유익하지 않다며 비판했다. 점차 불교 배척으로까지 이어졌다.

과거 제도의 도입

고려는 새로운 인재 등용을 위해 과거제를 도입했다. 인재 등용 방식에는 공신과 전·현직 관리의 자제를 과거 시험 없이 채용한 음서제蔭敍制, 추천하여 등용하는 천거제薦擧制 등 여러 가지가 있었는데, 가장 일반적인 것은 과거제였다. 과거제는 광종 9년(958) 중국 후주後周에서 귀화한 쌍기雙冀의 건의로 실시된 것이다. 이미 신라하대 이래 독서삼품과나 도당 유학생, 국학 출신 지식인, 지방 지식인 등이 존재했으므로 과거 실시를 위한 여건은 마련되어 있었다. 광종 대 과거제 실시는 호족 출신의 공신 세력을 억제하고, 유교적 교양을 갖춘 문신 관료 중심의 문치 관료 체제를 갖추어 충과 효를 중시하는 유교 확산을 꾀한 데 그 의미가 있다. 또 골품제의 폐단으로 국가 질서가 무너지고 새로운 관료 정치 체제를 요구하게 되었을 때 그 대안으로 받아들여졌다.

고려 시대에는 과거 합격자라고 해서 대우가 모두 똑같지는 않았다. 고려의 과거는 크게 제술과製述科·명경과明經科·잡과雜科로 나누어져 있었다. 물론 여기에 승과僧科까지 합하면 네 가지가 된다. 제술과와 명경과는 문과文科로서 양대업兩大業이라 했다. 제술과는 처음에는 시詩·부賦·송頌, 공덕을 기리는 문장·시무책時務策, 그 시대에 중요하게 다뤄야 할 일의 계책이 주요 시험 과

■ 삼장연권법 ■
과거 시험을 초장, 중장, 종
장의 3단계로 나눈 것. 초
장에 합격해야만 중장에
시험을 볼 수 있고, 중장에
합격해야만 종장 시험에
응시할 수 있다.

목이었으나, 목종 7년(1004) 삼장연권법三場連卷法"이 시행되면서
초장에 경의經義, 중장에 시·부, 종장에 시무책을 시험 보는 것으
로 바뀌었다. 명경과는 주요 유교 경전을 읽고 통달했는지를 시
험하는 것이었다. 잡과는 의학, 점복, 지리, 율법 등과 관련한
전문직 관원을 뽑는 시험이었다. 이중 가장 중요한 것은 제술과
였다. 그렇기 때문에 양대업 중에서도 제술과에 급제해야 대접을 받을 수
있었다.

대체로 고려 시대 제술과 급제자 수는 문종 이후 매회 30명 전후였다. 명
경과의 경우는 이보다 훨씬 적어 평균 3~4명에 불과했다. 고려 시대 전체
를 통틀어 제술과 급제자 수는 6,700명, 명경과는 449명이었다.

무인들의 백년 세상

왕권에 대한 도전

11세기 중반부터 12세기 중반까지 고려는 한 외척 가문이 막강한 영향력을 행사했다. 그 세력은 경원인주 이씨 가문이었다. 문종 때 문신 이자연李子淵의 딸 셋은 문종의 비가 되었으며, 순종은 이호李顥의 딸을 후비로 맞았다. 선종의 세 부인 역시 이예李預, 이석李碩, 이정李顥의 딸이었으며, 예종은 이자겸의 둘째 딸을 문경왕후文敬王后로 맞았다. 예종의 아들 인종 역시 이자겸의 두 딸을 왕비로 맞이해야 했다. 고려 왕조는 여러 대에 걸쳐 경원 이씨와 혼인을 거듭한 것이다. 그 결과 경원 이씨 가문은 고려 시대 최고의 외척 세력을 형성하게 되었다.

그중에도 이자겸이 외척으로 권세를 누릴 때 그 세력이 절정에 달했다. 인종은 이자겸을 조선국공에 봉했고, 그의 집을 '승덕부', 거처는 '의친궁'으로 칭하고 극진한 대접을 했다. 하지만 인종은 이자겸을 제거하기 위해 은밀히 신하들을 독려했다. 신하들도 적극 호응하여 이자겸 세력을 제거하려고 했으나 이미 눈치챈 이자겸의 공격으로 궁궐이 불타버리는 등 실패로

▎ 십팔자위왕설 ▎
참언의 하나였는데, '十八
子'라는 글자를 하나로 합
치면 '李'가 되므로 곧 이씨
가 왕이 된다는 설이다. 훗
날 이의민도 이것을 내세
우며 왕이 될 의도를 품었
고, 조선 태조 이성계의 즉
위 때도 영향을 주었다.

▎ 서경 세력 ▎
묘청, 정지상 등을 주축으
로 한 진보적 세력을 뜻하
며 금을 칭신하는 것을 반
대했다. 이와 반대 세력을
개경 세력이라고 하는데,
이들은 신라 계승 의식을
가진 문벌 귀족이다.

돌아갔다. 이것이 '이자겸의 난(1126년)'이다. 오히려 이 사건을 계기로 인종은 이자겸의 손아귀에 들어가게 되었다. 이자겸은 '십팔자위왕설十八子爲王說'을 근거로 왕이 되려고 했다. 이때 인종은 독살될 위기에 놓였다.

이자겸이 맘껏 권력을 휘두를 수 있었던 것은 무력 세력이 밑받침되었기 때문이다. 그 핵심은 척준경拓俊京이었다. 인종은 척준경을 설득하는 데 공을 들여 성공했다. 마침내 1126년(인종 4년) 5월 이자겸 세력 제거에 성공했다. 고려 중기 귀족 사회를 대표했던 인주 이씨 세력은 7대 동안 80여 년간 누렸던 권력 독점의 역사를 마감하게 되었다.

이때 이후로 인종은 왕실의 권위와 국왕의 위엄을 되살리기 위해 다방면으로 노력을 기울였다. 그 하나로 인종 5년 서경을 방문하여 총 10개 항에 이르는 개혁 방안을 발표했다. 그리고 정지상, 백수한, 묘청 등 서경 세력을 중용하기 시작했다.

묘청과 서경 세력들은 인종이 왕권 강화와 북진에 뜻을 두고 있는 것을 감지했다. 그들은 인종에게 서경 천도를 통해 국왕을 중심으로 정치를 새롭게 해야 한다고 주장했다. 개경의 지덕이 쇠하고 서경의 지덕이 왕성하므로 천도하면 주변 36국이 조공을 바치게 될 것이라고 했다. 게다가 그들은 고려가 다시 황제 칭호를 쓰고, 독자적인 연호를 사용하고 금에 대한 정벌을

이자겸의 넷째딸인 폐비 이씨는 인종의 생모 순덕왕후의 친동생이다. 인종에게는 이모이지만 이자겸이 다른 외척 세력이 생길 것을 염려하여 인종에게 시집보냈다. 조카와 이모가 결혼한 것이다. 이자겸이 왕을 독살하기 위해 독약을 넣은 떡을 인종에게 바쳤는데, 폐비 이씨가 그 사실을 왕에게 넌지시 고했다. 인종은 그 떡을 까마귀에게 주었고, 까마귀는 그 자리에서 죽었다. 또 이자겸이 딸을 시켜 인종에게 독약을 먹이려 했으나, 폐비 이씨는 독약을 일부러 쏟아버렸다. 척준경이 이자겸을 축출한 후 그녀도 폐비가 되었으나, 왕을 구한 공로를 인정하여 대우를 받았다. 의종과 명종도 그녀를 공경했고, 죽은 후에 왕후의 예로 장례를 치렀다. 하지만 폐비의 신분이었으므로 능은 만들어지지 않았다.

시도해야 한다고 주장했다. 인종은 묘청 세력의 뜻을 받아들여 서경 행차를 자주했고, 천도 준비를 위해 평양에 대화궁을 짓도록 명했다. 하지만 김부식 등 개경파 유신들은 이것이 허무맹랑하며 혹세무민¹하는 짓거리라고 비판하며 서경 세력 축출에 나섰다. 잠시나마 안정되었던 고려의 국정은 다시 개경파와 서경파로 나뉘어져 충돌을 거듭하게 되었다.

▌혹세무민惑世誣民 ▌
세상을 어지럽히고 백성을 홀려 속이는 행위.

마침내 인종 13년(1135) 서경에서 묘청과 조광 등은 자신들의 뜻을 관철하기 위해 군대를 일으켰다. 국호를 '대위국大爲國', 연호를 '천개天開', 군대를 '천견충의군天遺忠義軍'이라 했다. 묘청의 난이었다. 이들의 반란은 김부식 등에 의해 1년에 걸쳐 진압되었다. 기득권 계층인 개경의 문벌 귀족 세력과 새롭게 등장하기 시작한 서경 세력의 대립에서 서경 세력이 패한 것이다. 그것은 금에 대한 사대를 통해서라도 구체제를 유지하려는 수구 세력과 고구려 계승 의식을 바탕으로 한 고려의 자주를 이루기 위한 칭제건원稱帝建元, 왕을 황제로 칭하고 연호를 독자적으로 세우는 일, 그리고 북벌을 통하여 고려 중심의 세계를 만들려고 한 신흥 세력의 충돌로도 볼 수 있다.

이자겸의 난과 묘청의 난으로 고려 사회의 체제는 겉으로는 그대로 유지된 듯하였으나 내적으로는 새로운 변화를 요구하고 있었다. 하지만 승리를 거둔 수구 세력들은 이를 무시했으며, 오히려 극도의 문벌 사회를 형성했다. 이러한 분위기 속에서 인종을 이어 국왕이 된 의종은 불안한 왕권을 유지하면서 놀이와 오락, 그리고 사치에 몰두했다.

무인들의 세상을 열다

의종은 태평호문太平好文의 군주였다. 의종 24년(1170) 8월, 의종은 여느 때와 마찬가지로 술과 시에 빠져 있었다. 왕과 문관들은 술과 먹을 것을 권하고 여유 있게 즐기기가 다반사였다. 무신들은 호위를 담당하는 경비병 신분에 불과했고, 그나마도 나이 어리고 직급도 낮은 문신들한테 봉변을 당하기가 일쑤였다. 그뿐 아니라 경제적으로도 푸대접을 받았다. 더군다나 무신들은 국왕과 문신들의 잔치에 불려나가 수박희 등을 하면서 흥을 돋우기까지 했다. 그들의 불만은 날로 쌓여갔다.

의종은 연복정에서 흥왕사로 옮겨갔다. 이때 정중부鄭仲夫와 이의방李義方, 이고李高는 의견을 나누고 일단 거사 일시를 정했다. 그날 저녁 보현원에서 일어난 오병수박희 사건五兵手搏戱이 결정적 계기가 되어 이고와 이

수박희手搏戱 택견. 고유 전통 무예 중 하나로, 1983년에 중요 무형 문화재 제76호로 지정되었다. 무신들이 즐겨하던 놀이 중에 오병수박희가 있는데, 그림에서 알 수 있듯이 발을 사용하기보다는 손을 사용해서 상대를 공격한다.

의방 등 무신들은 모의했던 대로 다음과 같이 말하며 문신들을 처단하는 대학살의 불을 지폈다. "우리들은 우측 어깨를 내놓고 복두관를 벗을 것이다. 그렇지 않은 자는 모조리 죽이자!"

무신들은 의종을 폐위하여 거제도로 보냈고, 둘째 동생을 왕위에 앉혔다. 바로 명종이었다. 정중부 등 정변 세력은 의종과 문신들의 재산을 빼앗고 백성을 상대로 수탈을 일삼았다.

▌ 오병수박희 사건 ▌
노장군 이소응이 젊은 무관과 겨루다 도망가버렸다. 그러자 한참 어리고 하위 등급의 문신 한뢰란 자가 이소응의 뺨을 때렸다. 이 사건을 계기로 무신들의 화가 폭발해버린다.

무신 세력 중에서도 먼저 권력을 장악한 인물은 정변을 적극 주도한 이고와 이의방이었다. 이고는 정권을 손에 쥐기 위해 다시 쿠데타를 준비하지만, 이고와 사이가 틀어져 있던 이의방이 이고를 제거하고 먼저 권력을 장악했다. 결국 의종은 경주에서 이의민李義旼의 손에 잔인하게 피살되었다. 1174년(명종 4년) 이의방은 저항 세력들을 막는데는 성공했지만 다시 서경 유수*조위총趙位寵의 군사를 맞아야 했다. 같은 해 12월 정중부의 아들 정균鄭筠이 그를 죽임으로써 그의 전횡은 끝이 났다.

바야흐로 정중부의 시대가 열린 것이다. 정중부는 문하시중*의 자리에 앉았고, 그의 아들 정균은 명종의 딸에게 장가들고자 했다. 명종 9년 경대승은 정균의 측근인 견룡대궐을 호위하던 장교 허승許升을 회유하여 정중부 세력을 제거하는 데 성공했다. 경대승은 정중부와 송유인 등을 제거하고 신변의 안전을 위해 도방*을 설치했으나 30세의 나이에 급사했다.

경대승이 죽은 뒤 무주공산無主空山, 주인 없는 빈산이 된 개경의 정계에서 다시금 두각을 나타낸 것은 전혀 의외의 인물인 이의민이었다. 그의 아버지 이선은 소금과 채소를 팔았고 어머니는 옥령사玉靈寺의 여종이었다. 경대승이 죽고나서 일어날 혼란을 우려한 명종은 경주에 있던 이의민에게 병부상서*의 벼슬을 주면서 불러들였다. 권력을 잡은 이의민은 13년간 독재했다.

이의민은 백성들의 집을 빼앗아 자기 집을 대규모로 건축했고 토지를 강탈하며 마음대로 했다. 그의 아들 이지영, 이지광은 유독 횡포가 심해서 사람들은 그들을 쌍도자雙刀子라고 부를 정도였다. 이 시기에도 여러 차례 난이 이어졌다. 1193년(명종 23년) 7월에는 운문에서 김사미, 초전에서는 효심이 난을 일으켰다.

▌유수留守 ▐
유수관. 고려 때 동경東京·서경西京·남경南京에 파견하여 그곳을 다스리게 한 지방직 벼슬.

▌문하시중門下侍中 ▐
고려 때 중서문하성(간쟁諫諍과 서무를 총괄하던 관아)의 종일품 최고 벼슬. 1275년(충렬왕 1년) '첨의중찬'으로 고쳤다.

▌도방都 ▐
무신 정권 시대에 집권자들이 세운 사병 집단. 경대승이 죽고 없어졌으나, 최충헌이 집권하면서 그 세력과 규모가 더 방대해졌다. 1270년(원종 11년) 무신정권이 몰락하고 왕정 복구로 해체되었다.

▌병부상서兵部尙書 ▐
고려 시대에 군사 관련 일을 맡아 보던 병부의 최고 벼슬.

이의민 정권은 결국 아들 이지영이 최충수崔忠粹의 집 비둘기를 억지로 빼앗는 사건을 계기로 몰락하게 된다. 물론 이의민 정권의 온갖 전횡, 즉 인사 부정, 재산 강탈, 서민 겁탈 등으로 민심이 더는 그들을 용납할 수 없었던 탓도 반영된 것이다. 1196년(명종 26년) 4월에 최충헌崔忠獻과 최충수 형제는 칼을 뽑아들었다. 그들은 이의민이 미타산 별장에 머무를 때를 노려 이의민을 제거했다.

최씨 정권의 등장

최충헌은 여느 무인 정권과는 달랐다. 무인 일색의 코드를 맞추는 것이 아니라 문신들도 등용했으며 나름대로 시정 개혁의 방향을 제시했다. 왕에게 옛 정치를 개혁하고 새로운 정치를 도모하는 데 '태조의 바른 법太祖正法'을 따라 중흥할 것을 청하고 이를 위한 '봉사10조'를 올렸다. 최충헌이 봉사10조를 올린 것은 명종을 둘러싼 세력을 제거하기 위함이었다. 상서문을 올린 후 최충헌은 명종 폐위와 태자 폐위를 단행한다. 그리고 명종의 아우 평량공 왕민을 왕으로 세웠다. 그가 바로 신종이다.

최충헌과 동생 최충수의 사이는 권력을 놓고 틀어지기 시작했다. 많은 사병과 군사들을 동원하여 시가지에서 벌인 싸움은 최충헌의 승리로 끝났다. 최충헌의 독주가 시작된 것이다.

최충헌은 23년간 집권하면서 권력의 기반을 확고히 다졌다. 그동안 무신들의 합의 기구였던 중방重房을 유명무실하게 하고 강력한 사병 집단인 도방의 기능을 강화했다. 3,000명 이상의 사병을 6교대로 자신의 집에 숙직토록 한 것이다. 최씨 정권 60년사에서 권력의 중심 역할을 하게 된 교정도감을

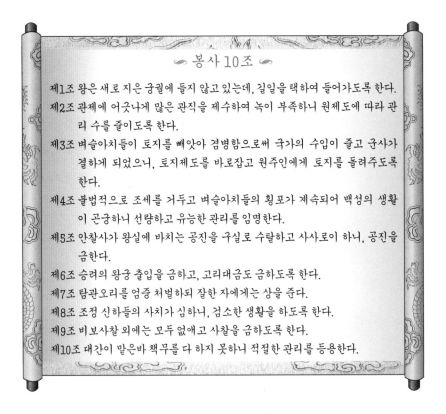

봉사 10조

제1조 왕은 새로 지은 궁궐에 들지 않고 있는데, 길일을 택하여 들어가도록 한다.
제2조 관제에 어긋나게 많은 관직을 제수하여 녹이 부족하니 원제도에 따라 관리 수를 줄이도록 한다.
제3조 벼슬아치들이 토지를 빼앗아 겸병함으로써 국가의 수입이 줄고 군사가 결하게 되었으니, 토지제도를 바로잡고 원주인에게 토지를 돌려주도록 한다.
제4조 불법적으로 조세를 거두고 벼슬아치들의 횡포가 계속되어 백성의 생활이 곤궁하니 선량하고 유능한 관리를 임명한다.
제5조 안찰사가 왕실에 바치는 공진을 구실로 수탈하고 사사로이 하니, 공진을 금한다.
제6조 승려의 왕궁 출입을 금하고, 고리대금도 금하도록 한다.
제7조 탐관오리를 엄중 처벌하되 잘한 자에게는 상을 준다.
제8조 조정 신하들의 사치가 심하니, 검소한 생활을 하도록 한다.
제9조 비보사찰 외에는 모두 없애고 사찰을 금하도록 한다.
제10조 대간이 맡은바 책무를 다 하지 못하니 적절한 관리를 등용한다.

두고 국정을 총괄하면서 자신은 교정별감을 맡았다.

정권을 장악한 최충헌은 자신의 뜻에 어긋나거나 자신을 제거하려는 마음을 품은 왕이나 신료가 있으면 가차 없이 제거했다. 명종과 희종을 폐위시켰고, 신종·희종·강종·고종 등을 새로 세우기도 했다. 신종의 역사 담당 사관은 신종을 목우인木偶人과 같다고 기록할 정도였다.

최충헌은 몽고의 침입이 시작되자 권력 유지를 위해 강화도로 천도를 단행한다. 최충헌이 기반을 잡았던 정권은 아들 최우 대에 더욱 강화되었다. 최우는 30년간 집권하면서 교정도감과 도방의 기능을 강화하고 여기에 정방", 서방", 삼별초를 조직했다. 모두 최씨 정권의 사적 기구로 최씨 정권의 안녕을 위해 존재했다. 최

정방政房
모든 관리들의 인사 행정 문제를 다루고 결정하던 기구로 최우의 집에 설치했다.

서방은 문인들이 머물도록
만들어진 거처로 최씨 정
권에 정치적 자문을 했고,
정방의 관리자를 선발하는
곳이었다. 최우의 집에 세
워졌고 문인들이 3교대로
숙직했다.

우의 뒤는 최항이, 그 뒤는 최의가 계승했다. 유경, 김준 등이 최의를 암살함으로써 정권은 막을 내렸다.

다음 무인 정권은 김준, 임연, 임유무로 이어졌다. 이들은 자신들의 정권을 유지하기 위해 몽고를 이용했다. 따라서 강화도에서 전열을 가다듬어 방어를 튼튼히 하고 이를 위해 육지의 백성들에게 전란 중이었지만 끊임없이 조세를 수취했다. 하지만 고종의 태자 원종이 몽고와 협상을 시도하여 무인 정권을 종말시키는 데 성공을 거두었다. 100년 무인 정권의 역사는 이렇게 마감했다.

고려, 원나라의 지배를 받다

고려를 정복한 몽고

13세기 초 중국 대륙에서는 큰 변화가 일어나고 있었다. 만주와 중국 북부 지역을 장악하고 있던 금나라가 서서히 막을 내리고, 이를 대신할 신흥 세력의 등장이 예견되었기 때문이다. 금나라는 막강한 군사력으로 전성기를 누렸지만 점점 쇠퇴하기 시작했다. 남송과의 대치 상황이 장기화되었고, 시시때때로 거란 유족^{遺族}의 저항이 일어났으며, 결정적으로 칭기즈칸^{成吉思汗}이 통솔하는 몽고족이 세력을 키워나가고 있었기 때문이다.

13세기 초 고려는 몽고, 거란 유족, 동진국과 만나게 된다. 몽고는 거란 유족 대토벌전을 전개하고, 거란 유족은 9만여 명의 병력을 이끌고 1216년 8월 압록강을 건너 고려의 영토로 쳐들어왔다. 1218년^(고종 5년) 12월 1일 조충과 김취려를 중심으로 한 고려군은 몽골군과 더불어 연합군을 만들어 공격했고, 강동성에 주둔했던 거란 유족은 마침내 항복했다. 이때 고려와 몽골의 관계는 우호적이었다.

몽골의 합진과 찰랄은 고려의 조충·김취려와 의형제를 맺었다. 하지만 실제 체결된 협약의 핵심 내용을 보면 그것은 결코 우호적이랄 수 없는 것이었다. 첫째, 고려는 매년 몽골에 조공을 바친다. 둘째, 몽골 사신은 동진국을 경유하여 고려와 왕래한다. 셋째, 사절의 인원은 10명 이내로 한다. 조공과 사절 교환 관련 협약이 주였는데 고려 내부에서는 공물 규모 등 현안에 대한 이해 차이로 불만이 고조되었다.

그런데 고종 12년(1225) 정월 고려에 사신으로 왔다 돌아가던 저고여著古與 등 몽골 사신 일행이 압록강 근처에서 도적에게 피살당하는 사건이 발생했다. 이 일로 몽골은 고려에 그 책임을 물었으며, 국교는 단절되었다. 칭기스칸의 뒤를 이은 태종 오고타이窩潤台는 고려가 전략적으로 중요한 곳임을 알아차렸다. 대륙 통일을 위해서는 먼저 고려를 굴복시켜야 한다는 것을 깨달은 것이다. 살리타이撒禮塔 원수가 지휘하는 몽골의 군대는 1231년(고종 18년) 8월 압록강을 넘었다. 마침내 30여 년에 걸친 여·몽 전쟁의 막이 오른 것이다.

1233년 몽골은 잠시나마 손을 잡았던 동진을 멸했고, 1234년 금나라를 철천지원수로 여긴 남송과 연합하여 금을 무너뜨렸다. 그 다음 차례는 남송이었다. 주변에 거칠 것이 없던 몽골은 남송을 치기 위해 군사력을 모으기 시작했다.

최충헌은 결사 항전을 대비해 해전에 익숙지 않은 몽골군의 거센 공격을 피할 목적으로 강화도로 천도했다. 그의 뒤를 이은 최우·최항·최의 등도 몽골과의 전쟁을 지휘했다. 이때 고려의 전략은 몽골군과의 접전을 피하는 해도입보海島入保, 바다 한가운데 있는 섬에 들어가 보호받음와 몽골군에게 군량미 등을 남기지 않는 청야전술이었다.

몽골은 고려 내륙 지방 전역을 휩쓸었다. 경주까지 내려가 초토화시켰다. 최씨 정권은 백성들을 보호하지는 않고 꼬박꼬박 조세를 수취해가는 뻔뻔함을 보였다. 따라서 몽골군에 협조하는 고려인의 숫자는 늘어났다. 몽골은 끊임없이 항복을 요구해왔으며, 해도입보를 풀고 육지로 나와 개경으로 다시 도읍하라는 출륙환도^{出陸還都}와 고종이 몽골에 들어와 황제를 알현하라고 주장했다.

최씨 정권의 마지막 집정자 최의가 마침내 1258년^(고종 45년)에 유경·김준에 의해 살해되자, 12월 양측 간 협상은 급진전되었다. 1259년 4월 태자 전^{典 제24대 원종}이 항복의 뜻을 전했다. 이것으로 몽골과의 30년 전쟁은 종지부를 찍었다.

몽고의 사위국이 되다

1259년 4월 고려 태자가 몽골에 들어왔는데 이때 문제가 생겼다. 6월에 고종이 68세를 일기로 파란만장한 생애를 마쳤고, 제4대 황제인 몽케 칸^{헌종}이 남송을 공격하던 중 사천성^{四川省, 쓰촨성} 부근의 조어산에서 병으로 죽었다. 그러자 몽케의 두 아우인 쿠빌라이^{세조}와 아릭 부케 사이에 왕위 다툼이 일어났다.

원종은 쿠빌라이에게 조공을 바쳤다. 쿠빌라이는 막남한지대 총독^{漠南漢地大總督}에 임용되어 티베트 족과 운남의 대리국, 안남^{베트남}을 정벌중이었다. 그리고 남송을 공격할 전략을 수립 중이었다. 쿠빌라이는 고려 태자가 찾아온 것을 크게 기뻐하며 원종과 함께 개평부에 행차하여 황제의 자리에 올랐다.

이렇게 고려와 몽골 양측은 원칙적 합의를 이루었다. 이 같은 협상의 결과로 원종 1년⁽¹²⁶⁰⁾ 4월 세조는 '세조 구제^{世祖舊制}' 약조를 보내왔다. 마침내 1270년^(원종 11) 10월 개경으로 환도가 이

┃ 세조 구제 내용 요약 ┃
①고려의 풍습을 유지하며 몽골식을 굳이 따르지 않아도 된다. ②정식 사절단 외에는 몽골인의 고려 출입을 금한다. ③개경 환도 문제는 적절한 시기에 시행해도 좋다. ④몽골군은 금년(1260) 가을을 기점으로 철수한다. ⑤파견된 몽골 사신들은 임무가 끝나는 대로 귀환한다. ⑥몽골에 거주하는 고려인의 거처를 파악하여 희망대로 조치하되 이후 이주와 거주는 불허한다.

루어졌다. 100년에 걸친 무인 정권 시대의 종식이자 30년 여몽 전쟁이 끝난 것이다.

이후 왕실의 입지 강화를 위한 첫 번째 작업이 추진되었다. 바로 태자 거(昛, 제25대 충렬왕)와 원 세조의 딸 제국대장공주의 혼인이었다. 고려는 원과 사대 관계를 맺으면서 태자를 세자로 칭했다. 혼인은 세자가 원의 수도 연경에 머무르던 1274년(원종 15) 5월에 이루어졌다. 이때부터 원 황실과의 혼인이 시작되었다.

원 황실과의 혼인으로 세계 제국을 지배하기 시작한 원 제국 내에서 고려의 지위는 격상되었다. 이는 결국 30년에 걸쳤던 대몽 항쟁의 결과이기도 하다. 원 황실 내에서 고려의 지위를 잘 보여주는 내용이 《고려사》에 실려 있다. 충렬왕 20년 정월 원세조의 국상 때의 일이었다. "원나라 조정의 상제(喪制)에는 그 나라 사람이 아니면 감히 황제의 빈전에 가까이 가지 못하는 법이었는데 다만 고려 국왕만이 참여하는 특전을 얻었다. 그러므로 왕을 따라 간 신하라면 비록 가마꾼과 같은 천한 사람들도 출입을 금지하지 아니했다."

원나라 공주와 결혼한 고려 왕

고려 왕	원나라 공주
제25대 충렬왕	제국대장공주(세조)
제26대 충선왕	계국대장공주(진왕)
제27대 충숙왕	북국장공주(영왕)
	조국장공주(위왕)
	숙공휘령공주(위왕)
제28대 충혜왕	정순숙의공주(무정왕)
제31대 공민왕	노국대장공주(위왕)

백년의 원 간섭기가 남긴 잔재들

근 백년에 걸친 원 간섭기는 고려 왕조에 어떤 영향을 주었을까? 또 고려인들은 원 간섭기 동안 어떻게 생활했을까? 이 시기에 고려 왕조는 종래 고려 사회가 유지해왔던 가치관, 생활, 풍속 등 거의 모든 부문에서 변화를 겪어야 했다.

삼별초는 무인 정권이 몰락하고 개경 환도가 결정되자 불만을 가졌다. 장군 배중손은 이들과 함께 반란을 일으켰고, 왕족 승화후承化侯 온溫을 왕으로 추대함으로써 반고려·반몽고 정권을 세웠다. 그리고 진도와 제주도 등으로 근거지를 옮겨가면서 항쟁을 이어갔으나 결국 원종 14년(1273) 김방경이 이끈 여원 연합군에 의해 진압되었다.

한편 일본 정벌 야심을 품고 있던 세조는 고려에 군함을 만들고, 해전에 능한 군사들을 동원하고, 군량미까지 공급할 것을 요구했다. 1294년(충렬왕 20년) 정월 원세조가 죽고나서야 계획은 중지되었다. 무려 20년에 걸친 계획이 아무런 소득도 없이 끝나버렸다.

1280년(충렬왕 6년) 원은 일본 정벌을 위해 고려에 세웠던 정동행중서성을 정동행성征東行省으로 고치고 감시관 다루가치達魯花赤를 파견하여 고려의 내정을 감시하고 간섭했다. 게다가 원에서 매사냥이 유행하자 해동청海東靑, 매을 요구했는데 이를 위해 고려에 매의 사육과 사냥을 담당한 관아 응방鷹坊이 설치되었다. 원 황실의 공주가 고려로 올 때, 공주의 수발을 들기 위해 온 겁령구怯怜口 역시도 원의 이익을 위해 봉사했다.

이외에도 원은 고려에 많은 조공을 요구하였을 뿐만 아니라 궁녀와 환관까지도 요구했고, 이를 위해 동남동녀童男童女를 모집하여 끌고 갔다. 더군다나 원의 귀족들이 고려 문벌 가문 출신의 규수와 혼인을 요구하는 일이 갈수록 늘어났다. 이로 인하여 고려에서는 여자의 경우는 조혼早婚을 하고 남자의 경우는 예서預壻, 데릴사위가 되는 일이 많아졌다. 게다가 고려 사회에는 몽고풍 복장과 두발 모양이 들어왔는데, 개체변발開剃辮髮이 대표적이었다.

고려는 원의 부마국이자 제후국이 되었으므로 그에 따라 관제와 칭호를 바꾸어야 했다. 충렬왕 원년 태자를 세자로, '임금의 뜻'인 성지聖旨를 선지宣旨로 고쳤으며, 짐朕은 고孤, 폐하陛下는 전하殿下로 바꾸었다. 관제는 원과 같게 바꾸었다. 또한 왕의 묘호 역시 지금까지 조祖와 종宗을 붙여 쓰던 호칭 대신에 신하로서 받는 시호의 의미를 갖는 충忠을 쓰게 되었다. 이 때문에 원종 이후 고려의 왕들은 '충' 자 묘호를 쓰게 되었다. 충렬왕, 충선왕, 충숙왕, 충혜왕, 충목왕, 충정왕 등이 그 예다.

원 간섭기 이전에는 국왕이 국내에 머물며 정치가 이루어지는 것이 원칙이었다. 하지만 이 시기에는 국왕이 원의 수도 연경을 다녀온 이후에 정치를 했으므로, 그 기간이 늘어나자 국왕의 서신으로 정치가 이루어졌다. 더

심양왕瀋陽王
여몽 전쟁중 포로로 잡은 고려인들을 거주하게 한 요동 지역을 다스리는 자. 고려 왕족을 심양왕으로 삼아 고려 왕실과 분란하게 했다.

불어 충렬왕이 붕어한 후 심양왕을 맡았던 충선왕이 왕위에 오르면서 조카 연안군延安君 고暠에게 심양왕 자리를 계승했는데, 이는 두고두고 고려 왕실과 심양왕 사이에 분란이 되었다. 후에 이 지역에 대한 실권이 없어지자 심왕으로 불렀다.

고려의 국왕은 일거수일투족을 원 황실의 허락을 받아야 했다. 따라서 원의 눈 밖에 나거나 정치적으로 문제가 있을 경우 원에서는 국왕의 옥새를 거두었을 뿐만 아니라 왕을 강제로 연경으로 소환하여 죄를 물었다. 예컨대 충선왕은 투루판토번마蕃, 티베트까지 유배되었으며, 충혜왕은 원 악양현에서 유배 도중 죽었다.

공민왕, 반원 자주 개혁을 펼치다

대원자 강릉대군

14세기에 들어서면서 원 황실의 황위 계승은 매우 위태로웠다. 충선왕이 옹립에 적극 협조했던 제3대 무종武宗부터 제11대 마지막 황제 순제順帝는 재위 기간이 10년도 안 되었으며, 26년간 모두 10명의 황제가 교체되었다. 이는 나이 어린 황제의 즉위가 이어지고 환관과 권신들이 권세를 부려 원 황실 내부의 정치적 혼란이 극심했다는 것을 뜻한다. 예컨대 영종英宗은 7세에 즉위했는데 황위에 불과 한 달밖에 못 있었다.

원 황실의 정치적 변동은 고려 왕실에도 영향을 주었다. 고려 왕들의 폐위와 복위가 반복되었고 나이 어린 왕이 즉위했으며 왕후의 섭정도 등장했다. 예컨대 충목왕은 8세에 즉위하여 12세에 죽었으며, 충정왕은 10세에 즉위하여 13세 때 폐위되고 14세에 독살당했다. 충목왕의 모후인 정순숙의 공주는 충목왕과 충정왕의 즉위에 간여하면서 섭정했다.

1330년 5월 충숙왕과 명덕태후 사이에서 태어난 아이는 강릉대군江陵大君에 봉해졌는데, 바로 충혜왕의 아우 공민왕원 이름은 백안첩목아이었다. 충혜왕의 실정이 이어지자 원 황실에서는 강릉대군을 불러들여 머물게 했다. 이때부터 원에서는 그를 대원자大元子라고 부른다. 원자元子는 왕위를 이어받을 세자에 책봉되기 전 후계자에게 붙이는 것인데, 대원자라 한 것을 보면 충혜왕의 동생이지만 후계자가 될 수 있다는 의미였을 것이다. 그러나 충혜왕의 죽음 이후 정국을 주도한 것은 원에서 시집온 정순숙의공주였다. 그녀는 1남 1녀를 두었는데 아들이 충목왕이었다. 충목왕은 4년 만에 죽었고, 그 뒤를 충혜왕의 서자 왕저王眂가 이었다.

이때 원의 연경에 있던 대원자는 원의 종친 위안의 딸 노국대장공주인덕왕후와 혼인하여 원 황실과 관계를 맺었다. 물론 숙위하고 있는 동안 원순제나 순제의 제2황후인 기황후, 최고 권력을 장악한 환관 고룡보 등의 눈 밖에 날 행동을 하지 않았다. 또한 충정왕 2년 이후 원에 와 있던 형수인 정순숙의공주에게도 마찬가지였다. 충정왕이 폐립되자 그는 고려의 왕으로 책봉되었다. 그는 자신의 왕권을 확고히 하기 위해 충혜왕의 서자 석기釋器를 승려로 만들어 만덕사에 머물게 했고, 폐위된 충정왕을 강화도로 유배 보냈다가 공민왕 원년인 1352년 3월 독살했다. 공민왕의 시대가 열린 것이다.

공민왕의 자주 개혁 정치

▌홍건적紅巾賊의 난 ▌
원나라 말기에 미륵교도, 백련교도, 홍건적이 주축이 되어 일으킨 종교적 농민 반란. 1368년 주원장이 원을 타파하고 한족 명나라 왕조를 세웠다.

원의 마지막 황제 순제는 11세의 나이에 고려의 대청도에서 귀양 생활을 한 적이 있었다. 그가 재위한 14세기 중반은 동아시아에 천재지변이 잇따라 일어나 식량난이 가중되던 때였다. 이로 인해 원 제국은 내부에서 서서히 균열이 시작되다가 각지에서 반란이 이어졌고, 홍건적의 난"으로 전개되었다. 이후 홍건적 출신 주원장^{朱元璋}은 세력을 확대하여 반원흥한^{反元興漢} 운동을 주도했다.

연경에 머무르고 있던 공민왕은 정국 변동을 예견하고 반원 자주 개혁 정치를 추진하기로 마음먹었다. 1351년 12월, 11년 만에 원에서 돌아온 공민왕은 고려 왕실의 상징인 경령전에 참배하고 강안전에서 즉위했다. 곧바로 공민왕은 구체적인 내정 개혁 방안을 내놓았다. 그러나 공민왕은 권력을 쥔 자들의 횡포와 원에 밀착한 부원 세력^{附元勢力}이자 권문세력가들 때문에 개혁이 어렵다는 것을 깨달았다.

공민왕은 왕권을 강화하여 부원 세력을 척결하고 권문세가들을 견제하기 위해서는 반원 정책과 정치·경제·사회 개혁이 필요하다는 것을 절실히 느꼈다. 그는 1352년 2월 최씨 무인 정권이 설치한 문무백관의 인사 행정을 맡아보던 정방을 폐지하여 국왕이 직접 인사를 해나가려 했다. 또한 국왕

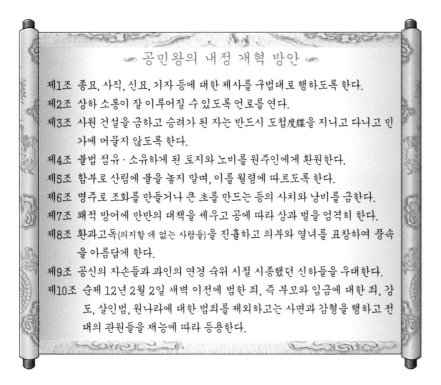

━━ 공민왕의 내정 개혁 방안 ━━

제1조 종묘, 사직, 신묘, 기자 등에 대한 제사를 구법대로 행하도록 한다.
제2조 상하 소통이 잘 이루어질 수 있도록 언로를 연다.
제3조 사원 건설을 금하고 승려가 된 자는 반드시 도첩度牒을 지니고 다니고 민가에 머물지 않도록 한다.
제4조 불법 점유·소유하게 된 토지와 노비를 원주인에게 환원한다.
제5조 함부로 산림에 불을 놓지 말며, 이를 월령에 따르도록 한다.
제6조 명주로 조화를 만들거나 큰 초를 만드는 등의 사치와 낭비를 금한다.
제7조 왜적 방어에 만반의 대책을 세우고 공에 따라 상과 벌을 엄격히 한다.
제8조 환과고독(의지할 데 없는 사람들)을 진휼하고 의부와 열녀를 표창하여 풍속을 아름답게 한다.
제9조 공신의 자손들과 과인의 연경 숙위 시절 시종했던 신하들을 우대한다.
제10조 순제 12년 2월 2일 새벽 이전에 범한 죄, 즉 부모와 임금에 대한 죄, 강도, 살인범, 원나라에 대한 범죄를 제외하고는 사면과 감형을 행하고 전대의 관원들을 재능에 따라 등용한다.

스스로 임금의 도리를 갈고닦기 위해 경서를 토론하는 서연書筵을 열기 시작했다. 그리고 부원 세력과 권문세가들에 맞서 새로운 권력 기반을 쌓기로 마음먹었다. 바로 신진 세력의 등용이었다. 이를 위해 성균관을 개편하여 이색李穡 · 정몽주鄭夢周 · 정도전鄭道傳 등의 학자를 등용하여 신유학, 곧 성리학에 대한 연구와 후학 양성에 힘쓰도록 했다. 공민왕 6년에는 한양에 터를 살피고 궁궐을 짓게 하여 천도를 계획하기도 했다.

그렇다고 해서 공민왕이 완전히 원을 적대시한 것은 아니었다. 정당한 선에서 타협하는 외교 전략을 취했으나, 원나라는 공민왕의 이런 어정쩡한 외교가 마음에 들지 않았다. 원은 여태까지 써왔던 방법인 고려 국왕을 바꾸려 했다. 심양왕으로 있는 충선왕의 셋째 아들 덕흥군德興君을 왕위에 올리려고 계획했다. 공민왕 12년(1363)에는 고려 국왕 자리를 놓고 공민왕과 그 지지 세력, 덕흥군원 이름 탑사첩목아과 원, 고려의 여러 세력 간의 다툼이 벌어졌다. 같은 해 12월 덕흥군은 요동에 진을 치고 압록강을 건너려고 했고, 1364년 정월부터 공격을 시작했다. 원은 덕흥군의 공격이 실패하자, 9월에 이르러 공민왕 측의 손을 들어 다시 복위하도록 했다.

권왕 신돈

오랫동안 왕비 노국공주에게 아이 소식이 없자, 왕실에서는 왕비의 허락을 받고 후비를 맞았다. 이제현의 딸 혜비惠妃 이씨, 덕풍군 왕의王義의 딸 익비益妃 한씨가 그들이었다. 그런데 공민왕 14년(1365) 2월 어렵게 임신하게 된 노국공주가 아이를 낳다가 죽고 말았다. 공민왕은 공주의 상장례를 치르기 위해 4도감 13색을 두어 정릉正陵을 조성했다.

공주의 국상을 계기로 공민왕은 승려 편조遍照 신돈의 법명를 만나게 되고, 이야기를 나누다가 그의 화술에 빠져든다. 공민왕은 5월에 편조에게 청한거사淸閑居士란 호를 지어주고 스승師傅이라고 불렀으며 진평후眞平侯라 봉하고 국정에 대하여 자문했다.

12월, 공민왕은 신돈에게 엄청난 지위를 내린다. 수정이순논도섭리보세공신守正履順論道燮理保世功臣, 벽상삼한壁上三韓, 삼중대광三重大匡, 영도첨의사사사領都僉議使司事, 판감찰사사判監察司事 추성부원군鷲城府院君, 제조승록사사提調僧錄司事 겸 판서운관사判書雲觀事였다. 이때 이름도 돈旽으로 개명했다. 승려 한 명에게 지나친 대우를 한 것이다.

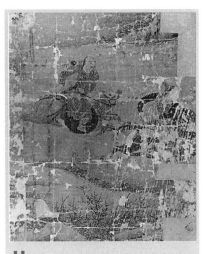

공민왕이 직접 그렸다고 전해지는 천산대렵도 만주인 혹은 오랑캐 옷을 입고 말을 타는 모습이다. 매우 낡았고 몹시 심하게 훼손되었으며, 세 조각으로 나누어져 전하고 있다. 국립중앙박물관에 소장되어 있다.

신돈은 초반에 많은 비난을 받았지만 공민왕의 뜻을 받들었다. 대표적인 것이 권문세가 등이 불법 탈취하여 소유한 토지와 노비에 대한 재조사를 벌여 원래 주인에게 돌려주거나 국가가 환수하는 작업이었다. 이는 기존 세력이 가지고 있는 경제 기반의 해체이자 구정치 체제의 핵심 세력들에게 백기항복을 요구한 것이었다. 그 수단으로 신돈은 공민왕 원년 설치했던 전민변정도감田民辨正都監, 토지와 노비를 정리하기 위해 임시로 설치한 관아의 재설치를 요구하고 스스로 판사判事가 되었다. 그러고는 바로 각처에 유고문諭告文, 나라에서 실행하기로 결단을 내린 일을 알리는 글을 붙여 전민변정 작업을 실시한다고 포고했다. 이처럼 신돈이 공도대의*를 표방하면서 사람들에게 은혜를 베풀자 당시 사람들은 "성인聖人이 나왔다"고 말하기까지 했다.

그러나 권력이 집중되면서 신돈은 교만 방자해졌다. 원나라

| 공도대의公道大義 |
일반적으로 통하는 공평하고 올바른 도리, 인간으로서 당연히 지켜야 할 도리.

북한 개성시에 있는 공민왕과 노국공주의 현정릉 조선 왕릉에는 없
는 계단이 있는 것이 특색이다.

에서는 신돈을 임시 왕이라는 의미의 '권왕權王'이라 부를 정도였고, 명나라에서는 공민왕에게 국왕의 작위를 주면서 특별히 신돈에게도 온갖 비단과 금과 친서를 보내고 '상국相國 신돈'이라고 했다. 그의 권력이 얼마나 막강했는지를 보여주는 대목이었다.

1371년(공민왕 20년) 6월 신돈은 왕이 헌릉憲陵 제4대 왕 광종의 능과 경릉景陵 제11대 왕 문종의 능에 행차했을 때 암살을 시도했으나 실패하고 말았다. 공민왕은 신돈 일당을 잡아들여 제거해버렸다. 신돈은 수원으로 유배보내졌다가 결국 그곳에서 사형당했다. 8여 년간의 '신돈의 시대'는 이렇게 막을 내렸다.

공민왕은 반원 자주 개혁을 추진할 믿을 만한 정치 세력이 없는 상황에서 신돈과 같은 신흥 세력을 중용했고, 지나치게 서둘렀다. 한때 신돈은 성인이라 불릴 정도로 추앙을 받았지만 모든 것이 실패로 돌아가자 마지막에는 '늙은 여우 요정老狐精'이라 불렸다.

공민왕은 신돈을 사형시킨 후 신진 측근 세력을 양성할 목적으로 1372년 (공민왕 21년) 10월 나이 어리고 용모가 아름다운 자를 뽑아서 자제위子弟衛, 인재 양성을 위해 궁중에 설치한 관청에 두었다. 그리고 대언代言, 밀직사 소속으로 왕명을 하달하는 일을 담당한 벼슬 김흥경을 총관摠管으로 삼았다. 물론 여기에 속한 자들은 명문세가의 자손으로 한안·권진·홍관·노선 등도 여기에 속했다.

노국대장공주가 죽은 후 공민왕은 슬픔에 빠졌는데, 이를 극복하지 못하고 갖은 폐단을 일삼았다. 결국 1374년 9월 공민왕은 자제위 소속의 미소년들을 가까이하다 최만생과 홍륜洪倫에게 시해당하고 말았다.

요동 정벌과 위화도회군

우왕은 누구의 아들일까?

공민왕 시해 사건 후 권력을 장악한 것은 이것을 가장 먼저 알아차리고 조치를 취한 경복흥과 이인임이었다. 그런데 이 둘은 생각이 달랐다. 이인임은 이제 나이 10세에 불과한 아이를 왕으로 택했다. 이 아이가 바로 공민왕의 뒤를 이어 왕위에 오른 신우였다.

《고려사》에서는 공민왕 이후 왕위에 올랐던 우와 창을 신우辛禑, 신창辛昌이라 불렀다. 그들의 기록은 《고려사》〈열전〉'반역편' 뒤에 실려 있는데 우왕, 창왕이라고 불렀다. 이들의 왕위를 부정하고 공민왕의 핏줄이 아니라는 이유에서였다.

우왕의 핏줄에 대한 의심은 《고려사》의 곳곳에서 그려지고 있는데, 그중에서도 흥미로운 점은 당시 일어났던 많은 재변들을 그와 연관시켜 기록하고 있다는 것이다. 예컨대 우왕이 태묘를 방문한 그 다음날 천둥이 치고 우박이 내렸고, 현릉에서 공민왕의 장사를 지낼 때에는 무지개가 해를 둘러싸고 해 곁에 또 작은 해 2개가 있었다고 전한다. 또 우왕이 11월에 종묘에서 겨울 제사를 모시자 큰비가 내리고 우뢰와 번개와 큰 지진이 일어나고 올빼미가 태실_{종묘. 역대 왕과 왕비의 위패를 모시는 왕실의 사당}에서 울었다고 쓰여 있다. 우왕의 왕위 계승이 잘못된 것이라는 암시였다.

위화도회군

1388년 2월 새롭게 중원의 패자로 부상한 명은 원 제국의 계승자임을 넘어 정복자임을 선포했다. 따라서 원이 지배하던 지역에 대한 점령권을 그대로 유지하겠다고 선언했다. 이러한 원칙에 따라 명의 태조 주원장은 고려의 철령鐵嶺, 테링 이북·이동·이서는 원래 개원開原의 관할이므로 여기에 속해 있던 군민軍民·한인·여진·달달·고려는 종전과 같이 요동에 속한다고 하면서 정료위定遼衛, 명나라가 만주 지방을 다스리기 위해 요동에 설치한 기관. 후에 요동도사로 고침를 설치했다. 3월에는 서북면 도안무사 최원지가 명이 철령위를 세우려고 요동에서 철령에 이르기까지 70개소의 병참 군영을 설치했다고 알려왔다.

이러한 명의 의도를 파악하고 고려에서는 명을 공격할 것인지 화의를 청할 것인지에 대한 논의를 거듭했다. 고려는 일차로 화의를 청하기로 결정했다. 박의중을 명에 보내, "철령 이북, 문주, 고주, 화주, 정주, 함주 등 여러 주를 거쳐 공험진에 이르는 지역은 이전부터 본국의 땅으로 공험진 이북은 명에 속하고 공험진 이남에서 철령까지는 본국에 속한다"고 주장했지만 명은 이 같은 사실을 받아들이지 않았다.

이러한 대치 상태에도 젊은 우왕은 패기가 넘치는 모습을 보였다. 우왕은 국내 정치권을 정리하는 데 성공한 자신감을 바탕으로 당시 최고 군권을 장악한 최영崔瑩과 상의하여 요동 정벌을 추진하려 했다. 명이 북원과 아직 대치 상태에 있으므로 요동 지역에 군사 동원이 어려울 것이라는 계산을 했던 것이다.

그러나 이성계李成桂는 생각이 달랐다. 그는 요동 정벌 불가론을 천명했다. 그 이유인즉슨 첫째 작은 나라가 큰 나라를 거역할 수 없고, 둘째 여름철에 전쟁을 일으키는 것은 안 되며, 셋째 온 나라가 원정을 떠나면 왜구가 빈틈을 노리게 될 것이고, 넷째 시기가 마침 덥고 비가 올 때이므로 무기를 쓰기가 곤란해지고 군사들이 질병에 걸린다는 것이었다.

하지만 요동 정벌에 강력한 의지를 보인 우왕과 최영의 생각은 이러했다. 공성空城이나 마찬가지인 요동 지역을 최단 시간 내에 쳐 점령함으로써 압록강 동북쪽은 물론이고 요동까지도 점령할 수 있다는 것이었다. 혹은 요동 점령이 어려울지라도 고려의 군사력을 과시함으로써 명으로부터 존중을 이끌어내겠다는 취지였다.

《고려사》에 1388년 4월 요동 정벌군의 편성을 보여주는 기록이 있다. 최영은 팔도도통사, 조민수를 좌군도통사, 이성계는 우군도통사로 삼으며, 좌우군이 모두 3만 8,830명이고, 심부름꾼이 1만 1,600명이었다. 모두 5만의 군대였다. 고려는 이를 10만 군대라 하면서 사기를 올리고자 했고, 출병 3일 후에는 명의 연호 홍무洪武 사용을 금지했다. 정벌군이 압록강 하구에 이른 것은 5월이었다.

이성계와 조민수는 적극적으로 압록강을 넘으려고 하지 않았다. 이성계는 위화도에 이르러 자신이 건의했던 요동 정벌 불가론 4가지 중 기후와 대국을 치는 것은 무모하다는 핑계를 대며 지체하고 태만하게 지냈다. 결국 회군을 요청했다.

이성계와 조민수는 자신들의 건의를 받아들이지 않는 우왕과 최영에게 항명했다. 그리고 독단적으로 회군을 결정했는데, 우왕과 최영의 전략과 전쟁을 치르는 태도에 불만이 있었기 때문이다. 이미 패하고 쫓겨가는 북원 세력과 협력하여 요동을 협공하려는 것이 최영의 전략이었다. 우왕은 요동 정벌을 주도하면서 군신君臣 간의 신뢰를 구축하

최영장군의 묘

고 진심 어린 상명하복의 체계를 만들려고 했으나 실패했다.

우왕 14년 조민수와 이성계는 압록강 위화도에서 군사를 돌려 개경으로 돌아갔고, 그 즉시 우왕을 강화도로 유배보냈다. 약간의 저항이 있었지만 단숨에 제압했다. 그만큼 민심은 우왕 정권에서 떠난 상태였다. 이것이 바로 '위화도회군'이다.

그런데 명의 철령위 설치 계획은 어떻게 되었을까? 고려의 요동 정벌군 출병과 회군, 왕위 교체 등에 대해 알았겠지만 명은 철령위 설치에 대해 더 이상 거론하지 않았다. 그럼 명의 의도는 무엇이었을까? 명은 앞서 말한 바 대로 원의 통치 지역에 대한 소유권을 재확인하기 위해서 철령위 설치를 거론한 것이었고, 한편으로는 요동과 만주 지역으로 북진하려는 고려를 사전에 막고자 한 것이었다.

원의 통치력이 사라진 요동과 만주는 그야말로 무주공산이나 마찬가지였고 탄탄한 군사력을 보유하고 있던 고려는 요동과 만주 일대를 제패할 역량이 있었기 때문이다.

고려 왕조의 몰락

위화도회군으로 이성계는 역사의 주인공으로 떠올랐다. 이미 그의 무공은 천하에 알려져 있었으며 회군의 실질적 주체였다. 급기야 이성계가 장차 왕이 될 거라는 말들이 나돌기 시작했다. 어찌 보면 이성계 측의 사전 작업의 일환이라고도 할 수 있다. 〈목자득국木子得國〉이라는 동요에서 나타나는데, 그 내용은 다음과 같다.

"서경성 밖에는 불빛이요, 안주성 밖에는 연기만 나네. 그 사이에 왕래하는 이 원수, 원하건대 백성을 구제하소."

회군 세력들은 숭인문에서 회의한 뒤 우왕 측의 완전 무장 해제를 요구했다. 그러자 "해가 이미 저물었구나!" 하는 우왕의 탄식 한마디는 젊고 패기 넘쳤던 국왕의 항복 선언이었다.

백관이 고려 국왕의 상징인 전국보傳國寶를 회수하여 왕실의 큰 어른인 정비定妃 안씨공민왕의 비에게 바쳤다. 전국보의 주인은 의외로 쉽게 결정지어졌다. 조민수는 정비의 전교라 하면서 9세에 불과한 우왕의 아들 창을 세웠다. 이로 인해 다시 한 번 고려의 역사가 뒤집혔다.

이성계 주도로 흥국사에서 열린 대회동에는 판삼사사 심덕부, 찬성사 지용기, 정몽주, 정당 문학 설장수, 평리 성석린, 지문하부사 조준, 판자혜부사 박위, 밀직부사 정도전 등 최고위층이 모였다. 이 모임에서 이들은 "신우와 신창은 본래 왕손이 아니므로 종묘의 제사를 받들 수 없다. 또 가짜를 폐하고 진짜를 세우라는 명나라 천자의 명령이 있다. 신종의 7대손 정창군 왕요가 왕통에 가장 가까우므로 그를 세워야 한다" 하고 결정했다. 이후 우왕은 강릉으로 유배지가 바뀌었고, 창왕은 강화도로 내쫓기게 되었다.

공양왕 즉위 후 이들은 모두 평민이 되었고, 공양왕 원년 1389년 12월 사재부령司宰副令 윤희종은 공양왕에게 신우와 신창을 죽일 것을 청했다. 이성계 측의 뜻이었다. 좌중 신하들은 모두 함구하여 무언의 동조를 했지만, 《고려사》에는 이성계만이 반대했다고 전한다. 공양왕은 이성계 측의 의도를 알아차리고, 또 자신의 안위를 위하여 즉시 강릉과 강화도에 사람을 보내 신우와 신창을 죽이게 했다.

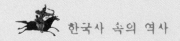

고려왕조가 내란에 시달리면서도 500년의 왕조사를 유지한 비결

고려는 건국 초기부터 다양한 정책을 실행하여 강력한 지방 호족 세력들을 서서히 왕권 체제로 흡수시켰다.

고려 왕실은 건국 초부터 반란에 시달린다. 왕규王規의 난(945), 김치양의 난과 강조의 정변(1009), 김훈金訓·최질崔質의 난(1014), 이자의李資義의 난(1095), 이자겸李資謙의 난(1126), 묘청妙淸의 난(1135), 정중부鄭仲夫·이의방李義方의 난(1170), 조위총趙位寵의 난(1174), 최충헌의 쿠데타(1196), 조적의 반란(1339), 조일신趙日新의 난(1352), 김용金龍의 난(1363) 등이 대표적이다.

이 뿐만이 아니었다. 거란, 여진, 몽고, 왜구, 명나라 등 주변 국가와도 크고 작은 갈등에 시달렸다. 3차례에 걸친 여요전쟁, 윤관의 여진 정벌, 30여 년에 걸친 여몽전쟁, 홍건적과 왜구의 노략질, 요동 정벌론과 위화도회군 등이 있었다. 이 같은 내우외환에 시달리면서 고려왕조가 왕실의 위상을 지키면서 자주독립 국가를 유지할 있었던 비결은 무엇일까?

고려 전기에는 송나라와 거란요 사이에서 중립외교를 취하면서 자주국으로서 위상을 지켰고, 송나라와는 사대 관계가 아닌 대등한 관계를 유지했다. 고려는 여진 ᄅ과도 사대 조공 관계를 맺었지만, 한편으로는 물품 교역 등을 중심으로 한 사신 무역을 활성화하기도 했다. 고려는 송, 요, 금과 비교적 대등한 국제 관계를 유지한 것이다.

그러나 몽고 즉 원나라가 들어선 후부터는 상황이 달라졌다. 30여 년간의 여몽 전쟁을 계기로 고려왕조는 최씨 무인 정권에 의해 실추된 왕실 권위를 되찾을 기회를 틈틈이 엿보고 있었다.

고려는 무인 정권을 제거하고, 왕실을 복원하기 위해 원나라에 항복하고 원나라로부터 자주독립 국가로서 왕실의 권위를 보장받았다. 이때부터 고려 국왕과 원 황실 공주들의 혼인이 시작되었다.

고려왕조는 그동안 유지해왔던 많은 제도를 바꾸었다. 거란과 여진과의 사대 조공 관계 속에서도 유지해왔던 자주독립 왕조를 포기한 것이다. 대표적인 것이 묘호였다. 고려는 왕의 호칭을 두 글자 시호가 아닌 한 글자 시호로 정하는 조종지법 祖宗之法을 받아들였다.

따라서 국왕의 호칭은 장수왕, 진흥왕, 성왕처럼 '왕'이라 칭하지 않고 태조, 광종, 문종 등의 경우처럼 '종'과 '조'의 호칭을 썼다. 그러나 원종 이후 고려 왕들은 원나라로부터 신하로서 받는 시호의 의미를 갖는 '충' 자가 붙는 두 글자 시호를 받아야 했다. 그래서 충경왕忠敬王, 충렬왕忠烈王, 충선왕忠宣王, 충숙왕忠肅王, 충혜왕忠惠王, 충목왕忠穆王, 충정왕忠定王 등으로 왕명이 이어졌다. 공민왕은 명나라로부터 받은 시호다.

고려 왕실은 험난한 무인 정권기와 원 간섭기 속에서 어떻게 왕실을 지켜냈을까? 태조는 용녀의 피를 가진 용의 자손이라는 혈통의식을 갖고 있었다. 즉 용손 의식이라 불리는 신성한 핏줄이라는 것이었다. 그리하여 고려에서는 지배자를 해동천자라 하고 신성황제라고 했다.

또 호국불교를 바탕으로 하고 있었던 만큼 부처의 가호를 받고 있다고 믿었다. 그 과정에서 국왕을 제불帝佛, 황제이자 부처라고 인식했다. 그리고 도참 사상을 바탕으로 후삼국을 통일하고 고구려의 옛 땅을 회복할 예언된 존재라고 믿었다. 왕실의 성씨를 '왕王'으로 삼은 것도 매우 의도된 것이었다. 또한 고려의 왕업을 지속하기 위해 풍수지리도 적극 활용했다.

이처럼 고려는 신성한 혈통과 부처의 가호를 받는 왕실이라 자부했다. 이 생각은 신라 때의 골품제도와 비슷한 측면이 있다. 즉 근친혼과 족내혼에 바탕을 둔 신성한 혈통의 보존 방식이었다.

태조는 때로 아들인 혜종·정종과 동서 간이기도 했으며, 광종은 이복누이를 부인으로 맞았다. 기본적으로 족내혼을 취함으로써 왕실의 핏줄과 권력 기반을 유지하는 데 성공했다.

어쨌든 고려 왕실은 그 많은 내우외환을 겪었으나, 백성들 스스로 왕실을 없애려고 하지는 않았다. 서경 천도 운동처럼 왕조의 지속과 부국강병을 위한 시도는 있었을망정 왕실의 성씨를 바꾸어 새로운 왕실을 만드는 역성혁명은 없었다. 또 위화도회군 이후에 공민왕의 자식이 아니라 신돈의 자식이라고 생각한 가짜 왕 우왕과 창왕을 폐하고 진짜를 세워야 한다는 '폐가입진廢假立眞'의 명분을 내세운 것도 이를 보여준다.

더욱이 고려는 왕실의 신성성을 확인하기 위해 고려 왕실이 직접 주체가 되는 국가 의례를 정기적으로 실행했다. 대표적인 것이 매년 11월 중동에 성대하게 올린 팔관회와 정월 혹은 2월에 올린 연등회였다. 왕, 왕비, 태자 등의 생일을 국경일로 정한 것도 그 일환이었다. 이러한 것들이 중세왕조인 고려왕실의 명맥을 유지할 수 있었던 기반이다.

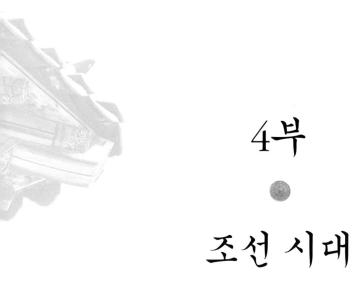

4부

조선 시대

◎ 조선 왕조 계보 (1398~1910)

제1대	제2대	제3대	제4대	제5대	제6대	제7대
태조	**정종**	**태종**	**세종**	**문종**	**단종**	**세조**
1392~1398	1398~1400	1400~1418	1418~1450	1450~1452	1452~1455	1455~1468

제14대	제13대	제12대	제11대	제10대	제9대	제8대
선조	**명종**	**인종**	**중종**	**연산군**	**성종**	**예종**
1567~1608	1545~1567	1544~1545	1506~1544	1494~1506	1469~1494	1468~1469

제15대	제16대	제17대	제18대	제19대	제20대	제21대
광해군	**인조**	**효종**	**현종**	**숙종**	**경종**	**영조**
1608~1623	1623~1649	1649~1659	1659~1674	1674~1720	1720~1724	1724~1776

제27대	제26대	제25대	제24대	제23대	제22대
순종	**고종**	**철종**	**헌종**	**순조**	**정조**
1907~1910	1863~1907	1849~1863	1834~1849	1800~1834	1776~1800

역성혁명과 태종의 개혁

역성혁명으로 새 왕조를 열다

1388년 5월 요동 정벌군은 압록강을 건너 요동 진격을 눈 앞에 두고 그대로 창끝을 돌렸다. 대국을 칠 수 없다는 요동 정벌 불가론에 바탕한 것이지만, 그보다는 우왕의 실정이 이어지자 새로운 정권을 세우기 위해서였다.

이때부터 고려 왕조의 권력 대이동이 시작되었다. 고려 말의 사회변동과 민심의 요구를 기존 지배층이 수용하지 못했기 때문이다. 그 변화는 정치·경제·사회·국제 분야를 총망라했다. 구귀족 세력들은 '수정목 공문'이나 '철문어 부윤', '산천을 경계로 삼을 정도의 대농장과 엄청난 수의 노비를 보유'한 자로 대표되는 부정부패자들이었다. 또한 흑책정사黑册政事, 관리 임명대장이 먹칠로 범벅이 되어 어지럽다는 뜻으로 벼슬아치의 임명과 파면이 매우 문란한 상태를 말한다나 홍분유취紅粉乳臭, 분홍빛 옷을 입고 입에서 젖내가 난다는 뜻으로 과거시험에 권세가의 자손들이 합격한 것을 이른다로 인사행정이나 과거시험은 엉망이었다. 일

■ 수정목 공문水精木公文 ■
우왕 때 문하시중을 지낸 임견미는 누구한테 좋은 땅이 있다는 얘기만 들리면, 자기 노비들을 보내 반강제로 빼앗아오게 했다. 땅 주인들은 몽둥이찜질을 당해낼 수가 없어 땅을 넘긴다는 문서를 작성했다. 이때 물푸레나무로 만든 몽둥이를 사용했는데, 물푸레나무를 한자로 '수정목'이라고 한다. 그리하여 사람들은 물푸레나무를 사용해서 강제로 만든 땅문서라는 뜻으로 '수정목 공문'이라고 했다.

반 백성들은 이중 삼중을 넘어 6~7차례나 거듭된 각종 명목의 조세 수취를 견디지 못하고 자진해서 권세가의 노비나 사원 노비가 되려고 했다. 국제 관계에서는 고려의 왕실과 지배층에서 원을 택할 것이냐 신흥 왕조인 명을 택할 것이냐를 놓고 친명과 친원으로 나뉘어 갈등을 벌였고, 이 사이에 홍건적과 왜구 등은 고려의 곳곳을 헤집어 놓았다. 또 유독 공민왕과 우왕 대에 가뭄, 홍수 등 기상이변을 비롯한 자연재해가 빈번히 발생했다.

고려 말 개혁 세력이자 조선 건국의 주체자들은 우왕을 폐위시키고 창왕을 즉위시켰지만, 곧이어 창왕을 폐위시키고 공양왕을 옹립했다. 그리고 우왕과 창왕을 유배지에서 죽였다. 공양왕 역시 신변이 위태로웠다.

정도전 훗날 자신이 세운 숭례문이 불에 타 소실될 거라는 예언을 했다고 《조선왕조실록》에 전하고 있다.

새로운 왕조를 탄생시킨 이들도 이성계의 즉위가 천명에 순응하여 이루어진 것이라고 밝혔다. 정몽주 등의 온건 개혁파는 고려 왕실 자체를 부정하는 조준이나 정도전 등을 급진 개혁파로 보았다. 정몽주 측은 위화도회군의 중심 세력과 그들을 지지한 신진 세력을 제거할 계획을 세웠다. 이 계획에 공양왕도 내심 동조했다.

이러한 긴박한 때 광흥창사廣興倉使, 모든 벼슬아치들의 녹봉에 관한 업무를 담당한 관청를 지낸 정탁鄭擢이 이방원李芳遠에게 결정을 재촉했다. 그는 목숨이 경각을 다투는 때라며 이렇게 말했다. "왕후와 장상이 어찌 혈통이 있겠습니까?" 드디어 이방원은 결심을 하고 일차로 반대 세력의 수장인 정몽주 암살을 기도했다.

■■
태조 이성계

그리고 이방원은 위화도회군 때부터 이성계를 추대코자 했던 남은·조인옥과 이들과 한 배를 탄 조준·정도전·조박 등 52인과 함께 공양왕에게 양위를 강요하고 이성계를 왕으로 추대하기로 결정했다. 이 일은 1392년 7월 12일 시중 배극렴 등이 왕대비에게 공양왕의 폐위를 청하고, 7월 17일 개경 수창궁에서 이성계가 왕위에 오르면서 마침표를 찍었다. 역성혁명易姓革命의 완성이었다.

태조는 즉위 이튿날 지밀직사사知密直司事 조반을 명에 보내 자신의 등극 사실을 알렸고, 사헌부의 상서에 따라 개혁 10개조를 시행했으며, 문무백관의 관제를 새로 정비했다. 4대조 조상까지 존호를 올려 각각 목穆·익翼·도度·환桓이라 했으며, 무덤의 능호도 정했다. 부인 강씨康氏를 현비顯妃라 하고 여러 왕자들을 대군大君이라 했다.

태조는 7월 28일 즉위 교서를 내려 새로운 정치의 시작을 알렸다. 그 근간은 억불숭유와 사대교린이었다. 1393년(태조 2년) 2월 15일부터 고려라는 국호의 사용은 금지되고 '조선'이라는 국호가 사용되기 시작했다.

태조와 조선의 지배층은 구체제와 구세력의 힘이 남아 있는 개경을 벗어나 새로운 수도를 찾고자 했다. 태조 3년에 교통과 방위를 고려하여 한강 유역의 한양을 수도로 정했다. 그리고 둘레 17km의 성곽을 쌓고 그 안에 궁궐, 종묘사직, 관청, 시전, 교육기관 등을 건설하여 새로운 수도의 위용을 갖추었다.

| 지밀직사사 |
고려 때 왕명·궁궐 호위·군사 기밀에 관한 일을 맡아보던 밀직사에 속한 종이품 벼슬. 1275년 충렬왕 대의 지추밀원사를 고친 것이다.

두 차례의 '왕자의 난'

태조와 건국 공신 세력은 처음 의도했던 대로 조화로운 정치를 하지 못했다. 이성계 추대와 새로운 왕조 개창이라는 공동 목표 아래 힘을 하나로 합쳐왔지만, 새로운 문제가 생기기 시작했다. 그중에서 조선왕조 개창 이후 논공행상의 분배와 58세에 즉위한 태조의 후계자를 정하는 것이 큰 문제였다. 이를 둘러싸고 조선왕조 내부에서는 다시금 정치적 갈등이 재현되었다.

정도전은 조준과 함께 사병 혁파 작업을 벌이면서 군사 업무를 총괄하는 의흥삼군부義興三軍府를 설치한 뒤 무신들의 권력 기구였던 중방을 폐지했다. 정국 주도권을 장악하고 있던 정도전과 남은 등의 공신 세력은 요동 정벌을 계획하고 곧 실천할 태세였다. 조준을 비롯한 다른 세력과 특히 왕실 세력들은 불만을 가지게 되었다.

1398년 태조가 병석에 눕게 되자, 정도전 측과 왕실 세력은 마침내 사생 결단의 외나무다리에서 마주섰다. 바로 '제1차 왕자의 난" 혹은 '무인정사戊寅靖社'가 일어난 것이다. 이 사건에서 정안군 방원은 주도적 역할을 했고, 이를 통해 정치적 입지를 더욱 공고히 했다. 세자 방석과 무안군 방번은 지방으로 유배되어 살해되었다. 이때 정안군은 형인 42세의 영안군정종을 세자로 삼을 것을 거론했고, 이를 받아들인 태조는 세자에게 양위했다.

정종은 1398년 9월 경복궁 근정전에서 선위禪位를 받고, 형제 간의 우애를 두터이 했다. 그러나 동생 방원의 공이 크고, 그가 특출나다는 것을 주시하는 이가 있었는데, 바로 회안군 방간이었다. 게다가 제1차 왕자의 난 때 정도전의 음모를 방원에게 알려준 박포가 논공행상에 불만을 품고 있었다. 그는 회안군을 부

│ 왕자의 난 │
조선 초 태조의 다섯 아들이 왕위 계승권을 두고 일으킨 난. 1차 왕자의 난에서는 방원 일파에 맞선 정도전과 뜻을 같이한 방석과 방번이 죽었고, 2차 왕자의 난에서는 방간이 유배되었으며 박포가 죽었다. 두 난의 승자는 방원이었고, 훗날 태종으로 등극한 밑거름이 되었다.

추거 또 한 번의 왕자의 난을 꾀하여 권세를 잡으려 했다.

1400년 1월 26일 방간과 박포는 그간 양성해왔던 사병을 동원했다제2차 왕자의 난. 그 즉시 방원도 사병을 동원했고 개경 시내에서 두 세력은 대치했다. 하지만 잘 훈련된 병사들로 구성된 이방원의 사병들은 방간의 군대를 곧 제압해버렸고, 방간은 토산으로 유배되고 박포는 참수형에 처해졌다. 이렇게 제2차 왕자의 난은 정리되었다. 그러고 나서 하륜河崙이 방원을 세자로 책봉하라고 청하자 정종은 방원을 세자로 책봉했다. 이렇게 방원은 왕권을 물려받게 되었다.

강력한 왕권 중심의 개혁 정치

정종의 양위를 받아 즉위한 태종은 자신이 주도적으로 역성혁명을 이루고, 조선을 건국했다고 여겼다. 하지만 왕조가 왕조답기 위해서는 어떻게 해야 할 것인지를 끊임없이 고민하고, 왕조의 기반과 나아가야 할 방향을 제시해야 진정한 역성혁명의 완성이라 보았다.

정도전 측이 추구한 정치는 재상 중심의 정치였다. 즉 현명한 재상을 중심으로 많은 나랏일을 운영해가면 국왕은 상징적 존재로서 용상에 앉아 팔짱을 끼고 있어도 된다는 것이었다. 좋은 의도로 생각하면 이상적이지만, 국왕과 왕실 세력으로서는 도대체 '왕권은 무엇인가'라는 회의가 생길 수 있다. 태종이 우려한 점이 바로 이러한 것들이었다. 왕조는 왕이 중심이 되며, 재상과 신료들은 국왕을 보좌하면서 교화를 베풀면 된다는 것이 태종의 생각이었던 것이다.

태종은 그동안 추진해온 왕권 강화, 중앙집권 체제 확립, 민생 안정, 제도

확립, 가례 시행을 통해 사회질서의 안정 등을 더욱 구체화시켜 실행하고자 했다. 그러기 위해 가장 먼저 의정부 기능의 약화와 언관제도" 강화, 사전私田 통제 강화, 봉군제도"와 검교제도"의 활용 등 제도적인 개혁을 추진해서 중신들의 권한을 제한·억제시켜 왕권 강화를 도모했다. 이와 함께 왕실족보인 《선원록》을 정비하여 비태조계非太祖系를 왕위 계승에서 제외시키고, 왕실·종실·외척까지도 그 구성 범주를 확정하여 왕실의 정통을 분명히 했다.

태종은 왕권의 계승을 명확히 하기 위해 후계 문제를 심사숙고했다. 하지만 세자에 책봉되었던 장자 양녕은 태종의 기대를 저버리고 만다. 1418년 태종은 중대한 결단을 내린다. 이직·황희 같은 강직한 대신들의 반대를 무릅쓰고 1418년 6월 3일 양녕을 폐위하고 경기도 광주로 내쫓아버렸다. 태종과 양녕의 충돌은 결국 폐세자라는 초유의 사태에 이르고 셋째 아들인 충녕이 세자위에 책봉된다.

명과의 관계, 왜구 문제를 해결해나가면서 외교에서도 많은 성과를 남겼다. 즉 국제 관계의 원칙을 사대교린에 두고 명, 왜구, 여진 등과의 관계를 정한 것이다. 먼저 태종은 명나라 제3대 황제 영락제가 왕위를 이어받자 이듬해 하륜 등을 보내 등극을 축하하고 새로운 대명 관계를 정립했다. 이때부터 명이 1년에 3차례의 사신 파견을 요구하고 그에 따른 조공과 처녀·환관·말·소 등의 무리한 조공 물목이 있기도 했지만, 서적·약재·역서 등의 선진 문물을 수입하고 국기를 튼튼히 하는 명분을 얻어 실리實利를 추구했다.

태종은 고려 시대 이래로 해안 지역, 심지어 내륙 지방까지 약탈을 일삼던 왜구를 한편으로는 달래고 한편으로는 강경책을 취해, 먼 훗날에는 쓰시마 섬 정벌까지도 꾀하여 왜구의 근거지

언관제도言官制度
조선 초 임금의 잘못을 고하고, 벼슬아치들의 잘못을 규탄하던 제도. 사간원과 사헌부에 속한다.

봉군제도封君制度
조선시대에 임금의 정실 자식(적자)을 대군, 후궁의 몸에서 태어난 왕자를 군君으로 봉한 제도. 그 외에 왕비의 아버지, 공신, 이품 이상의 종친에게도 내렸다.

검교제도檢校制度
고려 때부터 조선까지 벼슬 자리에 정원 이외에 임시로 사람을 충원하거나 실제 일을 하지는 않지만 이름만 주는 제도.

를 소탕했다. 즉 병선 227척, 군사 1만 7,000여 명으로 대마도를 공략하여
큰 성과를 거두는 쾌거를 이루었다.

여진을 상대로는 회유와 정벌 등의 강온책을 번갈아가며 실시했지만 성
공을 거두지는 못했다. 특히 태종 초기에 동북면에 경원부와 경성성을 축조
했지만 1406년부터 1410년까지 계속된 여진의 침입으로 경원부를 경성으
로 옮기고 공주에 있는 덕릉德陵 태조의 고조부 목조의 능과 안릉安陵 태조의 고조모 효공왕후
의 능을 함흥으로 옮겨야만 했다.

이처럼 태종은 강력한 왕권 행사와 다양한 부분에서 국왕 중심의 개혁 정
책과 사대교린을 명분으로 하는 외교 관계를 정리해나갔다. 이로써 가까이
로는 세종 대 정치·경제·군사·외교 등의 비전을 세우는 데 밑바탕이 되었
고, 나아가서는 조선왕조 500년의 기틀을 다지는 데 성공했다. 역성혁명의
완성이라 할 만한 성과를 남긴 것이다.

세종이 꿈꾼 예치국가

충녕대군에서 국왕으로

《세종실록》의 맨 첫 페이지를 열면 다음과 같은 내용이 나온다.

태종 18년(1418) 6월 임오에 태종이 개성에 머물렀다. 이때 문무백관들이 세자 이제李禔가 잘못이 많다 하여, 글을 올려 폐하기를 청하였다. 태종이 세자의 맏 아들에게 계승하게 하려 했지만 여러 신하가 모두 이렇게 아뢰었다. "전하께옵 서 세자를 교양敎養하심이 극진하셨건마는 오히려 이러하니, 이제 어린 손자를 세운다면 어찌 앞날의 무사를 보장하오리까. 하물며 아버지를 폐하고 아들을 세움이 의리에 어떠하올지. 청컨대 그중 어진 이를 골라서 세우시기를 바라옵 니다." 태종이 신하들에게 말하였다. "그러면 경들이 마땅히 어진 이를 가리어 아뢰라." 그러자 여러 신하들이 함께 아뢰었다. "아들이나 신하를 알기는 아버 지나 임금과 같은 이가 없사오니, 가리는 것은 성심聖心에 달렸사옵니다." 이에 태종이 말하였다. "충녕대군이 천성이 총민聰敏하고 학문을 게을리 하지 않아, 비록 몹시 춥고 더운 날씨에도 밤을 새워 글을 읽고, 또 정치에 대한 대체大體, 일의 내용이나 기본적인 큰 틀를 알아, 매양 국가에 큰 일이 생겼을 때는 의견을 내되, 모두 범상한 소견이 의외로 뛰어나며, 또 그 아들 중에 장차 크게 될 수 있는 자격을 지닌 자가 있으니, 내 이제 충녕을 세자로 삼고자 하노라."

세종

충녕이 부왕인 태종의 심중에 든 것은 그의 학문에 대한 열정과 성실함 때문이었다. 세종에 대한 평을 보면 그는 학문을 좋아하고 부지런해서 이미 왕실에 소장된 서적들을 어느 누구보다도 많이 읽고 익혔다. 또한 아무리 날이 덥거나 추워도 상관없이 하루종일 책을 읽었다고 전한다.

1418년 8월 8일 태종은 나라에 재변災變이 자주 일어나고 있다는 것과 몸의 숙질宿疾, 오랫동안 앓아온 병을 들어 세자에게 전위傳位의 교서를 내렸다. 이렇게 짧은 시간에 새로 세자를 책봉6월하고 양위8월하리라고는 아무도 예상치 못한 것이었다. 태종은 이전에도 세자 양녕에게 전위하겠다는 뜻을 밝힌 바 있어 큰 파장을 낳았지만, 실제 그것은 자신의 왕권 강화를 위한 정치적 술수에 불과했다.

세종이 세자가 되고 왕위에 오른 것과 관련하여 일화가 있다. 형 양녕과 효령이 동생 충녕의 능력을 알아보고 그를 위해 왕위를 양보했다는 것이다. 즉 처음에 양녕이 미친 체하고 방랑하니 효령대군이 장차 그가 폐하게 될 것을 짐작하고, 행동을 조심하며 글을 읽어 태종의 마음에 들고자 하였다. 양녕이 그의 의도를 짐작하고는 호통치며 말했다. "어리석다. 네가 충녕이 성덕이 있는 것을 알지 못하느냐?" 이 말을 듣고 효령이 크게 깨닫고 곧 뒷문으로 나가 승려가 되었다고 한다.

경복궁 근정전　1418년 8월 11일 세종이 성대하게 즉위식을 치른 근정전.

한편 태종은 충녕이 세자로 책봉된 지 얼마 되지 않아 군권軍權에 대한 장악력이 미흡하다고 판단했다. 또 왜구로 인한 변방의 불안 요소를 염두에 두었다. 이 때문에 왕위에서 물러나더라도 군국의 중요한 일 특히 군사권과 관련된 일은 자신이 직접 관할하겠다고 선포했다. 이른바 상왕 체제＊를 만들어 세종을 돕겠다는 의도였다. 이렇게 조선 제4대 왕이 탄생했다.

새로운 군주상을 확립하다

왕조 시대의 제왕과 사대부들이 항상 입버릇처럼 내뱉는 말이 있다. "성학聖學을 배워 수신修身·수덕修德함으로써 선왕先王의 도를 받들어 교화를 넓혀야 한다." '성학'은 말 그대로 성인의 학문을 말하고, '성인'은 공자와 맹자를 말한다. 따라서 성학은 공맹이 제시한 가르침을 뜻한다. '선왕'이란 이상적 정치 업적을 남긴 임금을 말하는데, 주로 탕湯, 우禹, 순舜, 요堯, 문왕文王, 한문제 등이 거론된다. 당태종은 패도覇道를 지향한 인물로 평가되므로 여기에 언급되지 않는다. 이들 군주의 정치가 바로 선왕의 도道로 통하며, 따라서 이들을 본받아야 한다는 것이다. 고려인들에게 선왕으로 비춰지는 왕들은 태조와 문종이었다.

┃ 상왕 체제　┃
왕위를 세자에게 물려주고 뒷전으로 물러난 임금을 상왕이라고 하는데, 상왕과 현왕이 공존하는 체제.

그러면 이제 갓 개국한 조선왕조에는 어떤 군주상이 있을까? 태종은 당 태종과 비견될 정도로 패도를 추구한 면이 강했는데, 충녕대군의 자질과 능력을 알아보고 그를 위해 터를 닦고 기반을 닦아놓았다. 태종은 그것에 만족할 따름이었다. 세종은 조선의 요순堯舜이라는 평가를 받을 정도로 존경받았다. 세종은 학문과 정치에 대해 차고 넘칠 정도의 근면과 성실을 보여주었고, 부모에 대한 효성도 지극하기 그지없었다. 또 그가 학문을 통해 습득한 '중용의 도'는 국왕이 위엄과 권위만을 내세우는 것을 막았고, 신하를 예로 대접하고 인재를 제대로 파악해 등용하는 데 힘이 되었다.

조선왕조는 숭유억불의 정치를 표방하고, 그 가운데서도 왕실과 사대부의 학문 수양과 의례, 정통 계승 등의 원리에 대해서는 《주자가례》를 따랐다. 이러한 조선왕조의 유교 정치의 핵심은 '수신제가치국평천하修身齊家治國平天下'에 있다. 특히 그 정치적 이념과 실제의 핵심인 '치국평천하'를 이루기 위해 우선시해야 하는 일은 백성의 삶을 보살피는 데 있다. 바로 위민과 애민을 중요시한 왕도 정치가 그것이다.

세종은 한국사에서 가장 왕성한 유교 정치를 이룩했다. 단지 이념에 그치는 것이 아니라 실제로 이를 행하기 위해 먼저 그 자신이 성실하게 학문을 닦았으며, 궁중에 학문 연구 기관인 집현전 등을 두어 유능한 인재를 길러냈다. 또한 지방민의 올바른 안착을 위하여 지방관으로 파견되어 나가는 이들에게 백성들을 잘 보살필 것을 신신당부했다. 이종무李從茂와 김종서金宗瑞 등에게는 왜구와 여진족의 문제를 맡겨 변방을 안정시켰다. 문화면에서는 수많은 경서와 예서와 악서 등을 펴내고 농업 발전을 위해 농서를 만들어 보급했다. 전세 제도 등을 획기적으로 개선하였으며 과학 정책도 역시 훌륭하게 펴나가 측우기, 해시계 등을 만들기에 이르렀다.

설계도를 그대로 복원하여 만든 세종 때의 과학기구들 해시계인 정남일구와 현주일구, 측우기.

그중 가장 뛰어난 업적은 훈민정음 창제였다. 한글 창제로 한문을 모르는 백성들에게도 국가의 정책 등을 알릴 수 있는 방법이 생겼다. 세종 시대는 가장 영광스럽고 찬란했던 시대로 평가할 수 있다.

세조, 나라의 근간을 다시 세우다

수양대군의 집권

세종은 의도치 않게 아들 둘을 왕으로 두게 되었다. 문종과 세조수양대군다. 세종뿐만 아니라 태조, 성종, 중종도 그러했다. 태조는 정종과 태종을 두었고, 성종은 연산군과 중종을 두었으며, 중종은 인종과 명종을 두었다. 조선 왕조에서 왕위 계승은 부자 계승을 기반으로 하는 적장자 계승이 원칙이었다. 그런 면에서 본다면 형제 계승은 원칙에 어긋난 것이다. 그러나 새로운 왕의 탄생은 원칙에 어긋나도 그것을 정당한 것으로 만들어버린다.

세조는 세종과 소헌왕후 심씨의 둘째 아들이다. 장자인 문종이 세종의 국상을 치르다가 병을 얻어 죽은 뒤 어린 세자인 단종이 왕위에 올랐다. 어린 국왕의 등극과 집현전 학사들의 정치 세력화 등으로 태종이 힘써 만들어놓은 강력한 왕권 체제가 흔들렸다. 세조는 부왕인 세종으로부터 태종을 닮았다는 칭찬을 받은 바 있었다. 그 영향인지 수양대군首陽大君은 스스로 이러한 혼란을 정리하고자 했다.

수양대군은 단종 즉위 후 왕권의 행사가 왕과 왕실의 의지로 이루어지지

절제 김종서 묘 주위에 구묘비와 1963년에 건립한 신묘비가 서 있다.

못하는 원인이 어디에 있는지를 찾기 시작했다. 그가 볼 때 어린 단종과 고명대신顧命大臣, 임금이 죽으면서 유언으로 나라의 뒷일을 부탁받은 대신 김종서와 황보인, 그리고 안평대군安平大君의 모호한 태도에서 기인한 것이었다. 그는 왕과 왕실의 위엄을 되찾기 위해서는 이들을 제거해야 한다는 단호한 결정을 내리고, 1453년 피의 숙정이라 불리는 '계유정난'을 일으켰다.

1455년 6월에 접어들면서 수양대군은 본격적으로 왕권을 넘겨받는 작업에 들어갔다. 단종과 친밀한 종친과 대신들의 연결고리를 자르는 것이 첫 번째 작업이었다. 그리하여 1455년 6월 11일 어린 단종은 숙부에게 왕위를 넘겼다.

1457년 10월 단종이 사약을 받고 죽을 때까지 신하들과 대군들은 계유정난의 폭력성과 양위의 부당함에 대해 목숨을 걸고 저항했다. 1453년 10월 25일 함길도 종성에서 일어난 이징옥의 난과 1456년 6월에 일어난 상왕 복위 사건, 1457년 9월에 일어난 금성대군錦城大君의 단종 복위 계획 등 크고 작은 일들이 계속 있었던 것이다. 결국 이러한 움직임은 세조가 어린 조카 단종을 사사賜死, 임금이 독약을 내려 스스로 목숨을 끊게 한 일하는 결정적인 계기가 되었다.

| 계유정난癸酉靖難 |
단종 원년(1453년 10월)에 수양대군이 왕위 찬탈을 목적으로 왕권을 위협하는 고명대신과 반대파를 숙청한 사건. 김종서와 황보인과 안평대군이 죽임을 당했다.

| 이징옥의 난 |
계유정난 이후 세조가 김종서의 측근인 이징옥을 파직했는데, 이에 불만을 품고 난을 일으켰으나 실패하고 죽임을 당했다.

| 상왕 복위 사건 |
집현전 학사 박팽년, 성삼문과 몇몇 무신들이 단종을 내쫓고 왕위를 쟁탈한 세조에 대항해 상왕(단종) 복위 사건을 일으켰으나, 모두 사형당했다.

세조의 업보

세조가 죽고 왕위에 오른 예
종은 세조의 역사를 정리하면
서 대신들에게 부왕의 묘호를
의논하여 올리라고 명했다. 하
지만 정인지 등 대신들이 올린
묘호와 능호에 불만이 컸던 예
종은 자신이 직접 부왕의 묘호
와 능호를 정하기에 이른다. 예
종은 부왕의 업적이 '재조再造'

사육신묘 신도비각 세조 집권 초기에 단종의 복위를 꾀하다가
처형된 여섯 사람의 행적이 기록되어 있다. 서울 동작구 노량진에
있다.

의 공덕, 즉 나라를 다시 세운 업적이기 때문에 '세조世祖' 묘호가 맞다고 주
장했다. 능은 '광릉光陵'으로, 시호는 '승천체도열문영무지덕융공성신명예
흠숙인효承天體道烈文英武至德隆功聖神明睿欽肅仁孝'라 하여 그 업적을 극대화했다.

재조의 공적을 이루었다고 평가받은 세조이지만 두 아들이 천수를 다하
지 못한 불우함을 겪는다. 세조는 즉위 후 장자를 세자로 책봉하고 한확의
딸을 세자빈으로 삼았다. 정난을 통하여 정권을 잡고, 왕위에 오른 만큼 세
조는 대대로 자신의 핏줄이 왕위를 이어야 한다는 생각이 확고했다. 하지만
세자는 몸이 약하여 병치레가 잦았다. 세조는 대신들에게 세자
를 위해 환구단*과 종묘사직에 기도하게 하는 등 온갖 정성을
기울였다. 그러나 세자는 1457년(세조 3년) 9월 2일 20세에 세상을
떠났다. 그는 세자빈 한씨와의 사이에서 2남 1녀를 두었다.

세자가 갑작스레 죽자, 세조는 8세밖에 안 된 차자인 해양대
군을 곧바로 세자로 책봉했다. 그해 11월 10일의 일이었다. 그

┃ 환구단圜丘壇 ┃
하늘에 제사를 지내던 장소
혹은 제사를 지내던 단을
말한다. 현재 서울 중구에
있는 조선호텔 안에 일부
남아 있다. 고종의 황제 즉
위식을 거행한 곳이기도
하다.

▌회맹會盟 ▌
본래 임금이 공신들과 함께 산 짐승을 잡아 하늘에 제사 지내고 피를 나누어 마시며 서로의 충정을 맹세하는 의식이다. 개국공신開國功臣·정사공신定社功臣·좌명공신佐命功臣·정난공신靖難功臣·좌익공신佐翼功臣과 그 자손들과 함께 이를 맹세한 뒤 희생을 바치고 그 피를 서로 나누어 마셨다.

▌자급資級 ▌
근무 성적이 좋고 임기가 찬 관원들의 품계를 올려주던 일이나 그 올린 품계를 가자加資라고 하는데, 이 가자의 등급을 말한다.

리고 어린 세자를 위해 부모이자 국왕의 열정이 담긴 가르침을 정리한 훈사 10조를 내려 마음에 새기도록 했다.

세조는 어린 세자의 정치적 지위를 군건히 하기 위해 다방면으로 노력했다. 대표적인 것이 많은 공신 세력들의 충성을 확인하는 자리를 마련한 것이었다. 1461년 2월 6일에 자신이 직접 오공신五功臣과 그 친자親子와 적장자 등을 거느리고 회맹을 주관했다. 그리고 이들에게 회맹공신會盟功臣이라 하여 한 자급을 올려주었다.

세조는 나이가 들면서 점차 건강이 나빠졌다. 세조 14년 9월 7일, 예조판서과거와 상례를 담당한 예조의 으뜸 벼슬 임원준을 불러 전위를 준비하게 하고 면복冕服, 면류관과 곤룡포을 가지고 오게 하여 친히 세자에게 내려주어 즉위하게 했다. 세자는 세조의 뜻을 받들어 수강궁 중문에서 즉위하고 백관의 하례를 받은 뒤 반교頒敎, 나라의 대소사를 만백성에게 알림했다. 바로 조선 제8대 왕 예종이다. 그러나 예

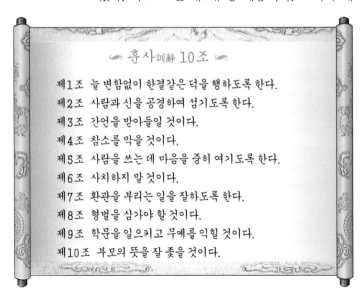

~⧚ 훈사訓辭 10조 ⧛~

제1조 늘 변함없이 한결같은 덕을 행하도록 한다.
제2조 사람과 신을 공경하여 섬기도록 한다.
제3조 간언을 받아들일 것이다.
제4조 참소를 막을 것이다.
제5조 사람을 쓰는 데 마음을 중히 여기도록 한다.
제6조 사치하지 말 것이다.
제7조 환관을 부리는 일을 잘하도록 한다.
제8조 형벌을 삼가야 할 것이다.
제9조 학문을 일으키고 무예를 익힐 것이다.
제10조 부모의 뜻을 잘 좇을 것이다.

종은 재위한 지 불과 2년도 채 안 되어 승하했다. 그의 나이 불과 20세었다. 1468년 9월 7일에 즉위하여 이듬해 11월 28일에 경복궁의 자미당紫微堂에서 숨을 거두었다.

예상치 못한 예종의 승하는 왕실의 승계 구조를 뒤바꾸는 계기가 되었다. 의경세자의 둘째 아들 잘산군乽山君에게 관심이 쏠렸는데, 당시 그의 나이 13세었다. 잘산군의 장인이 당대 최고 권력가인 한명회였다. 그리하여 신숙주申叔舟를 중심으로 한 대신들과 왕대비인 정희왕후는 그를 후계자로 지목했다. 그가 조선 제9대 왕 성종이다.

갑작스레 즉위하게 된 잘산군은 제왕이 되기 위한 수업을 받아본 적이 없었다. 자연히 그가 장성하여 친히 정치를 돌볼 수 있는 나이인 20세가 되기 전까지는 그를 보좌할 누군가가 필요했다. 그리하여 세조의 비이자 성종에게는 할머니가 되는 정희대왕대비의 수렴청정, 원상ᐟ 한명회·신숙주·구치관·최항·홍윤성·조석문·김질·윤자운·김국광 등의 보좌가 시작되었다.

> ▌원상院相 ▌
> 어린 나이에 즉위한 임금을 보좌하여 나랏일을 돌보던 임시 벼슬.

나라를 다스리는 근간, 《경국대전》

세조와 성종이 남긴 치적은 태종과 세종에 비견할 만하다. 예종이 부왕의 업적을 재조라 하면서 묘호를 세조라 한 것이나, 이룰 '성成'을 붙여 성종의 묘호를 정한 것은 그만큼 이 둘의 치적이 대단하다는 뜻이다. 세조와 성종은 할아버지와 손자 사이인 만큼 시간적 단절이 있었을 것 같으나 실제로는 세조 대의 정치·문화적 유산이 성종 대까지 이어져 완성되었다.

세조는 왕위에 오르면서 강하게 왕권 강화를 부르짖었고, 쿠데타 정권이

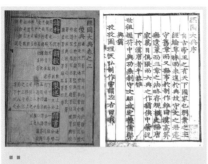

《경국대전》 1485년 1월 1일 반포 시행된 조선 시대 최고의 법전.

라는 비판을 불식시키기 위해 법전 정리와 역사, 문학, 병서, 의학 등 다양한 분야에서 업적을 남기고자 노력했다.

세조는 재위 기간 동안 크게 비대해진 관직 규모를 축소·재편, 용관冗官, 한직의 혁파를 통한 원활하고 효율적인 행정 운영을 도모했다. 관직의 축소, 개편, 혁파 등을 통해 세조는 방만하게 운영되던 기관을 효율적으로 운영하여 경비를 절감할 수 있었고, 최종적으로는 구체적인 실태를 파악하여 예산 편성과 직전법*을 실시할 구실을 마련했다. 또 세조는 단종 대에 만든 의정부서사제議政府署事制*를 폐지하고 육조가 직접 상서하도록 하는 육조직계제를 실시함으로써 자신이 모든 일을 처결할 수 있도록 그 틀을 만들었다. 세조는 즉위 후 곧바로 군 체제를 개편하는 작업에 착수했다. 각도 연해지의 요충지에 설치되어 있던 진鎭을 내륙에도 거진巨鎭으로 설치하고 주위의 여러 읍은 이를 중심으로 편성했다. 세조 3년(1457)에는 진을 중심으로 하는 전국을 지역 단위 방어 체제로 편성한 진관鎭管 체제를 확립했다.

세조 대에도 세종 대를 이어 많은 서적을 편찬했다. 경서와 농상서, 언해, 문집, 역사서, 악서, 무서武書 등 모든 방면을 두루 다루었다. 이중 특히 세조가 관심을 기울인 부분은 무서, 사서, 법전 편찬이었다. 이러한 작업은 세조가 창업지주創業之主로서 많은 인력과 시간을 쏟아 얻을 수 있었던 성과였다.

세조는 중국 역대 법 체제 내용들을 참고하고 고려의 법제를 받아들여 조선의 지배 체제를 안정시킬 수 있는 완성된 통치 체

│ 직전법職田法 │
조선 전기에 현직 관리들에게만 조세를 받을 수 있는 땅을 지급하기 위해 제정한 제도. 은퇴한 관리들은 지급받은 땅을 나라에 반납해야 했다. 그러자 관직에 오래 있기 위해 왕에게 충성을 하기도 했지만, 재산을 모으기 위해 가혹하게 농민을 수탈하는 폐단이 생겼다. 기존 과전법을 세조가 고친 것이다.

│ 의정부서사제 │
조선 시대에 행정 실무를 담당하는 관아 육조六曹, 이조(인사), 호조(경제), 병조(군사), 형조(법), 예조(외교와 교육), 공조(토목과 건설)의 업무 보고를 의정부를 통해 왕에게 한 제도.

제를 만들려는 심산이었다. 1459년 4월, 세조가 양성지·신숙주·최항에게 육전六典 육조의 규정집(이전, 호전, 예전, 병전, 형전, 공전) 편찬을 명한 이래로 육전상정소六典詳定所를 둠으로써 편찬 사업은 시작되었다. 1461년부터 편찬하기 시작해 1466년에 일차로 완성된 《경국대전》이 육전의 체계를 갖추고 나왔다. 마무리 작업은 1476년(성종 7년) 1월에야 완성되었고, 1485년에 간행되었다.

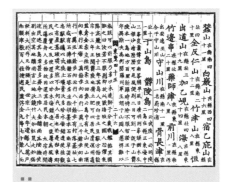

《동국여지승람》 독도에 관한 내용이 실린 부분.

《경국대전》은 조선을 다스리는 기본 법전으로서 왕을 정점으로 하는 중앙 집권적 전제정치의 필수 요건인 법치주의에 입각한 통치 규범이 완성된 것이었다. 이후의 법전 편찬과 정리는 모두 《경국대전》을 해석하거나 보충한 것에 불과하다고 볼 수 있을 정도로 그것은 '만세성법萬世成法'으로서 그 의의를 지녔다. 세조와 성종 대에 걸쳐 진행된 이러한 서적 간행을 보면, 당시의 유교 문화에 대한 이해와 정리가 어느 정도 수준에 있었는지를 알 수 있다. 그것은 자주적으로 '우리 것'에 대한 체계적 정리였다. 중국의 역사 문물과 비교해도 우리의 문물이 손색 없다는 자부심에서 나온 것이기도 하다.

그러나 성종 말년에 이르러서는 훈구 세력과 신진 사림 세력의 갈등이 서서히 표면화하기 시작했다. 이미 그 징조는 계유정난의 명분에 대한 비판 등으로 나타나면서 조선왕조 정치사의 일대 파란을 예고했다. 여기에 연산군의 생모인 폐비 윤씨의 사사 사건은 엄청난 정치적 파란을 가져왔다. 말하자면 세조 대부터 성종 대까지는 조선 초기의 문물과 정치와 사상을 집대성한 시기이면서 동시에 조선 중기의 사림 정치와 이상적 군주론의 시기로 전환하는 시점이었던 것이다.

'사화 → 반정 → 개혁 → 사화'의 시대

사화와 반정으로 얼룩진 연산군 시대

역사 속에는 구세력^{기득권 세력}과 신세력^{개혁 세력}이 항상 존재한다. 성종 대부터 중종 대 전후까지의 두 세력을 훈구 세력과 사림 세력이라고 한다. 조선 왕조 개창 이후 대체로 공신 세력과 외척 세력들이 실권을 장악했다. 그러다 보니 개국공신, 정사공신, 좌리공신, 회맹공신 등이 계속해서 양산되었다. 사림은 성종 대를 기점으로 서서히 형성되고 있었다. 양 세력은 연산군 대에 무오사화^{戊午史禍}와 갑자사화^{甲子士禍}를 겪으면서 참혹한 화를 입었다.

무오사화는 1498년^(연산군 4년)《성종실록》을 편찬할 때 일어났다. 성종의 승하와 함께 실록의 사초[*]가 모아지자 실록청 당상관 이극돈^{李克墩}이 김일손^{金馹孫}이 작성한 사초의 내용을 점검하다 단종의 죽음을 애도하고 세조의 왕위 찬탈을 비꼰 김종직^{金宗直}의 〈조의제문^{弔義帝文}〉을 실은 것과 자신을 비판한 글을 발견했다. 유자광이 이를 문제 삼아 대역무도한 행위라 규정하고, 노사신·윤필상 등과 함께 상계^{上啓, 일의 사정이나 의견을 고함}하여 김종직의 문하생 김일손은 물론이요 관련 사림들을 대거 잡아

사초史草
조선 시대에 사관이 기록한 역사 책의 첫 원고로 장차 실록의 원고가 된다.

들여 유배 보내거나 좌천시켰다. 사실 당대의 권신으로 이름을 날렸던 이극돈의 행실에 대한 기록이 직접적인 사유였지만, 김종직에게 원한을 품고 있던 유자광이 이 사건을 핑계로 사림 세력을 조정에서 몰아낸 것이다.

1504년(연산군 10년) 3월 23일 연산군은 친모 폐비 윤씨의 완전한 복위를 시도했다. 연산군의 뜻에 따라 바로 그 다음날 윤필상 등은 폐후의 시호를 '제헌齊獻'이라 올리고, 회묘懷墓를 '회릉懷陵'이라 고쳐 연산군의 비위를 맞추었으나 연산군은 여기서 만족하지 않았다. 4월에 접어들면서 연산군은 성종대에 폐비 윤씨 사건과 직간접적으로 관련된 신료와 내인 등을 처벌하기에 이른다. 이것이 바로 연산군 10년(1504) 갑자년에 일어난 갑자사화이다.

1506년 9월 1일 밤 연산군의 폭정이 극에 달하자 더는 두고만 볼 수 없었던 신료들은 반정을 계획했다. 박원종·성희안·유순정 등은 비밀리에 급박하게 진행되어야 할 자신들의 계획이 고변되어 모반의 대역죄로 몰려 삼족이 멸해지고 능지처참을 당할 처지가 될지도 모르자 마음이 조급해지기 시작했다. 하지만 반정이 성공하자 당시 주도 세력들은 왕실의 가장 큰 어른인 자순대비를 찾았다. 자순대비는 성종의 계비이자 중종의 모후였다.

반정 세력들은 대비에게 이렇게 아뢰었다. "지금 임금이 임금의 도리를 잃고 정사를 살피지 않아 백성이 도탄에 빠지고 종사가 매우 위태하므로 모든 관원과 백성들은 진성대군을 추대하여 임금을 삼기 위하여 감히 대비의 명을 받으려고 합니다." 대비는 처음에는 연산군의 장자인 세자 황을 지목했으나 반정군에게는 안 될 말이었다. 아무리 세자가 인품이 괜찮다는 평을 받고 있다고는 하나 열 길 물 속은 알아도 한 길 사람 속은 모르는 일이었기 때문이다. 따라서 그들은 진성대군 추대를 강력히 아뢰어 내락을 받아내었다. 이로써 중종은 반정 하루 만에 경복궁 근정전에서 즉위하게 되었다. 이것이 중종반정이다.

연산군과 신씨 묘 연산군은 유배지 강화도에 묻혔다가 1512년(중종 7년)에 신씨의 간언으로 양주군으로 이장되었고, 1537년 부인 신씨가 죽은 후 쌍분의 형태가 되었다. 사적 제362호.

그리고 반정 세력들은 왕실의 음란무도의 원흉으로 숙용 장녹수·숙용 전전비·숙원 김귀비 등을 지목하여 참형에 처했다. 폐위된 국왕은 세조가 당시 국왕이었던 단종을 내쫓고 노산군으로 강봉한 것처럼 군호를 연산군으로 정했다. 연산군을 강화도 교동에 유배보내고 폐비 신씨는 정청궁에 나가 있게 했다. 폐세자 황顚과 창녕대군 인仁·양평군 성諴과 서자 돈수敦壽 등은 모두 가마를 타고 귀양가도록 했다.

교동에 위리안치*되었던 연산군은 심화心火와 역질疫疾 천연두로 고생했다. 연산군은 죽기 직전 부인 신씨가 보고 싶다는 한마디 말을 끝으로 31세의 파란만장한 생애를 마쳤다. 묘는 경기도 양주 해등촌지금의 도봉구 방학동에 왕자의 무덤에 준하여 세워졌으며, '연산군지묘燕山君之墓'라는 비석만이 그의 묘임을 알게 해준다.

| 위리안치圍籬安置 |
유배된 죄인이 거처하는 집 주위에 울타리를 두르고 밖으로 못 나오게 한 조치.

중종과 조광조의 만남

중종 7년(1512)에 반정 3대장박원종, 성희안, 유순정의 시대가 정리되면서 중종은 본격적인 친정을 시작했다. 중종 5년 박원종은 44세의 나이로 사망했고, 중종 7년 유순정이 54세로 사망한 뒤, 이듬해 성희안도 53세로 죽었다.

그동안 중종은 반정 주도 세력에게 많은 수모를 당했다. 폐세자와 창녕대군 등을 사사해야 한다는 대신들의 의견을 물리치지 못하고 따라야만 했다. 그뿐 아니라 조강지처인 신씨를 왕비로 책봉했다가 반정 때 간흉으로 참수된 신수근의 딸이라 하여 그들의 폐비 조치를 받아들일 수밖에 없었다. 정국공신 책봉에서도 그저 고개만 끄덕일 뿐이었다. 더구나 박원종, 유순정, 성희안 등이 편전에 들어왔다가 물러날 때면 일어났다가 문을 나간 연후에 자리에 앉았다 할 정도로 중종은 그들을 두려워했다.

이러한 중종에게 젊은 개혁가 조광조趙光祖의 등장은 매우 신선했다. 중종의 신임을 받은 조광조는 성리학을 통치 이념으로 삼고 고대 중국 3대하·은·주 시대의 왕도 정치를 이상으로 하는, 이른바 지치주의至治主義, 하늘의 뜻인 이상사회를 현실에 건설하려는 뜻 정치를 실현하려고 했다. 조광조는 사림의 우두머리였던 김종직의 문인이며 성리학에 조예가 매우 깊었던 김굉필의 제자로 도학정치론으로 무장한 당시 성리학의 정통을 이어받은 신예 학자였다.

조광조는 도학에 입각한 지치주의 실현을 위해 군신공치君臣共治, 왕권과 신권이 균형을 이룸를 내세웠다. 조광조는 왕에게 성현을 본받아 수양에 힘쓸 것을 누누이 강조했다. 군주가 성인이 가르친 학문으로 무장하고 수용할 자세를 갖고, 어진 신하를 등용하고 신뢰와 예우가 어우러지면 군주와 백성이 하나가 될 수 있다고 본 것이다. 조광조는 중종의 신뢰를 바탕으로 30대 패기만만한 젊은 개혁가의 모습을 보였다. 조광조를 비롯한 사림들은 중종 14년(1519)

기묘사화*로 희생되기 전까지 많은 개혁을 일궈냈다.

먼저 올바른 군주상을 세워야 나라가 바로 세워진다고 보아 이를 위한 방법으로 경연 활성화를 강조했다. 의리 명분을 바로 세워 나라와 사대부의 정기를 회복해야 한다면서 중종의 폐출된 왕비 신씨를 복위할 것을 주장했다. 왕실이 백성들의 삶을 헤아리고 같이해야 한다면서 당시 문제가 되고 있던 내수사 장리內需司長利*의 혁파를 관철시켰다. 한편으로 도교의 제사를 맡아보는 소격서昭格署를 폐지하여 미신 타파에 힘썼다.

다음으로 과거제의 폐단을 혁신할 목적으로 인재를 천거하여 시험을 치르고 등용하는 제도인 현량과를 설치하고 많은 신진 사류를 등용하여 도학 정치 구현의 터전을 마련하고자 했다. 향약을 실시하여 지방의 상호부조와 미풍양속을 배양하는 데 힘쓰는 한편, 교화에 필요한 《이륜행실》, 《언해여씨향약》, 《주자가례》, 《소학》 등의 서적을 인쇄, 반포했다. 비록 절반의 성공이었지만 정몽주와 김굉필의 문묘종사文廟從祀, 공자를 모신 사당에서 함께 제사 지내는 것를 꾀하여 정몽주에서 김굉필로 이어지는 사림의 정통을 세우고자 했다.

마지막으로 훈구 세력을 견제하기 위해 토지 겸병을 막고 방납*의 폐단을 없애기 위해 노력했다. 이 두 가지는 훈구 세력이 부를 축적하는 원천이었다. 또 반정 공신 세력의 부조리에 대해 지속적인 탄핵을 가했다. 결국 조광조 일파에 대한 훈구 세력의 불평불만은 1519년에 있었던 반정 공신 위훈삭제僞勳削除 사건을 계기로 정점에 다달았다. 조광조가 중종 반정 공신 가운데 그 자격이 없는 사람이 많으므로 이들의 공신호를 박탈해야 한다고 건의한 결과, 공신의 4분의 3에 해당하는 76인의 공신호를 삭탈관직하고 그들의 토지와 노비를 환수한 사건이었다.

┃ 기묘사화己卯士禍 ┃
1549년 중종 14년, 훈구파 남곤, 심정, 홍경주 등이 성리학을 정치 이념으로 삼은 신진파 조광조, 김정 등을 귀양 보내거나 죽인 사화(반대파 정치인들에게 숙청당한 일).

┃ 내수사 장리 ┃
내수사는 조선 시대에 왕실 재정을 조달하던 관아이고, 장리는 연 5할의 고리를 말한다. 내수사가 농민에게 연 5할의 고리를 놓아 왕실에 필요한 비용을 충당했으므로 그 폐단은 이루 말할 수 없었다.

┃ 방납防納 ┃
백성을 대신하여 공물을 바치는 하급 관리가 백성에게 그보다 많은 대가를 받아내던 일.

'주초위왕'과 기묘사화

이 조치는 훈구 세력을 약화시키고 사대부의 기강을 바로잡기 위한 것이었으나, 결과적으로는 훈구대신에 대한 도전 행위가 되어버렸다. 이때 소인배로 지목된 남곤과 훈적勳籍에서 삭제당한 심정 등은 희빈 홍씨의 아버지인 남양군 홍경주와 손을 잡고 조광조 일파를 몰아낼 계략을 꾸몄다. 그리하여 마침내 조광조 등이 사사되고, 그 일파가 귀양 또는 파직되었다.

조광조 측의 신진 사류에 대한 계략이 계속 들려오자, 중종은 조광조에 대한 신뢰가 흔들리기 시작했다. 반대 세력은 눈엣가시인 조광조 세력을 제거할 절묘한 방법을 찾아냈다. 나무 열매의 감즙으로 '주초위왕走肖爲王, 주走 자와 초肖 자를 합하면 조趙 자가 되며 조씨가 왕이 된다는 뜻' 4자를 궁궐 안에 있는 나뭇잎에 써서 벌레가 갉아먹게 한 뒤 이를 중종에게 올린 것이다. 그리고 끊임없이 궁중과 중종의 귀에 '조씨가 나라를 마음대로 하고 사람들이 모두 그를 칭찬한다'는 소문을 퍼뜨렸다.

위훈삭제 사건 추진과 주초위왕 사건을 통해 조광조를 의심한 중종은 홍경주를 불러 밀지를 내렸다. 마침내 조광조 세력의 숙청이 본격적으로 추진된 것이다. 중종은 이렇게 말했다.

"정국공신은 나를 도와서 추대한 공이 있다. 그러나 지금 4등을 공이 없다 하여 삭제하기를 청하니 이는 반드시 그 사람을 구별하려는 것이다. 그런 뒤 공이 있는 사람을 뽑아내 연산을 마음대로 폐출한 죄로 논한다면 경등은 어육魚肉이 되고 다음은 나에게 미칠 것이다."

그리고 마침내 1519년중종 14년 11월 15일 중종은 조광조 등을 비롯하여 그 뜻에 동조한 자들을 모두 잡아들이게 했다. 당시 대신들은 조광조·김정·김식·김구金絿 등이 붕당을 지었다는 것과 윤자임·박세희·박훈·기준 등

심곡서원 조광조를 모신 서원. 인근에 조광조의 무덤과 절명시를 새긴 시비도 있다. 경기도 용인시에 있다.

이 조광조에게 동조했다는 일 등으로 국문을 당했고, 신속하게 유배되었다. 결국 4년간 진행되었던 도학 정치에 입각한 개혁은 좌절되었다. 그러나 이 사건으로 희생된 사림들은 오히려 후진 양성이라는 더 큰 역사적 성과를 일궈냈고, 더 큰 학문적 진전을 이루게 된다. 이후 조선왕조에서는 이때 희생된 사림을 기묘사림己卯士林이라 하여 추앙하고, 그 죄인 명부인 기묘당적己卯黨籍은 죄인 명부이지만 여기에 이름이 기록되는 것이 가문의 영광이라 할 정도로 영예로운 것이 되었다.

한층 성숙한 사림 세력은 급진적이지 않고 과격하지 않으면서 정도를 잃지 않는 노련함으로 무장했다. 이를 통해 사림은 정계에서 그 정치력을 서서히 넓혀가기 시작하였고, 조선 중기의 인종·명종·선조 대를 거치면서 완전히 자리잡게 된다.

외척정치에서 군신정치의 시대로

외척 세력의 집권

중종 말년에 들면서 이른바 대윤大尹·소윤小尹의 정쟁이 시작되었다. 대윤은 중종의 첫 번째 비 장경왕후 윤씨의 소생인 인종을 옹위하려는 윤임尹任측 세력이었고, 소윤은 중종의 두 번째 비 문정왕후 윤씨의 소생 경원대군명종을 세자로 추대한 뒤 국왕으로 세우려는 윤원형尹元衡 측 세력이었다. 이것이 명종 즉위년의 을사사화乙巳士禍를 빚게 된 발단이었다.

1538년중종 33년 중종은 갑작스레 세자에게 전위할 뜻을 대신들에게 비치었다. 중종이 내세운 명분은 조정이 화평하고, 자신이 태종과 같은 나이이며, 세종의 재위 햇수인 33년과 같으며, 세자가 어질고 총명하다는 네 가지였다.

중종이 내신을 시켜 전위하려고 하자, 세자는 울면서 사죄하고 사양했다. 대신들도 아직 중종의 건강이 강녕하며 자신들과 의논하지 않고 결정한 뜻을 거두어달라고 재차 간언했다. 이렇게 전위 사건은 일단락되었다.

이때 정말 중종은 양위 의지가 있었는가? 사실은 그렇지 않다. 중종의 의

정릉 중종이 잠들어 있는 정릉. 서울 강남구 삼성동 선릉(성종과 정현왕후의 능원) 동쪽 건좌에 있다. 1545년 정월에 경기도 고양시 원당읍 용두리 서삼릉에 있는 희릉(중종 계비 장경왕후의 능)으로 모셨다가 1562년 9월 4일에 이곳으로 이장했다. 그런데 중종은 두 왕비 중 어느 누구와도 함께 묻히지 못했다.

도에는 내심 태종과 같은 계산이 깔려 있었다. 양위 사건을 통해 왕권을 강화하는 계기로 삼은 것이다. 중종은 왕권의 건재함을 확인했으나, 문정왕후는 자신의 아들 경원대군을 세자에 앉히기 위해 노력했다. 그러던 중 1544년에 중종은 병이 위중해지자 그해 11월 14일 세자에게 왕위를 물려주고, 이튿날 창경궁 환경전에서 승하했다. 그가 왕위에 있은 지 39년, 나이 57세였다.

인종은 11월 20일 창경궁에서 즉위하여 명정전에서 여러 신하들의 하례를 받았다. 그러나 인종은 중종의 국상을 치르다가 몸을 혹사시켜 즉위 8개월 만에 붕어하고 만다. 인종이 죽으면서 이복동생인 경원대군을 후사로 지목하여 12세인 경원대군이 왕위에 오른다.

명종이 즉위하자, 윤원형은 그의 첩 정난정을 매개로 문정왕후와 계속 연통하면서 이기·정순붕·임백령 등을 자기 세력으로 만들었다. 이기는 윤원형의 뜻에 따라 1545년(명종 즉위년) 8월 22일 아침에 충순당에서 대비와 명종을 면대했다. 그리고 그 자리에서 형조판서 윤임 등 대윤파를 공격하면서 을사사화의 본격적인 서막을 올렸다. 이로 인해 윤임·유관·유인숙·권벌·이언적·백인걸 등을 포함한 62명이 죽임을 당하거나 삭탈관작과 유배 등의 처벌을 받았다. 을사사화는 대윤과 소윤, 두 외척 세력과 여기에 호응하는 사림들이 갈려지면서 외척 간의 갈등과 사림 간의 갈등이라는 양면적인 성격을 가지고 있었다.

윤원형의 26가지 죄상

1553년(명종 8년) 문정왕후는 명종이 친정할 나이와 능력이 되었다 하여 환정(還政)을 결정했다. 그러나 문정왕후는 그 후에도 정치에 자신의 목소리를 내고 싶으면 언문으로 글을 써 명종에게 보내 관철시켰다. 자신의 청을 들어주지 않으면 화를 내면서 이렇게 말했다고 한다. "네가 임금이 된 것은 모두 우리 오라버니와 나의 힘이다." 또 손찌검까지 하여 용안에 그림자를 드리웠고, 눈물을 맺히게 한 적이 있었다.

윤원형의 권력에 본격적으로 금이 가기 시작한 것은 1564년(명종 19년)부터였다. 명종은 정국을 독단적으로 운영하는 윤원형과 인순왕후 심씨의 외숙인 이량(李樑) 등을 견제하기 위해 새로운 세력을 후원했다.

바로 왕비 심씨의 형제인 심의겸(沈義謙)과 아버지 심연원 등이었다. 그들로 하여금 이량 세력을 제거하게 했다. 이량이 당여(黨與, 같은 파에 속하는 사람)를 심어 정국을 좌우하고, 임금을 속이며 사림을 모함하고 조정 정사를 어지럽힌다는 죄목으로 이량·이감·김백균·고맹영·강극성·이성헌 등을 소위 '6간(奸)'이라 하면서 제거했다.

1565년 4월 6일 사시(巳時)에 문정왕후가 창덕궁 소덕당에서 승하하는데, 윤원형이 가장 큰 타격을 받는다. 문정왕후 승하 후 명종은 본격적인 국왕권 회복에 나서기 시작했다. 그 첫 행보는 당연히 전횡을 일삼던 외숙 윤원형 세력의 제거였다. 명종은 그 뜻을 직접 명하는 대신에 경연에서 한문제가 전횡을 일삼던 외숙 박소를 죽인 데 대한 시비를 물음으로써 우회적으로 그 뜻을 신하들에게 알렸다.

1565년(명종 20년) 8월 14일 대사헌 이탁, 대사간 박순 등은 나라를 다스리는 핵심은 인심을 편히 하는 데 있고 나라를 다스리는 방법은 공론을 펴야 한다고 하면서 윤원형의 죄상에 대해 만인의 입에 오른 것과 만인의 눈으로 본 것을 뽑아서 26가지 조목으로 정리하여 진술했다. 첫째 거리낌 없이 마음대로 결정하여 행한 것 10조목, 둘째 부정한 짓으로 끝없이 재물을 탐한 것 10조목, 셋째 사치스럽고 핍박한 죄 3조목, 넷째 잔인한 마음과 경박한 행동 3조목 등이었다. 그의 죄악은 작은 것은 백성을 병들게 하고 정치를 어지럽게 할 만하며 큰 것은 국가를 패망하게 할 만하다 하면서 먼 곳으로 귀양 보낼 것을 청했다.

1567년(명종 22년) 6월 28일 34세의 명종은 후계자를 지명하지 못하고 경복궁 양심당에서 훙서했다. 명종의 죽음을 병풍 뒤에서 지켜봐야 했던 인순왕후 심씨는 명종의 의중이 하성군에게 있었다고 증언했다. 결국 명종 이복형제인 덕흥군의 셋째아들 하성군(선조)이 16세로 왕위에 오르게 되었다.

명종은 순회세자가 죽은 후 후계를 정하기 위해 남모르게 그 적임자를 찾았다. 명종은 궁중에 왕손들을 불러 가르칠 때 익선관(왕이 직무를 볼 때 쓰던 관)을 써보라 시험한 적이 있었다. 여러 왕손들은 차례로 머리에 썼지만 하성군(중종의 서자 덕흥군의 셋째 아들, 생모는 창빈 안씨)만 두 손으로 관을 받들어 어전에 갖다 놓으며 "이것이 어찌 보통 사람이 쓰는 것이오리까" 하니, 명종이 기특히 여겨 관을 하성군에게 주었다고 한다. 선조는 글 솜씨도 뛰어났다. 하루는 왕손들에게 글을 써올리라 하니, 모두 시나 연구聯句를 쓰는데 하성군만이 홀로 '충성과 효도는 본시 둘이 아니다忠孝本無二致'라고 쓰니 명종이 더욱 기특히 여겼다. 명종은 이때부터 하성군에게 왕위를 물려줄 생각을 했다고 한다. 그리하여 조선 최초의 후궁 소생이 왕위에 오르게 되었다.

붕당정치의 서막

조선왕조사에서 선조는 최초의 왕실 서손 출신 국왕이었다. 즉 선조는 왕실 적통 출신의 왕이 아니었다. 왕조 사회 특히 정통과 명분을 중시하는 성리학적 질서 기반에서 볼 때 이것은 정통성에 어긋나는 것이었다. 선조 스스로도 알고 있었으므로 이를 보완하기 위해 다방면으로 노력했다. 대표적인 것이 사림들을 자신의 정치 기반으로 이용하는 것이었다.

명종 대 이후 조선 사회에는 많은 변화가 있었다. 중종 대 조광조가 내세웠던 도학정치와 지치주의는 성리학적 질서를 구축했다. 이 과정에서 사림들의 성리학은 많은 진전을 이루었다. 1542년(중종 37년) 경상도 풍기군수였던 주세붕이 고려 말 성리학 수용에 공헌을 세운 안향을 제향하는 회헌사와 백운동서원(소수서원)을 세우면서 서원 설립도 시작되었다. 이것을 바탕으로 성리학은 지방 사회에서부터 안착하기 시작했다. 명종 대부터 선조 대에 이르기까지 조정에서 노비와 토지, 서적 등을 하사받는 사액서원(賜額書院)은 무려 100여 군데로 늘어났다.

성리학이 융성함에 따라 《소학》 실천운동이 늘어났고, 향약 실시 또한 확대되었다. 사림들은 화담 서경덕, 퇴계 이황, 남명 조식, 율곡 이이 등을 중심으로 학맥을 이어갔고, 이들을 스승으로 모셨다. 이때부터 학문적으로 성리학의 근본 원리인 이(理)와 기(氣)에 대한 본격적 논쟁이 시작되었다.

소수서원 우리나라 최초의 서원으로 1550년(명종 5년)에 '소수서원'이 되었다. 경상북도 영주에 있으며 사적 제55호.

■ ■
도산서원 퇴계 이황을 기리기 위하여 문인과 유림이 중심이 되어 1574년(선조 7년)에 창건했다. 1575년에 사액서원이 되었으며, 건물은 총 30동이다. 사적 제170호. 경상북도 안동에 있다.

■ ■
자운서원 1645년(광해군 7년) 율곡 이이를 기리기 위하여 세운 서원으로 경기도 파주에 있다. 모친 신사임당과 부친 합장묘 외에 가족묘가 있다.

그러나 사림들은 성리학의 철학적 심화보다는 인간의 품성과 도덕 덕목의 실천에 대한 물음을 제기하기 시작했다. 이것이 정치 세력들에게 적용될 때는 공론公論 혹은 공도公道라는 명분으로 나타났고, 다른 한편으로는 '군자소인시비론君子小人是非論'으로 전개되어 붕당朋黨으로 나타났다. 도덕적으로 완성된 인간인 군자가 당을 만들고 그에 준하는 사람들이 모여들어 정치를 하는 것은 이상적 정치로 귀결되는 것이기에 훌륭한 것이라는 인식이 확산되었다. 바로 군자진붕론君子眞朋論이었다. 반면 그렇지 않은 소인도 군자들처럼 당을 만들어 이익을 탐하게 되는 것이 소인위붕론小人僞朋論이었다.

여기에 과도하게 많아진 과거 시험으로 급제자가 급증하여 이들을 한정된 관직에 어떻게 배분할지에 대한 현실적 문제도 대두했다. 이 때문에 관료 임명 주무 부서인 이조吏曹는 매우 중요시되었으며, 전랑銓郎이 핵심 직책이었다. 그리고 관원들에 대한 감찰, 간쟁의 역할, 풍속의 교화 등을 맡은 양사兩司, 사헌부와 사간원의 역할도 더욱 강화되었다.

최초의 붕당은 이조 전랑의 자리를 놓고 시비가 붙은 데서부터였는데,

조선 시대 성리학의 두 거목 이황(좌)과 이
이(우)

1575년(선조 8년) 심의겸과 김효원 간의 갈등이 불거지면서였다. 왕실의 외척인 심의겸이 신진 사림 김효원은 윤원형의 집에 기숙한 바 있어 행실을 잃었다며 이조 전랑에 있을 수 없다고 반대했다. 이에 대해 김효원은 사실이긴 하나 따로 이익을 탐해서는 아니었다고 해명하면서 자신의 강직함을 주장했다.

이 논란이 팽팽해지고 조정의 문제로 불거지자 이이는 조정자로 나섰다. 그는 선조에게 심의겸을 개성 유수로, 김효원을 함경북도 경흥 부사로 보낼 것을 청했다. 그러자 이번에는 율곡 이이에 대한 시비로 발전해 이이가 심의겸의 편을 든 것이 아니냐는 지적을 받게 되었다. 결국 사림들은 심의겸을 지지하는 쪽과 김효원을 지지하는 쪽으로 나뉘었다.

조선왕조는 태종, 세조 대를 거치면서 왕권 강화를 부르짖었지만 성리학적 통치 이념과 질서, 신하의 권리 확대라는 새로운 조류로 방향이 전환된다. 적통이 아닌 방계 혈통의 선조 즉위, 성리학적 사회질서의 구축, 군자소인시비론의 등장, 과거 급제자의 만성적 적체와 전랑과 양사의 권한 강화 등은 결국 붕당정치를 합리화하는 조건이 되었다. 그러나 붕당정치는 율곡 이이나 선조가 의도했던 바와는 다르게 흘러가고 있었다. 왕위 계승 문제에 개입되거나 상대방의 정치적 능력 혹은 도덕성에 대한 비판을 넘어 피와 고문과 죽음이 존재하는 옥사獄事로 연결되었던 것이다. 한편 임사홍이나 윤원형 등과 같은 훈구 척신은 더는 정치적 영향력을 발휘하기 힘들게 되었다.

조선왕조 개국 200주년, 일본의 침략

임진왜란 발발

임진년 1592년(선조 25년)은 조선 건국 200주년이 되는 해였다. 그해는 우리 역사상 가장 참혹했던 해로 기록되고 있다. 바로 임진왜란壬辰倭亂이 일어났기 때문이다.

임진왜란 직전 일본의 상황은 천하 통일에 실패한 오다 노부나가織田信秀의 뒤를 이어 도요토미 히데요시豊臣秀吉가 100여 년 동안 계속되었던 전국 시대를 통일하여 통일국가를 이룩했다. 통일 후 그는 내부적으로는 다이묘大名, 영주와 무사들의 불만과 그들 사이에 일어날지 모르는 알력을 해소하고, 외부적으로는 대륙 진출을 통해 세계 제패의 야망을 이루기 위해 군사력을 정비하기 시작했다.

1575년(선조 8년) 대마도쓰시마 섬에서 일본이 전쟁 준비를 하고 있음을 조선에 알려왔다. 조선 정부에서도 거듭되는 일본 측의 움직임을 확인하기 위해 1590년(선조 23년) 3월 통신사를 보내 일본의 사정을 탐색했다. 통신사는 이듬해 3월이 되어서야 귀국하는데 일본 측이 군비 증강과 관련한 기밀 유지를 위해 일부러 길을 돌아 몇 달씩 지체시켜 도착하게 한 것이다. 통신사 정사 正使 황윤길黃允吉과 부사副使 김성일金誠—은 돌아와서 일본의 동향에 대해 서로 상반된 보고를 했다. 황윤길은 일본이 수군과 병선을 준비하고 있으므로 반드시 침략할 것이라고 한 반면, 김성일은 침입하지 않을 거라고 했다.

통신사가 돌아온 지 한 달 후 일본에서는 겐소玄蘇 등을 답사로 보내왔는데, 황윤길과 김성일이 이들을 대접했다. 이때 겐소는 이렇게 말한다. "명과 일본 사이의 국교가 단절된 지 오래인데 중국에서는 계속 우리와 국교를 거부하고 있다. 그래서 화가 난 도요토미가 전쟁을 일으키려 하니 조선에서 길을 빌려줄 것을 청한다." 김성일은 대의에 어긋나는 일이라며 반박했다. 그러자 겐소는 원나라가 일본을 공격할 때 고려가 원나라를 인도하여 일본을 쳤으므로 이 일로 조선과 일본이 전쟁을 하게 된다면 일본이 조선에 원한을 갚을 수 있는 기회라고 했다. 이것이 바로 '가도입명假道入明, 조선의 길을 빌려 명을 친다'의 통고였다. 조정은 이 말을 듣고 크게 놀라 부리나케 이 사실을 명에 알리고 경상·전라 연안의 여러 성을 보수하게 하고 각 진영의 무기를 정비하게 했다. 하지만 이미 때는 너무 늦었다.

1592년(선조 25년) 4월 13일 드디

∎ ∎
〈동래부순절도〉 동래성 전투 상황을 그린 것으로, 뒤쪽 성벽이 무너져서 왜군들이 성안으로 물밀듯이 밀고 들어오는 것을 볼 수 있다. 서울 육군박물관에 소장되어 있다.

신립 장군 순절비를 보호하고 있는
탄금대 비각 탄금대는 신립 장군이
전사한 곳으로 유명하며, 임진왜란
의 흔적이 남아 있다. 충청북도 충주
시 대운산에 자리 잡고 있다.

어 일본군 20만 명은 군대를 아홉으로 나누어 조선 침략의 길에 올랐다. 부
산포에 도달한 그들은 삽시간에 동래성 전투를 승리로 거둔 후 무서운 속도
로 북상했다.

이때 조선의 명장 신립申砬이 경상도에서 충청도, 그리고 한양으로 이르는
주요 교통로의 요지에 해당하는 문경 조령에 주둔하여 일본군의 진격을 막
는 데 힘썼다. 다시 신립이 군대를 물려 충주 탄금대에 배수진을 쳤으나 일
본군은 4월 29일 충주를 장악해버렸다.

세자 책봉을 미루고 있던 선조는 부랴부랴 4월 28일 18세가 된 광해군을
왕세자로 삼는다. 4월 30일, 선조는 일부 문관에게 도성 방어 임무를 맡기
고 100여 명의 수행원과 세자를 데리고 파천播遷 임금이 도성을 떠나 피란하는 일길에
올랐다. 한양이 함락되었다는 소식과 함께 궁궐이 불탔다는 비보를 들은 선
조는 실의에 빠졌고, 다시 5월 7일 개성을 떠나 평양까지 피란을 갈 수밖에
없었다.

백척간두에 선 조선왕조는 이대로 끝나는 듯했다. 그러나 전쟁이 장기화
되기 시작하면서 조선 각 지역에는 의병과 의승들의 활동, 정규군의 재정비

등을 통해 저항 물결이 거세게 일었다. 이들에게는 지리를 잘 알고 있다는 장점이 있었고, 나라를 구하고 가족과 이웃을 구한다는 사명감이 있었다. 반면 일본군은 원정에서 나오는 약점이 서서히 드러났다. 군량의 보급, 전상자의 속출과 군졸의 교체 등이 그것이었다. 이중 가장 큰 것은 군량미 보급과 원군의 지속적 투입이었다. 여기서 일본군은 가장 큰 복병을 맞게 된다.

난세의 영웅들

전쟁 발발 후 2개월이 지난 6월에 일본군이 평양을 점령했다. 임진왜란 중 이때는 매우 중요한 의미가 있다. 팔도 전역에서 은퇴한 전직 관료와 유생들, 농민과 노비 등이 주축이 된 의병이 봉기하였고, 승려들도 의승군을 조직하여 지역을 중심으로 항거하기 시작했다. 우리 측은 지리에 익숙한 만큼 이를 적극 이용하여 무기와 전투력의 열세를 만회했다. 이미 평양과 황해도, 함경도까지 진출한 일본군이었지만 그들의 후방은 의병들의 끊임없는 활동으로 무너지고 있었다.

경상도 의령에서는 곽재우郭再祐가 사재를 털어 의병을 일으켜 합천과 창녕 등 경상우도를 거의 수복하는 전과를 올렸다. 백성들과 일본군은 붉은 옷을 입고 다녀 그를 홍의 장군紅衣將軍이라 불렀다. 고경명高敬命은 호남에서 의병들의 추대로 의병 대장이 되었으나 금산 전투에서 전사했다. 김천일金千鎰은 나주에서 의병을 일으켜 선조의 행재소行在所, 임금이 궁을 떠나 머물던 곳가 있던 평안도로 향하다가 강화도에서 일본군에 큰 피해를 입혔다. 충청도의 조헌과 의승장 영규靈圭는 청주성을 회복했으나, 금산 전투에서 장렬한 최후를 맞았다.

황해도에서는 전 이조참의 이정암李廷馣이 연안성에서 일본 장수 구로다

나가시마黑田長政가 이끄는 왜군과 싸워 이겼고, 함경도에서는 정문부鄭文孚가 길주에서 가토 기요마사加藤淸正가 이끄는 일본병을 격파했다. 그뿐 아니라 묘향산의 휴정休靜, 서산대사과 금강산의 유정惟政, 사명대사 등이 이끈 의승군의 활약은 일본군에 큰 타격을 주었다.

권율權慄은 7월 금산에서 전주로 향하는 웅치에서 관군으로서는 매우 상징적인 승리를 거두었다. 이 승리로 곡창 지대인 호남을 지킬 수 있었던 것이다. 그리하여 이 전투는 3대 대첩인 한산도대첩, 진주대첩, 행주대첩과 비견할 만한 것으로 평가된다. 수세에 몰리던 임진왜란의 전세를 역전시킨 전투이기 때문이다. 그리고 권율은 이듬해 2월 고양의 행주산성에 주둔하며 한양에 모여든 일본군을 상대로 큰 승리를 거두었다. 이것이 바로 행주대첩이다.

내륙에서 의병과 의승군의 활약으로 점차 일본군은 궁지에 몰렸다. 따라서 부산을 통해 내륙 교통로로 군수 물자를 운반하려던 일본 측의 계획은 틀어졌다. 결국 일본은 자신들이 가장 자랑하는 수군을 활용하여 조선의 남해와 서해의 바닷길로 군수 물자를 공급하고 병사들을 지원하는 선택밖에 남지 않았다.

그러나 이순신李舜臣이 이끈 조선의 수군은 이마저 용납하지 않았다. 전란 초기 경상 좌수사 박홍, 경상 우수사 원균元均이 이끈 수군이 일본군에 궤멸되었지만 전라 좌수사로 있던 이순신은 이들과 달랐다. 이순신은 이미 전쟁 전부터 수군을 훈련시키고 군비를 갖추고 돌격선으로 효용을 극대화한 거북선을 만들었다. 이순신이 이끄는 수군은 5월 초 현재의 거제도인 옥포에서 첫 승리를 거둔 후 사천·당포·당항포 등지에서 연승 행진을 했다. 7월 초 일본 수군의 대규모 공격이 시작되자 이들을 한산도로 유인하여 학익진을 펼쳐 대파했다. 3대 대첩 중 하나인 한산도대첩이다.

북관대첩비　정문부가 가토 기요마사를 크게 무찌른 것을 기념하여 1709년(숙종 35년)에 함경도 북평사 최창대가 함경북도 길주에 '북관대첩비'를 세웠다. 이후 1905년 러일전쟁 당시 일본군이 일본의 야스쿠니신사에 세워 두었다(좌). 그리고 신사에 방치되었던 대첩비는 2005년 10월 15일 100년 만에 한국에 반환되었다. 경복궁에 복제품이 전시중이다(우).

　도요토미는 장기화되고 있는 전쟁으로 초조해지기 시작했다. 가장 크게 신경 쓴 부분은 명나라가 조선의 구원 요청을 받아들여 군대를 보내는 것이었다. 5월 29일 조선이 명에 성절사*를 보내 전쟁의 상황을 알리고 구원병을 청했으므로 명의 파병이 가시화되고 있었다.

❙ 성절사 ❙
조선 시대 때 중국 황제와 황후의 탄신일을 축하하기 위해 보낸 사절단.

정유재란 발발

　명의 병부상서 석성石星의 노력으로 7월에 요동 부총병 조승훈祖承訓이 군사 5,000명을 거느리고 압록강을 건넜다. 12월에는 병부시랑兵部侍郎, 군사를 담당한 병부의 정4품 벼슬 송응창宋應昌을 경략經略, 침략하여 점령한 나라를 다스림으로 삼고 영하후寧夏侯 이여송李如松을 도독군무都督軍務로 삼아 남북의 관병官兵 4만 3,000여 명을 거느리고 조선을 구원하게 했다.

전쟁은 본격적으로 조명 연합군과 일본군의 싸움으로 바뀌었다. 조명 연합군은 먼저 평양성을 탈환했지만 고양 벽제관 전투에서 패배하여 일시 후퇴했다. 다행히 권율이 행주산성에서 일본군을 크게 무찌름으로써 전세는 회복되었다. 그 결과 일본군은 전열을 가다듬기 위한 시간을 벌기 위해 조명 연합군에 휴전을 제의했다. 그리하여 일본군은 1593년 4월 전략상 한양을 떠나 경상도 해안 지방으로 퇴각했다. 그리고 3년에 걸쳐 화의를 위한 담판이 오고가는 상황이 연출되었다. 이때 명에서 제시한 조건은 도요토미를 일본 왕으로 봉하고 조공을 허락한다는 것이었고, 일본은 명의 황녀를 일본의 후비后妃로 보낼 것, 조선 영토의 일부를 할양할 것, 조선의 왕자와 대신을 인질로 삼겠다는 요구 조건을 내걸었다.

화의 결렬 후 일본군은 1597년 정유년 정월 15만의 병력을 동원했다. 바로 정유재란丁酉再亂이다. 정유재란의 전개는 임진왜란 때와는 사뭇 달랐다. 그동안 조선은 군비를 갖추고 훈련도감을 설치하는 한편 살수창과 칼, 사수활, 포수총로 구성되는 삼수병三手兵을 양성했다. 수군 역시 경상, 전라, 충청도의 삼도 수군 통제사인 이순신을 중심으로 전열을 더욱 튼튼하게 갖추었다. 그러나 일본 측의 모함으로 이순신이 파직되고 원균이 수군을 이끌게 되었다.

이 틈을 이용하여 일본군은 제해권을 빼앗고자 맹렬히 공격을 퍼부었다. 결국 원균이 전사했고 일본군은 다시 진격했다. 삼도 수군 통제사로 복귀한 이순신은 단 12척의 함선으로 300여 척의 적선을 명량에서 대파함으로써 전세는 다시 역전되었다. 그러나 그는 도요토미의 죽음 후 일본으로 퇴각하는 수군을 노량에서 막으려다가 장렬한 최후를 맞는다. 이로써 7년간의 전쟁은 조선의 승리로 끝났다.

전쟁이 끝나고 조선 왕실은 전쟁에 대한 논공행상을 벌였다. 1604년(선조 37년) 임금을 따라다니면서 보호한 공을 세운 호종공신扈從功臣과 일본군을 치는 데 공을 세운 선무공신宣武功臣이 그 중심이었다. 호성공신 1등에는 이항복·정곤수가 정해졌는데, 충근정량갈성효절협력호성공신忠勤貞亮竭誠效節協力扈聖功臣이라 했다. 선무공신 1등에는 이순신·권율·원균이 정해져 효충장의적의협력선무공신效忠仗義迪毅協力宣武功臣이라 했다.

《선조실록》을 쓴 사신은 공신 책봉과 관련하여 다음과 같은 사론을 남겨 경종을 울렸다. 조정이 호종공신을 86명이나 녹훈錄勳하는 데 내시와 노비가 절반이나 되었다는 점, 명군의 파병에 공을 세운 자와 무공이 있는 자들이 제외된 점 등은 잘못된 것이라 지적한 것이다. 선조는 전쟁을 통해 교훈을 얻기보다는 왕실 중심으로만 상황을 안이하게 생각하는 한계를 보였다. 또 대외 정세를 제대로 읽지 못하고 지나치게 명에 의존하려는 자세를 보였으며, 신료들의 격렬한 의견 대립을 대승적 차원에서 조정하지 못하였다. 전쟁이 끝난 후 선조는 이러한 한계에서 벗어나지 못하고 그의 후계자인 광해군을 매우 곤혹스럽게 만들고 말았다.

명분과 실리 사이에서

광해군의 즉위

1575년(선조 8년) 4월 선조와 공빈恭嬪 김씨 사이에서 둘째 아들로 태어난 광해군은 어려서부터 주위 사람에게 덕망 있다는 평가를 받았다. 선조는 세자 책봉 문제가 나오면 무조건 회피했는데, 임진왜란이 터져 왕조가 위태로운 지경에 처하자 그제야 어쩔 수 없이 후계자를 정했다. 임진왜란이 일어난 지 한 달 후 1592년(선조 25년) 선조는 광해군을 세자로 책봉했으나 전란 중이라 책봉 의례는 거행할 수 없었다.

1602년(선조 35년) 선조는 죽은 의인왕후를 대신할 왕비를 다시 맞아들였다. 인목왕후 김씨였는데, 나이 19세에 불과했다. 광해군은 28세였고 선조는 51세였다. 선조 39년 인목왕후가 아들영창대군을 낳았는데 왕실의 경사이기도 했지만 비극을 낳는 사건이 되어버렸다. 선조는 명분을 만들어 광해군을 세자의 자리에서 쫓아내고 적자인 영창대군永昌大君을 세자로 앉히려 했다.

대북 세력 정인홍鄭仁弘 등은 선조에게 다른 뜻을 품지 말고 세자의 지위를 더욱 굳건하게 해주어야 한다고 상서를 올렸다. 하지만 선조는 이 상소문을 받고 매우 불쾌해하더니 정인홍과 이이첨을 삭탈관직하고 유배시키라는 명을 내렸다. 아직 강보에 쌓여 있는 영창대군을 세자로 책봉할 수도 없는 노릇이었지만, 선조는 광해군을 인정치 않으려 했다.

1608년(선조 41년) 2월 1일 선조는 57세의 나이로 승하했다. 인목왕후는 선조의 유서遺書를 밝혔는데 그 한 대목에 이렇게 적혀 있었다. "형제 사랑하기를 내가 있을 때처럼 하고 참소하는 자가 있어도 삼가 듣지 마라. 이로써 너에게 부탁하노니, 모름지기 내 뜻을 본받아라." 인목왕후는 광해군을 택할 수밖에 없었다.

기사회생하게 된 광해군은 정인홍 등의 대북 세력을 의지하며 현실적인 전후 복구 사업을 펼쳤다. 1608년 즉위년에 대동법*을 실시해 공납제 폐단을 없애고 세수의 충실을 기하고자 했다. 전란 중에 불타거나 없어진 역대 왕조 실록과 《국조보감》 등을 간행하도록 하고, 《동의보감》을 편찬하게 했다. 토지 조사 사업의 일환으로 양전 사업을 실시하여 국가 재원을 확보하기 위해 노력했고, 창덕궁·경희궁·인경궁을 새롭게 중건했다.

▌대동법大同法 ▌
조선 중기부터 시행된 납세 제도로 모든 공물貢物을 쌀로 통일하여 바치게 한 제도. 방납의 폐단을 없애기 위해 도입했다.

정인홍을 주축으로 한 대북 정권은 비적비장非嫡非長인 광해군을 현실적으로 적자이자 장자로 만들고자 했다. 그 방법으로 임해군선조의 장남을 축출·제거하는 것과 인목왕후를 폐서인하고 그 아들 영창대군 역시 축출·제거하는 것이었다. 여기에 다른 왕자들의 반발도 무마해야 한다는 것이 정인홍 등의 결심이었다. 광해군은 그저 끌려갈 수밖에 없었다. 광해군 정권은 부왕 선조, 명나라, 형제들 탓에 꼬이기만 했다. 또 다른 비극의 전주곡이었다.

누르하치의 등장

한편 광해군 정권은 대외적으로 더욱 큰 적을 맞이해야 했다. 그동안 북방의 변경을 위협하던 야인野人 여진족의 세력이 점차 강성해지고 있었기 때문이다. 여진족은 사냥, 목축, 농업 등을 주로 하고, 문명의 혜택을 받지 못했기 때문에 야인이라 불렸다. 그러나 그들이 뭉칠 경우 무서운 세력이 되었다. 금에 대한 그들의 향수는 대단했다. 그들이 16세기 말부터 17세기 초에 이르러 급격하게 성장할 수 있었던 데에는 그만한 배경이 있었다. 명나라와 조선이 임진왜란으로 인해 그들의 세력화에 쉽게 손을 쓸 수 없었고, 건주위* 여진족 추장인 누르하치가 강력한 지도력으로 통일 운동을 전개했기 때문이다.

1616년(광해군 8년) 누르하치는 나라를 세우고 연호를 '천명天命'이라 하며 자신감을 드러냈고, 국호를 '후금後金'이라 했다. 이제 조선왕조나 명나라는 이들을 얕보거나 그냥 보고만 있을 수 없었다. 이때 누르하치는 조선으로 진격하기보다는 방비가 허술하고 자신의 영향력을 쉽게 뻗칠 수 있는 만주와 그 서쪽으로 진출했다. 그리고 1618년 마침내 명에 선전포고를 하면서 대륙의 전쟁이 시작되었다.

당시 명 황실은 명의 마지막 명재상인 장거정張居正의 죽음 후 명나라 최고의 어리석은 임금이자 게으른 황제 신종神宗이 지배하고 있었다. 그는 사치와 향락, 주색을 즐겼으며 혼자서는 걸을 수조차 없을 정도였다고 전해진다. 말이 지배이지 실질적 권력은 환관들이 좌지우지했다. 황실과 조정은 동림당*과 비동림당으로 나뉘어 싸우고 있었다.

이러한 상황에서 명신종은 1619년 대규모 후금 정벌을 꾀했

┃ 건주위建州衛 ┃
명나라 영락제 때 만주의 남쪽 지방 건주 지역에 사는 여진족을 다스릴 목적으로 설치한 군영. 후에 여진족 부족장에게 지휘권을 넘겨주었다. 건주 좌위, 건주 우위가 생겨서 건주 삼위가 되었다.

┃ 동림당 ┃
중국 명나라 말기에 정계와 학계에서 활약한 당파 중 하나로, 동림서원을 중심으로 정치 여론을 형성하여 정치 활동을 폈으나 지속적으로 비동림당과 격심한 당쟁을 했다.

고, 조선에 조명군助明軍을 보내 줄 것을 요구했다. 그러나 조선 측 조명군은 도원수 강홍립姜弘立 이 중립 자세를 취했으므로 적 극적으로 전쟁에 임하지 않았 다. 왜냐하면 정세를 보아가며 대처하라는 광해군의 밀지가 있었기 때문이다. 결국 패한 명

장릉長陵　제16대 임금 인조와 인열왕후 한씨의 합장 능으로, 경 기도 파주시에 있다. 사적 203호.

나라는 최후의 보루로 압록강 입구 가도에 모문룡毛文龍 부대를 주둔시켜 견 제하는 것으로 전쟁을 마무리지었다.

인조반정

1623년(광해군 15년) 3월 12일 능양군(인조)은 반정을 일으켰다. 광해군 정권이 계모 인목왕후를 폐하고 형제를 죽이는 패륜을 저지르고, 사대事大라는 대명 의리를 배반하고, 토목공사 과다와 백성을 과다하게 수탈한다는 등의 명분 으로 반정을 꾀하여 성공을 거두었다. 이를 '인조반정仁祖反正' 혹은 '계해정 사癸亥靖社'라고 한다.

반정 세력은 어보*를 찾아 당시 경운궁에 유폐되어 있던 인목 왕후를 찾았고, 인목왕후는 광해군을 폐서인하며 능양군을 국 왕으로 삼는다는 교지를 내렸다. 광해군 대에 대북 정권에서 철 저하게 배제되고 소외되었던 서인과 소북*과 남인들이 참여하 여 이루어진 것이 바로 인조 정권이었다.

| 어보
국새. 임금의 도장으로 국 권을 상징하고, 국가 문서 에 사용했다.

| 소북
조선 시대에 북인北人에서 떨어져 나와 선조 때 세력 을 행사한 파.

소현세자 인조의 장자로 병자호란 때 청나라에 볼모로 잡혀갔다. 돌아올 때 서양 서적과 지구의 등을 가지고 왔다.

인조 대 서인 연합 정권의 집권 명분은 매우 명확했다. 임진왜란 후 무너진 사회질서를 인륜의 회복으로 다시 되살리고 명나라와의 사대 관계를 더 강화시켜야 한다는 것이었다. 광해군 대에 소외되었던 사대부들은 인조반정을 찬양하기까지 했다.

광해군은 실리 외교를 추구하여 명이나 후금 중 조선에 유리한 쪽을 택하면서도 다른 한쪽을 적으로 돌리지 않았다. 그러나 인조 정권은 달랐다. 친명 사대라는 명분과 의리에 치중한 것이다. 한편 인조는 왕위에 오르면서 자신의 즉위 명분을 더 명확하게 하기 위해 노력했는데 그중 하나가 명 조정으로부터 책봉을 받는 것이었다. 1624년^(인조 2년) 4월 20일 명에서는 책봉사를 보내 명분을 세워주었다.

이와 함께 인조가 즉위한 후 가장 중요시 여긴 것이 있었는데, 바로 자신의 친부모의 지위 문제였다. 그는 자신의 왕위 계승이 특수하다고 생각하여 다음과 같은 논리를 들어 아버지를 정원대원군에 봉했다. "누구든지 할아버지가 있고 난 다음에 아버지가 있고 아버지가 있고 난 다음에 자기 몸이 있는 법인데, 어찌 할아버지만 있고 아버지는 없는 이치가 있겠는가?" 신료들은 손자가 왕위를 이을 수 있다고 반대했지만 인조는 곧바로 단행했다. 1632년^(인조 10년)에는 아버지를 원종元宗으로 추존하고, 어머니 구씨를 인헌왕후라 높였으며 홍경원이라 하던 묘소를 왕릉인 장릉葬陵이라 했다.

병자호란

　인조 27년간은 내우외란에 시달린 시기였다. 1624년^(인조 2년) 이괄은 자신이 반정공신 2등으로 녹훈되자 불만을 품었고, 난을 일으켰다^{이괄의 난}. 인조는 이괄의 군대를 피하여 공주까지 피난갔다. 하지만 이보다 큰 위기는 후금과의 관계에서 비롯되었다. 1626년 9월 청나라 제2대 황제 태종은 즉위하면서부터 조선을 침략할 구실을 찾았다. 1627년^(인조 5년) 정월에 후금은 3만 명의 군대를 보내 조선을 침략했다^{정묘호란}.

　청이 군사 행동을 취한 데는 몇 가지 이유가 있었다. 첫째, 후금 태조 누르하치가 죽었는데 조문하지 않은 것, 둘째 선천 전투에서 후금이 조선군을 살해하지 않은 데 대해 사례하지 않은 것, 셋째 조선이 가도에 주둔하고 있는 모문룡을 후원하고 있는 점 등이었다. 이것이 바로 정묘호란^{丁卯胡亂}의 원인이었다. 이때 인조는 강화도로 피난했고 소현세자를 전주로 피란 보내 왕실을 지키고자 했다.

　정묘호란은 장기전을 원하지 않았던 후금 측과 왕권과 왕조의 안정을 바랐던 인조 정권이 우호적 협상을 맺고 일단락되었다. 양국은 화친 조약, 정묘조약을 맺은 것이다. 1636년^(인조 14년) 4월 청태종은 관온인성황제^{寬溫仁聖皇帝}라 칭하고 연호를 숭덕^{崇德}이라 고치는 한편 국호를 '청^淸'으로 바꾸었다. 그

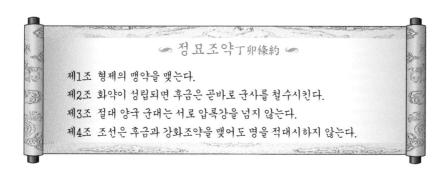

＊ 정묘조약 丁卯條約 ＊

제1조 형제의 맹약을 맺는다.
제2조 화약이 성립되면 후금은 곧바로 군사를 철수시킨다.
제3조 절대 양국 군대는 서로 압록강을 넘지 않는다.
제4조 조선은 후금과 강화조약을 맺어도 명을 적대시하지 않는다.

런데 명과의 전쟁에서 승기를 잡은 후금의 생각은 달라졌다. 그들은 조선을 확실한 속국으로 삼으려 했다.

청은 조선과 맺었던 정묘조약의 내용 변경을 요구해왔다. 황제국임을 선포하였는데, 조선의 사신들이 황제 즉위 때 하례 반열에 서지 않은 것을 지적하면서 양국의 관계를 군신 관계로 바꿀 것을 종용한 것이다. 이러한 청의 요구에 따라 매년 음력 10월에 바치던 공물도 감당하기 힘들 정도로 늘게 되었고, 병사 3만 명의 지원도 감당해야만 했다. 그리고 왕자와 주전론^전쟁을 찬성하는 의견을 주장하는 대신 김류 등을 인질로 삼겠다고 알려왔다.

마침내 인조는 같은 해 3월 팔도에 교서를 내려 청나라와의 전쟁이 임박했으니 대비하도록 했다. 병자호란의 발발이었다. 청과의 화친을 통해 국가 안정을 우선으로 삼았던 최명길崔鳴吉은 차자[*]를 올려 주화론을 적극 주장했다.

주화론을 배척하는 척화론이 우세를 보이는 가운데 청태종은 12월 9일 여진족 7만, 몽고군 3만, 명의 잔병들 2만 합계 12만의 군사를 앞세워 압록강을 건넜다. 조선의 명장 임경업이 지키고 있는 의주 백마산성을 피해 남진하였고, 불과 5일 만에 경기도까지 이르렀다. 인조는 부랴부랴 남대문을 나와 강화도로 가려다가 이미 길이 차단되었다는 보고에 망연자실했다. 이때 최명길은 인조에게 자신이 직접 적진에 가서 그들의 의도를 캐물어볼 테니 그 사이 남한산성으로 들어가 있기를 청했다.

추위와 폭설로 40여 일간 남한산성에서 농성하며 지내면서 인조는 명의 원군과 조선의 관병·의병의 활동을 기대했으나 희망일 뿐이었다. 12월의 한파 속에서 고립되어 농성한다는 것은 인조, 대신들, 군사들에게 무리였다. 결국 인조는 최명길 등 주화파의 손을 들 수밖에 없었다. 청나라는 강화 조건을 최명길을 통해 알려왔다. 인조와 대신들은 청태종에게 세 번 절하고 아홉 번 머리를 땅에 두드리는 삼배구고두三拜九叩頭라는 치욕의 패전 의식을 행하게 되었다.

병자호란 후 청은 전쟁에서 이긴 것을 기념하기 위해 삼전도비라고 불리는 '대청황제공덕비大淸皇帝功德碑'를 세운다. 하지만 조선왕조에서는 명에 대한 의리를 지키려고 한 점과 청에 대한 주전론을 편 자들을 높이 기렸다. 또 인조의 숭명배청의 정신을 높이 칭송하면서 친청주의에 빠진 소현세자를 비판하고 효종의 북벌론을 높이 평가했다. 그리고 속으로는 여전히 청나라를 인정하지 않고 명의 연호를 그대로 썼으며, 대보단을 만들어 명을 위해 제사를 지내기도 했다.

■ ■
삼전도비 전면에 만주어와 몽골어가 새겨져 있고, 삼배구고두 의식을 행하는 모습이 앞에 새겨져 있다. 서울특별시 송파구에 있으며, 사적 제101호.

북학의 수용과 실학

독자적인 문화 트렌드를 지향하다

중화中華의 나라 명나라가 청에 의해 멸망되자 조선의 사대부들은 조선이 문명 중심국으로서 중화를 계승했다고 주장했다. 이는 이제 조선이 유일무이한 중화국가라는 생각에서 비롯된 조선중화주의의 개막이었다. 하지만 청나라의 눈치를 살필 수밖에 없었다. 조선중화주의의 핵심 중 하나가 명나라의 계승이었기 때문이다. 따라서 중화주의 사상은 만동묘,**

| 만동묘 |
임진왜란 때 조선을 도와
준 명나라 황제 의종과 신
종에게 제사 지내려고 세
운 사당.

대보단 설치, 제향 등에서처럼 청나라 몰래 이루어지거나 예술과 문화 등에서 나타났다.

학문, 문화, 예술은 명이 가졌던 중화주의와는 비슷하면서도 다른 색채를 보여주었다. 학문적인 면에서는 여전히 성리학 일변도였고, 양명학은 이단시되었다. 조선 후기 성리학자들은 인물성인성(사람의 본성)과 물성(물질의 본성)이 같은지 다른지에 대해 논의한 이론에 대한 논쟁을 벌이면서 변화를 추구하기 시작했다. 성리학에서는 하늘과 연결되는 인간의 본성을 본연지성本然之性인 이理와 기질지성氣質之性인 기氣로 나누었다. 하늘과 인간의 관계가 그렇다면 인간과 동식물의 관계는 어떠한지에 대해 논쟁이 시작된 것이다. 본연지성을 강조하는 측에서는 주로 인물성은 같다는 인물성동론人物性同論이 많았고, 기질지성을 강조하는 측에서는 인물성이론人物性異論이 많았다.

이러한 논쟁은 송시열과 그 문하생 권상하 등의 문인들 사이에 있었는데, 인물성동론은 이간李柬이 주도하여 낙론洛論을 형성하고, 인물성이론은 한원진韓元震이 주도하면서 호론湖論을 형성했다. 이러한 인물성동이론을 중심으로 한 호락논쟁湖洛論爭은 청나라를 어떻게 인정할 것이냐의 문제와 연결되면서 조선 성리학의 새로운 지평을 열었다.

서화 부분에서는 조선중화주의가 두드러지게 나타났다. 겸재謙齋 정선鄭敾은 전국 명승지들을 여행하면서 정경을 사생寫生하고, 이를 통해 마음이나 이상적 정경 등을 그림으로 표현하는 비현실적 회화를 극복했다. 바로 진경산수화眞景山水畵라고 하는 새로운 화풍을 선보인 것이다. 표암豹菴 강세황姜世晃은 중국 남종문인화풍을 받아들이면서도 겸재가 보여주었던 진경산수화를 등한시하지 않았다. 추사 김정희는 불후의 걸작인 〈세한도〉를 남겼는데, 그것은 선비의 꺾이지 않는 고절한 정신을 담았다. 게다가 김정희는 중국 서예를 극복하면서 자기만의 색채가 있는 추사체를 완성했다.

광해군 대를 거치면서 정통 성리학과는 다른 학문적 분위기가 형성되었다.

겸재 정선의 〈금강전도〉　1984년 8월 6일 국보 제217호로 지정되었다. 서울시 리움미술관에 있다.

이수광, 최명길, 장유, 유몽인, 허균, 신흠, 한백겸 등은 창덕궁 곁의 침류대에서 문학과 경학 연구 등에 대한 새로운 체계를 세우기 위해 날을 밝혔다. 훗날 이 학자들은 침류대학사枕流臺學士로 불린다. 허균이 《홍길동전》을 쓴 것이나 이수광이 《지봉유설》을 저술한 것, 한백겸의 독자적 육경 해석, 유몽인의 유통경제 활성화 노력 등은 우연히 이루어진 것이 아니다. 성호星湖 이익李瀷도 《성호사설》을 써서 육경 고학과 한당 유학 등에 바탕한 중농적 개혁사상을 주장하여 자영농 육성과 농촌사회의 재건을 꾀했다.

새로운 사회 변화의 분위기는 서민 문학과 회화를 발달시키는 계기가 되었다. 도화서 화원 단원檀園 김홍도金弘道와 혜원蕙園 신윤복申潤福은 진경산수화 화풍을 이어 궁중 의례 관련 기록화와 부녀자들과 서민들의 삶이 그대로 옮겨진 풍속화 등을 많이 그렸다.

문학은 양반 사회의 허구성과 그들의 권위주의적·도덕적 윤리관을 비판하고 서얼 차별 대우에 반발하는 주제들이 많은 것이 특징이었다. 허균의 《홍길동전》, 작자 미상의 《춘향전》, 박지원의 《양반전》과 《호질》 등이 그러했다. 한편으로 이상 사회를 구현하려는 노력도 있었는데, 김만중의 《구운몽》과 박지원의 《허생전》 등이 대표적이다.

19세기에 유행한 평민 문학, 판소리·잡가·가면극·국문소설 등도 주목된다. 판소리 사설로 유명했던 것은 〈춘향가〉·〈적벽가〉·〈심청가〉·〈흥부가〉·〈가루지기타령〉이 있었으며, 잡가는 〈새타령〉·〈육자배기〉·〈사랑가〉·〈수심가〉 등이 유행했는데 해학과 풍자가 뛰어났다. 양반 사회를 해학적으로 풍자하는 것이 중심이었던 가면극, 즉 안동의 하회 탈춤이나 양주의 별산대 놀이 등에서는 양반 사회에 대한 서민들의 반감과 그 아픔을 해소하려는 노력을 읽을 수 있다. 국문소설 역시 이와 같은 정서에 바탕했는데 아녀자들의 불교적 인생관과 일부다처 생활을 다룬 《옥루몽》, 여색에 유혹당하는 양반층의 위선을 다룬 《배비장전》 등이 유명했다.

신흥 부자들의 출현

경제 면에서는 전국적으로 대동법이 실시되면서 등장한 공인貢人이 상업 자본에서 산업 자본가로 성장의 발판을 마련했다. 또 청나라와 일본과의 국제 무역을 통하여 엄청난 부를 축적하는 이들도 생겼다. 숙종, 영조 대를 거치면서 조선의 상류사회가 화려하고 비싼 물품을 선호하고 사치품 구매력이 높아졌다는 점도 한몫했다.

이러한 변화는 농업 부분에서도 충격적인 변화를 가져왔다. 상품 화폐 작물의 재배가 늘어나고, 농사의 다각화를 통해 농업 생산력을 높이려 하거나 더 넓은 토지 경작을 통해 부를 확대하려는 시도가 이루어진 것이다. 조정에서는 상품 유통경제의 활성화를 위해 시전 상인들에게 주었던 '금난전권'에 대한 개혁을 추진했다. 1791년(정조 15년) 정조는 남인계 재상 채제공의 주장대로 금난전권을 금지시키는 신해통공辛亥通公 조치를 발표했다. 정조는 장기 집권한 노론계가 시전 상인들과 연결된 것을 보고 그 자금줄을 압박하는 한편 신흥 상인 자본의 요구를 수용한 것이다. 영정조 대에 들어오면서 서얼들이 청요직"에 임명될 수

▌ 금난전권禁亂廛權 ▌
국가가 인정한 시전 상인에 대해 그들의 물품 매매 전권을 보장하고 다른 상인들의 상행위를 금지할 수 있는 권한을 부여한 것.

▌ 청요직淸要職 ▌
청환(淸宦, 규장각·홍문관 등의 벼슬)과 대관·간관을 뜻하는 말. 청환은 규장각, 홍문관 대관은 사헌부 벼슬, 간관은 임금과 관료들의 잘못을 감찰하는 벼슬을 말한다.

있도록 하는 통청운동通淸運動도 성공을 거둔다.

조정에서는 전란, 기근, 축성 등으로 인한 재정 부족을 메우기 위해 수시로 납속첩"을 발행했다. 새로운 신분층으로 들어가기 위해 노력한 평민 부유층들은 이것을 이용하여 돈과 곡물을 내고 양인의 신분으로 바꾸거나 역役 동원을 피해갔다.

실학의 대두와 전제 개혁

이처럼 변화된 사회 분위기를 왕조의 변화 방향과 연결하려는 시도도 늘어나기 시작했다. 바로 실학의 대두였다. 육경에 대해 더욱 근본적 연구를 시도하면서 주자의 해석을 따르지 않고 독자적 시각을 전개해나갔다. 사상의 개방을 모색한 것이다. 실학의 학문 방법으로는 광범위한 문제의식을 갖고 정치, 경제, 산업, 문화 등 전반에 걸친 백과사전적 정리라 할 수 있는 '박학博學'을 택했다.

18세기는 그야말로 청나라의 전성기였다. 성조 강희제와 세종 옹정제, 고종 건륭제까지 3대는 세계의 중심이라 자처할 만큼의 문화와 군사력을 자랑했다. 조선에서도 북학청나라의 문물을 배우자는 학파가 생겨났다. 서자 출신인 초정楚亭 박제가朴齊家는 《북학의北學議》에서 상공업, 통상 무역 육성, 신분차별의 혁파, 배와 수레를 이용한 유통 장려 등을 주장했다. 이덕무 역시 그의 저서인 《청장관전서》에서 청의 수도 연경을 다녀오면서 보고 들은 문물을 정리했으며, 이와 함께 병법·방언·풍속·지리 등에 관한 것까지도 폭넓게 저술했다.

이러한 실학적 분위기 속에서 당연히 주목될 수밖에 없었던 것이 바로 농업이었다. 농업 분야와 관련해서는 두 가지 방향으로 발전을 이루었다. 농서 편찬을 통한 농업 기술의 소개와 전제田制 개혁을 통한 농민층의 안정적 생산을 실현하는 것이었다.

효종 때 이지당二知堂 신속申洬은 이러한 농업 현실의 변화를 고려하여 《농가집성》을 저술했다. 신속의 농서 편찬 노력은 이후 실학 가운데 중농적 학문 분위기가 고양되면서 확대되었다. 서계西溪 박세당朴世堂은 《색경》을, 유암流巖 홍만선洪萬選은 《산림경제》를 펴냈다. 《산림경제》는 후에 유중림柳重臨이 증보하여 《증보산림경제》로 편찬했다. 한편 정조 때에 이르러서는 왕명에 의해 대대적인 농서 편찬 작업이 전개되었다. 1799년(정조 16년) 정조는 흉년으로 인한 기근 타파 등 농업 문제의 타개책을 백성들에게 구하는 권농정구농서勸農政求農書 윤음(임금이 신하와 백성에게 내리는 말로 오늘날의 법령과 같은 위력이 있다)을 내렸고, 이에 응하여 지방관과 지방 지식인들이 농서를 올렸다.

전제 개혁론은 빈농으로 전락한 소농민을 구제하고 불법적으로 자행된 과도한 수탈로 인한 대토지·대농장 경영의 폐해를 개혁하는 한편, 적절한 토지 분배와 운영 방법을 시도하기 위해 제시되었다. 따라서 전제 개혁론의 대부분의 내용은 토지 분배와 토지 소유를 제한하는 데 초점이 맞춰져 있었다. 반계磻溪 유형원柳馨遠은 《반계수록》에서 경작자만이 밭을 소유해야 한다는 '경자유전耕者有田'에 따른 균전론均田論을 주장했고, 성호 이익은 개인이 과도하게 토지를 소유하는 것을 제한하기 위해 국가가 절대적 처분권을 행사해야 한다면서 토지 소유 제한론이라 할 수 있는 '한전론限田論'을 주장했다. 다산茶山 정약용丁若鏞은 《경세유표》를 통해 일정 단위의 토지를 균등 분배하는 정신을 살린 정전론井田論과 이를 발전시켜 균등 분배와 균일한 소득을 보장하는 여전론閭田論을 내세웠다.

정약용은 실학이 제기한 많은 문제를 종합하여 1표表 2서書, 즉 《경세유표)·《목민심서》·《흠흠신서》 등을 통해 지배층의 반성과 혁신을 지적했다. 학문은 현실 사회에 도움을 주어야 한다는 경세치용經世致用과 기구를 편리하게 사용하고 의식衣食을 넉넉하게 하여 백성의 생활을 윤택하게 하는 이용후생利用厚生, 사실에 토대하여 진리를 탐구하는 실사구시實事求是를 꾀한 것이다. 정약용의 개혁 정신과 구체적 방안은 높이 평가받을 만한 것이었지만 그가 집권 세력에 속해 있었으므로 개혁을 주도할 처지가 아니었다는 점, 그의 개혁을 높이 산 정조가 훙서한 점 등으로 한계가 있었다.

당쟁과 여인 천하

연잉군의 즉위와 노론의 장악

우여곡절 끝에 왕위에 오른 경종의 즉위는 연산군의 즉위 정황과 유사한 면이 있다. 생모가 정치 세력에 의해 사사당했다는 점, 자신의 지위가 서인들에 의해 흔들렸다는 점을 들 수 있다. 경종은 즉위 후 주도적으로 왕권을 운영하려 했으나 몸이 허약했다. 심지어 아버지 숙종까지도 그의 '다병무자多病無子'를 걱정했다. 그의 즉위 때부터 서인 노론 세력들은 대비 인원왕후숙종의 둘째 계비 김씨를 움직여 경종의 이복동생인 연잉군영조을 세제로 책봉하려 했다. 연잉군이 효종·현종·숙종 삼대에 걸쳐 있는 유일한 혈맥이라는 점을 내세웠다. 마침내 경종 원년 영의정 김창집, 좌의정 이건명, 영중추부사 이이명, 판중추부사 조태채 등 노론 4대신이 주도하고 대비전의 언간한글로 쓴 편지으로 연잉군의 세제왕위

영조

^{를 물려받을 왕의 아우} 책봉이 성사되었다.

그런데 노론 측이 한술 더 떠 세제 대리청정을 요구하고, 경종의 선양까지 요구하여 문제가 되었다. 노론의 의도에 발끈한 소론은 1722년^(경종 2년) 경종 암살을 시도했다는 목호룡의 고변 사건을 계기로 노론에 대한 대대적 반격에 나섰다. 노론 4대신은 숙청당하고 100여 명에 이르는 노론 인사들이 유배되었으며, 심지어는 세제인 연잉군조차 옥사[◆]에 연루되어 폐출될 뻔했다. 이 사건이 신임옥사^{辛壬獄事}이다. 경종은 연잉군을 폐세제하고 폐출하는 것에 대해서는 반대하여 왕실을 보호했다. 결국 갑작스런 경종의 승하 후 세제는 왕위에 올랐다.

| 옥사獄事 |
반역, 살인 따위의 중차대한 범죄를 다스리거나 혹은 그런 사건.

영조는 왕위에 올라 군주로서 자격을 갖추기 위해 노력했다. 붕당 세력들의 당파적 이익에 휘둘리지 않는 현명함과 정치를 주도할 만한 강한 정치적 리더십과 결단력 등이 필요했다. 그렇지만 영조에게는 끊임없이 따라다니는 굴레가 있었다. 영조의 모친은 숙빈 최씨는 무수리 출신이자 인경왕후^{숙종의 첫 번째 비} 김씨 집안 사람으로 알려져 있으며, 노론계의 후원으로 숙종의 총애를 받아 영조를 낳았다. 또한 세제로 책봉되고 국왕의 자리에 오르기까지 노론계의 지지를 받아야 했다.

정조의 비극

영조는 이 와중에도 국왕으로서 왕권을 강화하기 위해 노력했다. 1724년 ^(즉위 원년) 정월 3일 영조는 붕당의 폐해가 극심함을 논하면서 탕평책이 필요함을 역설하는 전교를 내렸다. 하지만 그를 둘러싼 정치적 배경으로 인해 많은 풍파를 겪어야 했다. 1728년^(영조 4년) 밀풍군을 추대하려는 이인좌^{李麟佐}

의 난을 겪어야 했고, 노론_{사도세자에 대한 처분을 놓고 노론은 강경파와 동정파로 나뉜다. 강경파는 벽파로, 동정파는 시파를 형성한다}과 정순왕후*의 계책으로 1762년_(영조 38년)에는 아들 사도세자의 비극적 죽음을 지켜봐야 했다. 사도세자의 아들을 세손으로 책봉해야 했으며, 세손 역시 안전을 보장할 수 없었다.

영조는 조선왕조사에서 가장 오래 왕위에 있었던 만큼 왕권을 강화할 수 있었다. 여기에는 그가 필사의 노력을 기울여 제거하려던 노론이 있었기 때문에 가능한 일이기도 했다.

정조는 왕위에 올라 영조와는 다른 길을 걷고자 했다. 생부인 사도세자의 죽음은 어린 세손의 눈으로 봤을 때 분명 억울한 것이었다. 그렇다고 그 원한을 풀기 위해 노론 벽파들을 척결할 수는 없었다. 대신 정조는 새로운 개혁 세력을 키우고자 했다. 대표 세력이 초계문신*과 이들로 구성된 규장각신_{奎章閣臣}들이었다. 정조는 즉위 직후 규장각을 세우고 10차례에 걸쳐 37세 이하의 정3품 통훈대부 이하 당하관 중 138명을 선발하여 여기에 근무토록 했다. 그들은 왕의 자문 역할을 하고 왕과 함께 강론하였으며, 서서히 친왕 세력으로 커나갔다.

정조는 세손으로 책봉되면서 영조의 첫째 아들인 10세의 나이에 죽은 효장세자의 후사가 되었다. 말하자면 생부인 사도세자의 혈통이 부인된 것이다. 국왕의 자리에 앉은 정조는 사도세자를

▌정순왕후　　　　　▌
영조는 정비 정성왕후 서씨가 죽은 뒤 66세 때 15세밖에 되지 않은 계비 정순왕후 김씨를 맞이한다. 조선 왕조 사상 초유의 일이었고, 조선 후기 역사에 파란을 일으키는 결과를 낳는다.

▌초계문신_{抄啓文臣}　▌
조선 정조 시대에 초계(인재를 발굴해 임금에게 보고하던 일)를 통해 뽑은 당하관 문신.

성균관대학교 정문 좌측에 세워진 탕평비각

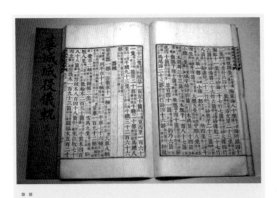

《화성성역의궤》 1794년부터 1796년(정조 18년에서 20년)에 수원에 화성을 축조한 후 화성을 짓게 된 경위와 화성과 관련한 제도 등을 기록한 책. 화성의 축조가 과학적이고 체계적이었다는 것을 증명하는 귀중한 사료다.

다시 세우고자 추존 사업을 추진했다. 즉위년(1776) 3월 사도세자에게 '장헌莊獻'의 존호를 올리는 한편 묘소 수은묘를 한 단계 격상하여 영우원, 사당을 경모궁이라 했다. 그 후 정조는 새로운 정치를 구상하면서 그 첫걸음으로 아버지 장헌세자의 묘소를 수원 화성으로 옮기는 작업을 감행하고 묘소를 다시 현륭원으로 바꿨으며, 본격적으로 화성 행차를 행하게 된다. 더 나아가서는 완전한 정치 세력 교체를 위한 대역사大役事를 시작하는데, 바로 조선왕조의 새로운 수도 화성의 건설이었다.

그러나 정조의 개혁은 오래가지 못했다. 그는 불과 39세의 나이로 갑작스레 승하했다. 너무나 갑작스러웠기에 그의 죽음은 믿어지지 않았고, 여러 가지 정황은 암살을 의심하게 했다. 결국 정조의 개혁 좌절은 집권 세력에 의해 차단당한 것이다. 독보적인 정치 세력이었던 노론의 집권은 새로운 정치 세력을 강제로 만들어낼 수밖에 없었고, 이는 정조 대 이후 조선 왕실을 암흑으로 뒤덮기 시작했다.

여인 천하 시대와 세도정치 개막

정조가 붕어한 뒤 순조는 불과 11세의 나이로 왕위에 올랐다. 어린 순조를 위해 왕실과 조정은 관례적으로 내전의 수렴청정과 원로대신 중심의 원상 제도를 두었다. 대개 수렴청정은 대비전에서 맡게끔 되어 있었다. 정상적인 경우라면 정조의 왕비 효의왕후가 이를 책임져야 했지만 효의왕후는 맡을 수 없었다. 그녀의 위로 사도세자 즉 장조의 비인 혜경궁 헌경왕후 홍씨가 있었고, 또 그 위로 영조의 계비 정순왕후가 있었기 때문이다. 정순왕후는 노론 벽파계였는데, 정조의 조정은 다분히 시파 계열로 형성되어 있었다. 정순왕후는 3년간 섭정하면서 스스로 여주女主임을 칭하였고 국왕과 같은 권력을 가진 대왕대비 전하가 되었다.

1800년(순조 즉위년) 7월 20일, 정순왕후는 대신과 각신을 불러 그들에게 성궁(옥체를 높여 부르는 말), 즉 어린 순조를 보호하고, 영조·정조에게 행하였던 충성의 대의리를 지킬 것을 명했다. 명분은 그러했지만 실제로는 충성 서약이었고 그렇지 않은 자들은 척결하겠다는 공포 정치의 내용을 담고 있었다. 정순왕후는 이른바 조정 대신과 각신들의 충성서약을 받아낸

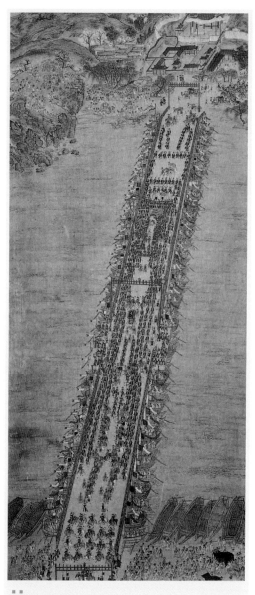

■ ■
화성능행도병 중 제8폭 〈노량주교도섭도〉 서울 한강 노량진을 지나가는 모습을 담았다. 국립중앙박물관에 소장되어 있고, 보물 1430호.

것이었다. 이것은 피의 숙청의 전조였다.

정순왕후와 정조는 뿌리 깊은 악연으로 이어져 있었다. 노론 벽파인 정순왕후의 아버지 김한구金漢耉와 오라버니 김귀주金龜柱는 사도세자의 죽음에 깊이 관여했고, 정조는 벽파의 영수가 된 김귀주를 흑산도에 유배시켰다. 그후 1784년(정조 8년) 나주에 안치되었다가 병사했다. 이 악연 속에 정권을 잡은 정순왕후는 정조가 키운 세력들을 몰아내는 데 혈안이 되어 있었다.

1801년(순조 1년) 정순왕후는 신유박해를 일으켰다. 이때 중국인 신부 주문모周文謨, 조선 최초의 영세자인 이승훈李承薰 베드로, 이가환李家煥, 정약전丁若銓, 은언군(장헌세자의 서자, 철종의 증조부)과 그 부인 송씨와 며느리 신씨 등 왕족까지 포함해 약 300여 명이 신유박해로 죽임을 당했다.

순조는 그 사이 정순왕후의 칼날을 피해 나름의 처신을 했던 김조순의 딸(순원왕후)을 배우자로 맞아들여 효명세자를 두었다. 효명세자는 순조를 대신하여 적극적으로 대리청정을 행하여 19세기 조선 왕실의 중흥을 기대하게 했으나 갑작스레 훙서했다. 세자빈은 풍양 조씨 조만영의 딸(신정왕후)이었다.

어린 세손 헌종은 8세에 왕위에 올랐다. 이때는 순원왕후가 세손을 대신해 수렴청정했다. 헌종뿐만 아니라 철종의 즉위에도 직접 관여하고, 다시 수렴청정을 이어갔다. 2대에 걸친 초유의 수렴청정이 이루어진 것이다. 순원왕후는 안동 김씨의 세상을 이어가기 위해 김조근의 딸(효현왕후)을 헌종의 비로 맞이했다. 그리고 철종의 비는 역시 안동 김씨 김문근의 딸(철인왕후)로 정했다.

1857년(철종 8년) 69세의 나이로 생을 마감한 순원왕후는 조선왕조 역사상 실질적인 여왕이라 할 만할 권력을 지녔던 만큼 국왕과 대신들은 그녀를 위해 최고의 찬사와 존호를 올렸다. 문인文仁·광성光聖·융희隆禧·정렬正烈·선휘宣

徵 · 영덕英德, 자헌慈獻 · 현륜顯倫 · 홍화洪化 · 신운神運 등이 그것이다.

한편 철종은 철인왕후와의 사이에서 자녀가 없었고 후궁과의 사이에서도 영혜옹주남편은 근대 개화 사

순조와 순원왕후의 능인 인릉 강남구 내곡동에 태종의 능인 헌릉과 함께 있어 그 묘역 전체를 헌인릉이라고도 부른다.

상기이자, 태극기를 처음으로 도안한 인물로 알려진 박영효다만을 두었다. 따라서 그의 죽음이 가까워오자 당황한 왕실은 즉시 왕실과 가까운 핏줄을 찾기 시작했다. 이때 결정적 역할을 한 사람이 익종의 비인 신정왕후 조씨였다. 신정왕후는 안동 김씨의 세도정치를 견제하기 위해 왕족인 흥선대원군을 이용하는데, 12세인 그의 둘째 아들고종을 후사로 지목한다. 그녀는 수렴청정하면서 자신의 권력 기반을 흥선대원군과 같이 나누었다. 이는 흥선대원군의 집정執政을 허락한 것이다.

결국 19세기의 100년 역사는 여인 천하나 다름없었고, 정순왕후, 순원왕후, 신정왕후 등 대왕대비전의 친인척이 수족 역할을 함으로써 세도정치의 폐단은 극에 달했다. 태종 때부터 조선 왕실은 외척의 집권을 매우 금기시했지만 어린 왕의 즉위로 외척의 손을 빌려야 했다. 성종, 명종 대에도 이러한 일이 있었는데 왕실의 권위 안정을 위해서 어쩔 수 없는 선택이었다. 그런데 조선 후기로 갈수록 4대에 걸쳐, 즉 순조, 헌종, 철종, 고종 등이 어린 나이에 왕위에 올랐다. 왕조 사회의 구조적 모순이라고 할 수밖에 없는 악순환이었던 것이다.

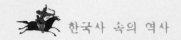

조선의 왕조문화가 세계문화유산으로 주목받다

　세계문화유산이란 유네스코가 세계 곳곳에 있는 문화유산의 파괴·도난·훼손 등으로부터 문화유산을 보호하자는 국제적 합의에 따라 엄격한 심의를 거쳐 지정된 것이다. 그 기준은 독특한 예술적 혹은 미적인 걸작품, 지극히 희귀하거나 혹은 아주 오래되고 인류사의 주요 발전 단계를 보여주는 아주 중요한 사례와 특별한 자연미와 심미적 중요성을 지닌 빼어난 자연 현상이나 지역으로 규정했다. 이러한 기준에 따라 정해진 한국의 세계문화유산은 총 18점으로 문화(8점)·기록(6점)·무형(3점)·자연(1점)이 있다.

　현재 조선왕조 문화와 관련된 세계문화유산은 다음과 같다. 문화유산에는 종묘·창덕궁·수원 화성·조선 왕릉이 있고, 기록유산에는 《훈민정음》·《조선왕조실록》·《승정원일기》·《조선왕조의궤》가 있고, 무형유산에는 종묘제례·종묘제례악·판소리·강릉단오제 등이 있다.

　세계인이 한 왕조가 남긴 역사문화유산에 찬사를 보낸 결과다. 그런데 왜 조선왕조의 문화가 주목받을까?

조선왕조(1392~1907)와 대한제국(1897. 10~1910. 8)은 이씨 왕조가 지배했던 시기다. 조선왕조는 유교와 성리학적 통치 이념을 내세워 유지해왔고, 대한제국은 황제권을 중심으로 근대화 개혁을 추진하여 부국강병을 이룩하려고 했던 시기다. 조선왕조와 대한제국은 정치 체제는 다르지만 같은 왕조이므로 하나의 역사적 흐름으로 보기도 한다.

조선왕조를 다스렸던 왕은 모두 27명인데, 폐위된 왕은 노산군(단종)·연산군·광해군 3명이며, 대한제국의 황제는 고종황제와 순종황제다. 500년간의 역사를 이어온 조선왕조를 세계가 주목한 까닭은 무엇일까?

조선왕조는 철저하게 유교와 성리학에 기반을 두고, 세종과 같은 성군(聖君)과 율곡 이이와 같은 현신(賢臣)의 협조로 왕도정치(王道政治)와 백성을 위하는 정치를 실현하려고 했다. 정치 제도적으로 이를 위해 많은 노력을 기울였다. 향교, 사학, 성균관, 서원, 서당 등의 교육기관을 운영하여 인재를 양성했고, 지방 향시와 과거 시험을 통해 관료를 선발했다. 왕은 서연(書筵)과 경연(經筵)을 통해 끊임없이 공부하고, 통치 제도를 체계화했다.

철저하게 사헌부·사간원·홍문관(집현전, 규장각) 등 감찰 기관을 운영하여 관료의 자질을 검증하고 향상시키기 위해 노력했다. 지방에서는 사창(社倉), 향약(鄕約) 등을 설치·운영하고, 지방관은 애민과 풍속 교화 등을 위해 힘썼다.

조선은 화려함은 없으나 자연환경을 이용하여 검박하면서도 위엄이 서린 궁궐을 지어 왕조의 상징으로 삼았다. 북궐로서 경복궁, 동궐로서 창덕궁과 창경궁, 서궐로서 경운궁과 경희궁을 두었다. 의례(儀禮)와 악무(樂舞)를 실시해 왕실의 권위를 세우고, 신하와 백성의 조화·교화를 중요시 여겨 길례(吉禮)·흉례(凶禮)·군례(軍禮)·가례(嘉禮)·빈례(賓禮) 등 오례(五禮)와 사대부 사회의 관혼상제를 실천했다. 이 가운데서도 유교

제례는 특히 중요시되어 왕과 왕후의 위패를 모시는 국가 사당인 종묘를 설치하여 국가의 안녕과 조상을 추모하였고, 사대부들은 성균관과 향교에 공자를 모신 사당을 두었다.

또한 왕과 왕후, 세자와 세자빈, 국왕의 생모 등의 사후 공간인 능陵과 원園을 조성하여 제향을 올렸다.

한편 조선왕조에서는 끊임없이 통치 내용을 기록으로 남겨 후손들에게 모범이 될 수 있도록 했다. 그러기 위해서 역사를 기록·정리하는 사관 제도史官制度를 운영하여 춘추대의春秋大義 대의명분을 밝혀 세우는 의리의 명분을 갖고 역사를 올바르게 직필直筆할 수 있도록 보장했다. 이러한 제도로 왕실의 비서기관이라 할 수 있는 승정원이나 비변사 등 각 관청에서는 상세한 기록을 남기고 관리하였으며, 각종 의례 행사의 진행 기록이 의궤儀軌의 형태로 남겨졌다. 나아가 백성들을 위한 문자를 창제하고, 그것의 사용이 확대될 수 있도록 끊임없이 노력했다. 바로 '훈민정음' 한글의 창제였다.

조선왕조는 임진왜란, 정유재란, 병자호란과 청일전쟁을 거쳤고, 한국 근현대사는 일제강점기와 한국전쟁이라는 암흑기를 경험해야 했다. 이 과정에서 무수한 역사문화유산이 파괴되고 불법으로 유출되었다.

이런 악재가 있었지만 현재 18점에 이르는 세계문화유산을 보유한 문화 국가의 반열에 우뚝 섰다. 더구나 이 가운데 9점에 이르는 조선왕조의 유물이 세계문화유산으로 지정되었다.

구 분	유 산 명 칭
세계문화유산	석굴암·불국사(1995. 12), 해인사 장경판전(1995. 12), 종묘(1995. 12), 창덕궁(1997. 12), 수원화성(1997. 12), 경주 역사 유적지구(2000. 12), 고인돌 유적(2000. 12), 조선 왕릉(2009. 7)
기록유산	《훈민정음》(1997. 10), 《조선왕조실록》(1997. 10), 《직지심체요절》(2001. 9), 《승정원일기》(1997. 9), 《조선왕조의궤》(2007. 6), 해인사 《대장경판》과 제경판》(1995. 12)
무형유산	종묘제례·종묘제례악(2001. 5), 판소리(2003. 11), 강릉단오제(2005. 11)
자연유산	제주 화산섬과 용암 동굴(2007년 6월)

5부

대한제국과 일제강점기

◎ 일제강점기 주요 사건

연도	사건
1910년	일제의 국권 강탈
1911년	안명근 데라우치 마사타케(寺內正毅) 총독 암살 실패. 신민회 해체. 105인 사건
1913년	안창호 흥사단 조직
1914년	대한 광복군 정부 수립
1915년	대한광복회 결성
1918년	대한독립선언서 발표
1919년	2·8독립선언. 3·1운동. 상해에서 대한민국 임시정부 수립. 의열단 조직
1920년	청산리 전투
1923년	상해에서 국민대표회의 개최. 조선물산장려회 창립
1926년	6·10만세운동
1927년	신간회 조직
1928년	한글날 제정
1929년	광주 학생 항일 운동
1931년	한인애국단 조직. 만주 사변
1932년	이봉창, 윤봉길 의거
1934년	조선 농지령 공포
1935년	민족혁명당 결성
1936년	베를린올림픽에서 손기정 선수 마라톤 우승
1938년	한글 교육 금지
1940년	민족 말살 정책 강화, 창씨개명 실시. 한국 광복군 결성
1942년	조선어학회 사건
1945년	8·15해방

쇄국과 개항, 그 갈림길

서학과 천주교 박해

조선왕조가 서양 문물과 서양 신부 등을 본격적으로 접하기 시작한 것은 17세기 무렵부터였다. 서양에서 정리된 역법과 지리, 수학과 과학, 천주교 예수회 등은 이미 명나라 때부터 중국에 들어와 있었다. 청나라가 들어선 후부터 예수회 신부들은 역법 계산 능력 등을 바탕으로 청 황실에서 인정받았고, 서서히 교세를 넓히고자 했다. 자연히 그들은 인근 조선에도 관심을 가지게 되었다.

서양 문물과 천주교는 지배층에서부터 수용되었고, 이들에 대한 학문적 호기심도 높아졌다. 천주교에 대한 호기심은 '천학天學'이라는 하나의 학문으로 자리잡아갔다. 지봉 이수광, 성호 이익, 순암 안정복 등은 자신들의 학문을 천학이라 하면서 배울 만한 것은 살펴보고 배울 필요가 있다고 보았다.

천학 혹은 양학洋學, 서양학西洋學, 서학西學 등으로도 불린 서양의 학문과 종교는 호기심을 바탕으로 실용적 관점에서 수용되었다. 조선 사회는 서학이 가지고 있는 수신修身의 방법과 역법과 과학 등은 학문적으로 충분히 받아들일 수 있었으나, 서학이 종교적 차원에서 확대되기 시작하자 강력한 제재를 가했다.

1788년(정조 12년) 춘당대도기시春塘臺到記試"에서 진사 홍낙안共樂安이 올린 대책" 글에 천주교의 선교가 상당히 퍼졌음이 언급되었다. 정조는 이에 대해 경계하면서 오직 정학正學을 더욱 밝히는 것이 중요하며, 그러면 사학邪學은 저절로 줄어들 것이라고 밝혔다. 그러나 이러한 온건한 입장은 천주교도들이 전면적으로 전통적인 제례를 부정하기 시작하자 달라질 수밖에 없었다. 1791년(정조 15년) 전라도 진산군에 살던 윤지충과 그의 이종사촌 권상연은 윤지충의 모친상을 치를 때 위패를 불사르고 천주교 예식으로 제례를 지냈다. 훗날 이 사건을 계기로 우리나라 최초의 가톨릭교 박해 사건인 신해박해(1791)가 시작되었다.

학문적 호기심 차원에서 받아들이기 시작한 서학이었지만, 천주교가 가지고 있는 평등, 박애, 사랑이라는 정신 때문에 신분·여성 차별 등의 시대 속에 살아가고 있던 소외된 계층에서 적극 받아들였다. 물론 19세기에는 조정의 강력한 탄압과 박해로 서울과 서해안 일대를 중심으로 소개되고 포교가 이루어졌으나, 점차 서양 문명의 힘이 천주교 혹은 기독교라는 인식이 확산되면서는 달라졌다. 그러나 조선에서의 천주교 박해와 서양의 군사력을 앞세운 청에 대한 압박이 조선을 위협하면서 조선 조정은 서양에 대한 대책을 마련해야 했다. 이는 곧 조선왕조의 운명과 직결된 것이었다.

이양선의 출몰과 흥선대원군의 쇄국 정책

19세기 중엽까지만 하더라도 조선왕조는 직접적으로 서양 함대와 마주칠 일이 없었다. 조난당한 네덜란드 인을 만나거나 중국을 통해 서양의 문물과 천주교 서적을 수입하거나 혹은 몰래 입국하는 천주교 신부들을 만나는 정도에 불과했다. 그러나 19세기 중엽을 전후해서 근대 산업화에 성공한 서양 제국주의 세력들은 더욱 서세동점"을 강화했다. 영국, 프랑스, 네덜란드 등이 무역을 요구하기 위해 태평양으로 진출하기 시작했고, 더불어 조선과의 만남이 본격화되었다.

▌ **서세동점**西勢東漸 ▌
서양 세력이 점점 세력을 동쪽으로 옮긴다는 뜻.

순조 이후로 간혹 서양 선박이 조선에 표류하여 정박하기도 했다는 기록이 있다. 순조 16년⁽¹⁸¹⁶⁾ 영국 배가 호서[해서, 충청도] 비인현 마량진 갈관 하류에 정박했고, 순조 32년⁽¹⁸³²⁾에도 외양선外洋船이 표류하다가 호서 홍주 고대도에 정박했는데, 스스로 대영국大英國의 배라고 밝혔다. 이때 이들은 공식적으로 조선 조정에 무역을 요구했다. 1840년⁽헌종 6년⁾에 외양선이 제주도에 정박했고, 1845년⁽헌종 11년⁾에도 네덜란드 배가 정박했다. 이듬해에는 프랑스 수군 제독의 배가 호서 홍주 외연도에 정박하여, 조선에서 프랑스 신부 3명을 죽인 사건을 힐문詰問하고 국서 한 통을 전한 뒤에 돌아갔다. 이후 철종·고종 대를 거치면서 이양선은 지속적으로 출몰하여 조선 조정에 통상을 요구했다.

이양선의 출몰이 이어지자, 조선은 청나라의

▪▪
1862~1863년 청나라를 방문한 조선외교사절단

1871년 흥선대원군이 세운 척화비

움직임을 주시하기 시작했다. 당시 조선은 청의
번방藩邦이므로 교린을 마음대로 할 수 없었기 때
문이다. 1832년 7월 청에 보낸 자문 내용에 이와
같은 사실이 고스란히 드러나 있다. 그러므로 조
선은 청나라 내부 사정을 어떻게든 알아야 했던
것이다. 1840년(헌종 6년) 3월 청에 갔다가 돌아온
서장관 이정리李正履가 헌종에게 아편전쟁 바로 직
전의 상황을 보고한 것으로 이를 추측할 수 있다.

조선왕조가 영국, 프랑스, 네덜란드, 미국, 러
시아 등의 통상 요구에 응하지 않았던 데에는 여
러 가지 배경이 있었다. 청나라가 양이洋夷 서양 사람
을 낮추는 말에게 문호를 열었기 때문에 통상 압박이
시작되었다는 원망, 천주교라는 사교 확산에 대
한 우려, 청나라의 교린 허가가 없었던 상황, 양
이를 오랑캐로 인식한 데 따른 거부감 등이었다. 그러나 서양의
이양선은 지속적으로 조선에 개항과 통상을 요구해왔다. 따라
서 서양과 조선은 충돌 일보직전이었다.

1871년(고종 8년) 4월 25일, 강화도에서 양요가 계속되는 가운
데 흥선대원군은 "이 오랑캐들이 화친하려고 하는 것이 무슨 일
인지는 알 수 없으나, 수천 년 동안 예의의 나라로 이름난 우리
가 어찌 금수 같은 놈들과 화친할 수 있단 말인가? 설사 몇 해가
지나게 될지라도 단연 거절하고야 말 것이다. 만일 화친하자고
말하는 자가 있으면 나라를 팔아먹은 율律을 시행하라" 하고, 종
로와 각도의 도회지에 척화비를 세우게 했다. 12자로 된 비문

내용은 다음과 같다. "오랑캐들이 침범하니 싸우지 않으면 화친하는 것이요, 화친을 주장하는 것은 나라를 팔아먹는 것이다洋夷侵犯 非戰則和 主和賣國." 이로써 조선은 위정척사를 위한 쇄국정책을 공식적으로 선포했다.

▌위정척사衛正斥邪 ▌
조선 말기에 성리학을 굳건히 지키고 천주교를 배척하기 위해 나온 주장. 점차 외국 세력 배척, 통상 반대 운동으로 번졌다.

개항의 물꼬를 튼 운요호 사건

1871년 4월에 내려진 대원군 정권의 양이에 대한 척화 윤음과 쇄국정책은 그리 오래가지 못했다. 통상 요구 거부를 핵심으로 하는 쇄국정책은 대원군이 주도했는데, 이를 반대로 말하면 대원군의 집권이 저지되면 쇄국정책 역시 달라질 수도 있다는 말이다. 대원군 집권 10년간은 안동 김씨 세력의 척결, 서원 철폐, 경복궁 복원, 해방海防을 통한 강력한 쇄국정책 등이 추진되었고 가시적 성과를 얻었다.

대원군은 어린 왕을 도와 섭정을 한 것이지 결코 왕은 아니었다. 전례대로라면 왕이 성인이 되면 대왕대비전의 수렴청정을 거두고 국왕 친정 체제로 전환되어야 했다. 대원군 역시 이러한 전례를 따라야 했으나 대원군은 소위 평화적 정권 이양을 하지 못했다. 몇 가지 이유가 있었는데, 첫째 국왕의 나이 20세가 안 되었다는 점, 둘째 서원 철폐령에 대한 지방 유림들의 반발, 셋째 중국에서 일어난 서양 문물을 받아들여 부국강병을 꾀하자는 중체서용中體西用, 양무운동洋務運動의 전개에 따른 개화파 세력의 득세, 넷째 대원군 정권의 핵심 정책인 쇄국정책의 유지 강화 등이었다. 대원군은 시대의 변화를 감안하고 흐름을 받아들여야 했으나, 고전적 봉건 질서와 존왕주의尊王主義를 강화하려고 했다.

면암 최익현 "내 머리를 자를 지언정 내 머리카락은 자를 순 없다"며 단발령에 반대한 구한 말의 문신. 을사조약에 반대하며 의병을 일으켜 활동하다가 쓰시마 섬으로 유배당했다.

고종과 명성황후는 대원군 정권에 대항할 만한 견제 세력을 양성했다. 지금까지 그러했던 것처럼 그 방법은 민태호 등 외척 세력의 등용이었다. 한편으로는 박규수朴珪壽·오경석吳慶錫·이유원李裕元 등과 여기에 김옥균金玉均·김홍집金弘集·서광범徐光範 등의 소장파들이 가세하기 시작한 개화 세력도 있었다.

고종과 명성황후는 세력 양성을 통해 대원군을 압박하는 데 성공했지만, 실제로 대원군의 하야를 불러온 것은 최익현崔益鉉 등 유림 세력이었다. 최익현은 대원군을 공격하는 가장 날카로운 창이었다. 그는 대원군의 서원 철폐 정책과 실정 등을 거론하고 국왕의 친정을 요구하면서 노골적으로 대원군의 퇴각을 주장했다. 결국 1873년(고종 10년) 11월 대원군은 정권을 이양하고 물러났다.

대원군의 퇴진 후 조정은 명성황후 민씨의 척족이 실권을 장악하고, 이유원·박규수 등의 통상 개화 세력과 유림 세력이 공존하는 형상이었다. 이때 일본이 조선에 접근해왔다. 일본은 1868년 9월 메이지유신으로 근대화를 본격적으로 추진했다. 그들은 서양이 중국이나 자신들을 개항시킨 방법으로 조선을 개항하고자 했다. 한 술 더 떠 그들은 팽배해가는 일본의 힘을 조선에 집중하여 식민지화하려는 '정한론征韓論'을 주장했다.

1875년(고종 12년) 흑함이라 불리는 군함 운요호雲揚號가 강화도 초지진으로 접근했다. 일본이 자랑하는 운요호는 영국에서 수입한 근대식 군함이었다. 일본은 해안 탐사 등을 이유로 강화도에 허가 없이 들어와 조선을 자극했다. 조선은 일본의 예상대로 공격하였고, 운요호 측은 기다렸다는 듯이 함포사격을 가했다. 일본이 쳐놓은 덫에 걸려든 것이다. 이 사건으로 조선은 큰 피

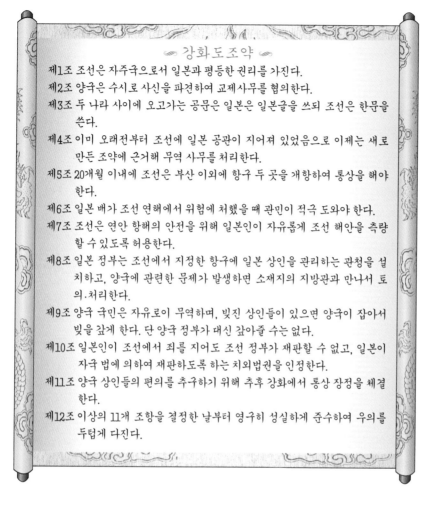

강화도조약

제1조 조선은 자주국으로서 일본과 평등한 권리를 가진다.

제2조 양국은 수시로 사신을 파견하여 교제사무를 협의한다.

제3조 두 나라 사이에 오고가는 공문은 일본은 일본글을 쓰되 조선은 한문을 쓴다.

제4조 이미 오래전부터 조선에 일본 공관이 지어져 있었음으로 이제는 새로 만든 조약에 근거해 무역 사무를 처리한다.

제5조 20개월 이내에 조선은 부산 이외에 항구 두 곳을 개항하여 통상을 해야 한다.

제6조 일본 배가 조선 연해에서 위험에 처했을 때 관민이 적극 도와야 한다.

제7조 조선은 연안 항해의 안전을 위해 일본인이 자유롭게 조선 해안을 측량할 수 있도록 허용한다.

제8조 일본 정부는 조선에서 지정한 항구에 일본 상인을 관리하는 관청을 설치하고, 양국에 관련한 문제가 발생하면 소재지의 지방관과 만나서 토의 · 처리한다.

제9조 양국 국민은 자유로이 무역하며, 빚진 상인들이 있으면 양국이 잡아서 빚을 갚게 한다. 단 양국 정부가 대신 갚아줄 수는 없다.

제10조 일본인이 조선에서 죄를 지어도 조선 정부가 재판할 수 없고, 일본이 자국 법에 의하여 재판하도록 하는 치외법권을 인정한다.

제11조 양국 상인들의 편의를 추구하기 위해 추후 강화에서 통상 장정을 체결한다.

제12조 이상의 11개 조항을 결정한 날부터 영구히 성실하게 준수하여 우의를 두텁게 다진다.

해를 입고, 일본군은 영종도에 상륙했다. 일본은 이 사건을 확대하여 일본 내 반한 감정을 고취시키는 한편 대규모 군함과 군대 파견을 준비했다.

일본은 준비된 각본대로 조선에 통상을 요구하고, 조선의 통상 개화 세력들은 이를 받아들이라고 고종에게 상언한다. 1876년^(고종 13년) 양측은 통상조약을 맺었다.

조선은 청의 통제를 받지 않는 자주적 입장에서 강화도조약을 맺고 일본과 통상을 개시했다. 이는 조선왕조가 유지해왔던 교린정책의 연장선상에 있는 것이었다. 물론 사대 관계에 있던 청의 간섭을 받지 않는다는 것은 근대적 자주국가로 성장하는 데 필수적인 것이었으므로 박규수나 이유원 등은 이를 염두에 두고 통상을 주장한 것이었다. 따라서 차후의 서양 열강과의 통상에서도 이러한 입장을 고수하면서 통상을 맺는다는 원칙을 세우게 되었다.

그러나 이러한 원칙에 입각한 개항과 개화의 시도는 조정 내의 대원군 세력과 명성황후 세력의 충돌, 동학농민전쟁, 조선에 대한 지배권을 확립하려는 일본과 청나라의 충돌로 이어지면서 좌절을 겪게 된다.

조선왕조는 전통적 유교 질서에 입각한 봉건 체제의 고수를 선언하고, 서학을 상징하는 천주교 박해를 통해 변화를 거부했다. 이러한 처사는 조선왕조의 말로를 예고한 것이나 마찬가지였다.

대원군의 개혁 정책은 위정척사에 입각한 쇄국정책으로 일관된 것이었고, 그의 정권 운영 방식은 고종과 명성황후, 지방 유림의 반발을 가져오는 등 분열을 가속화시켰다. 따라서 조선왕조는 통상 요구가 갖는 역사적 의미와 그 대응 방안을 제대로 마련하지 못했다. 준비 없이 서구 열강과 일본에 개항하고, 개항 후 조선 조정에 불어닥친 내분은 조선왕조의 자주적 입장을 약화시키는 결과를 가져왔다.

민중 봉기와 동학농민전쟁

삼정의 문란

조선 후기 사회 동요의 원인 중 첫째로 꼽는 것이 바로 삼정 즉 전정田政·
군정軍政·환정還政의 문란이다. 조선왕조에서 부세 수취 제도는 여러 차례 변
화한다. 중요한 원칙은 과도한 징수를 피하면서, 현실을 고려한
공정한 과세 수취였다. 이를 위해 세종 대에는 공법"을 시행했
다. 율곡 이이는 대공수미법"을 통해 나름의 해결책을 제시하려
했다. 대공수미법이 정비되어 정착된 것이 대동법인데, 대동법
시행으로 지역 특산물로 공물을 받는 대신 대동미로 결당 미곡
12두를 받았다. 이로 인해 특허 상인인 공인貢人은 막대한 부를
쌓았고, 경상도의 삼랑진, 충청도의 강경, 함경도의 원산 등은
상업 도시로 성장하게 되었다.

조선 후기 부세 제도는 전세, 군역, 환곡 등으로 운영되었는
데 그 과정에서 나타난 다양한 문제를 그때그때 해결하는 개혁
방식을 취했다. 개선책을 찾아 공평 과세를 지향하고자 했던 부

┃ 공법貢法 ┃
1444년에 실시한 토지에
대한 세금 제도. 기존 제도
의 손실을 바로잡기 위해
토질에 따라 각 도를 나누
고, 전국을 27종의 전등田
等에 따라 차등 세율로 조
세를 거두었다.

┃ 대공수미법代貢收米法 ┃
선조 때 공납의 폐단을 막
기 위해 이이 등이 건의한
것으로, 공물을 쌀로 통일
하여 납부하게 한 방법. 하
지만 당시에는 시행하지
못하고 훗날 대동법으로
시행되었다.

세 제도는 운영상의 허점을 이용한 지방관과 향리, 그리고 이들과 연결된 세도 정권에 의해 무너지기 시작했다. 세금 액수를 미리 정해놓고 각 지방에 할당하는 전세의 비총제比總制, 군포의 군총제軍總制, 환곡의 환총제還總制 등이 실시되면서 다른 폐단이 생겼다. 결당 20두로 규정된 토지세가 인정미人情米·선가미船價米·낙정미落庭米·민고미民庫米 등이 추가되면서 결당 100두에까지 이르렀다. 군포 역시 정丁당 1필이었으나 총액을 채우고 모리謀利, 부정한 이익를 위해 황구첨정어린아이를 군적에 올리고 군포를 징수, 백골징포죽은 사람에게 군포를 징수, 인징군포를 안 내고 도망간 사람 몫을 이웃에게 징수, 강년채降年債, 군역이 끝난 노인들의 나이를 낮추어 군포를 징수 등이 자행되었다. 환곡 역시 썩거나 불량한 곡식을 주고, 뒷박질을 줄이면서도 회수할 때는 좋은 곡식을 받았으며, 관리들의 장부 조작 등이 숱하게 일어났다.

부세 제도 폐단에 농민들은 적극 대처했다. 군포계, 동포계, 민고계, 민고미 등을 만들어 세금을 공동으로 지불하는 방법을 택한 것이다. 그러나 이역시 한계가 있었으며, 농민층의 불만과 향리 이탈은 늘어만 갔다. 결국 조선 후기 농업기술의 발달과 농업 경영 방식의 변화 등으로 농업 생산력은 늘어났지만, 세도 정권과 지방 행정의 부패는 부의 편중을 가중시켰다. 따라서 고스란히 농민층이 부담을 떠안았고, 수취 구조와 시행 과정상에서 일어나는 문제에 대해 정권 차원의 개혁을 요구하게 되었다.

농민 항쟁의 전개와 지배층의 무능

세도정치의 구조는 기본적으로 특정 계층의 권력 독점을 의미한다. 17세기나 18세기를 거치면서 권력 구조에서 소외된 남인이나 서인의 소론 계층은 지방으로 낙향하여 지방민들의 의식 향상에 동참했다. 향반이나 잔반 등은 양반 신분이었지만 삶은 일반 농민이나 마찬가지였다. 지방 양반들은 권력을 행사하고 참여하는 데 제한·차별을 받았는데, 서북민들이 대표적이었다. 한편으로 상업 활동으로 부를 쌓아 많은 밑천을 가지고 큰 규모로 장사하는 부상대고와 상업적 영농, 경영 다각화, 대농장 경영 등을 통해 부를 쌓은 부농들이 생겨났지만, 19세기 사회는 이러한 사회경제 변동을 정치 구조로 흡수하지 못했다. 따라서 이들의 정치적 욕구는 좌절될 수밖에 없었고 불만은 쌓여갔다.

　조선 후기 사회구조 속에서 소규모 저항은 이미 다양하게 나타나고 있었다. 횃불을 들고 습격을 일삼은 명화적明火賊, 바다와 강 연안에서 약탈을 전개한 수적水賊, 떠돌이 거지들이 모인 유단流團, 방서榜書나 괘서掛書를 걸어 정부와 탐관오리를 비방하는 활동뿐 아니라 납세를 거부하는 항세 운동과 항조 운동*이 빈번히 일어났다.

┃ 항조 운동 ┃
소작인이 소작료를 깎기 위해서 혹은 내지 않기 위해 지주에 대항해 항거한 운동.

　이렇게 잦은 저항이 여러 차례 일어났지만 해결이 되지 않자, 또 다른 형태의 민란이 일어날 수밖에 없었다. 19세기 초반, 마침내 평안도 중심의 서북민들은 지방 차별 철폐를 구호로 내걸고 반란을 일으키기에 이르렀다.

　세도정치 기간이 장기화되자 지방 수령에서부터 조정 대신에 이르기까지 정치권력은 세도 정권에 의해 좌우되었다. 벼슬자리를 구하고 승진하기 위해서는 그들과 연이 닿아야 했으며, 이를 위해 거금을 들여 매관매직하는 일이 벌어졌다. 거금을 들여 벼슬을 산 벼슬아치들이 지방관으로 나아가 더욱 수탈을 자행하자 백성들의 원성이 잦았다. 이로써 지방 사회의 불만은 더욱 고조될 수밖에 없었다.

　19세기 중엽 철종 대에 이르러 지방 농민층은 곳곳에서 그들의 요구사항

┃ 등소等訴 ┃

등장等狀. 두 사람 이상, 여러 사람의 이름을 죽 이어 써서 관에 올려 하소연하는 방식.

┃ 선무사宣撫使 ┃

조선 시대 때, 큰 재해나 민란 등이 일어났을 때 왕명으로 지방의 민심을 다스리고 안정시키기 위해 파견된 임시 벼슬.

┃ 안핵사按覈使 ┃

조선 말기에 지방에서 발생하는 민란을 수습하기 위하여 임시로 파견된 벼슬.

┃ 파환귀결罷還歸結 ┃

환곡이 고리대로 바뀌어 농민을 과도하게 수탈하자, 그 경비를 줄이고 부족분을 토지세에 붙여 충당하도록 고친 법.

을 등소"로 표출했다. 그러나 당시 정치권력 구조에서는 수탈이 구조화되어 고질병이 되어 있었으므로 그 해결은 권력 구조의 전면 개편이 아니고서는 해결될 수 없었다. 따라서 지방 농민들은 봉기하기 시작했다. 1862년(철종 13년) 충청·전라·경상의 삼남 지방 농민들은 집중적으로 봉기하여 자신들의 요구를 관철하고자 했다. 이때의 봉기를 '임술민란壬戌民亂'이라고도 하고 혹은 진주 지방이 가장 대표적인 곳이었기 때문에 진주민란이라고도 한다.

조정에서는 선무사"나 안핵사", 암행어사를 파견해 문제를 해결하려고 시도해보았지만 미봉책에 불과했다. 새로운 개혁책만이 유일한 방법이었다. 1862년 삼정의 문란이 민란의 원인이니 이를 해결하기 위해 지방의 실정을 조사하고 수탈을 일삼는 수령을 처벌하고, 삼정을 공정하게 시행할 삼정이정청三政釐整廳을 설치하자는 의견이 나왔다. 이정청에서는 군정과 전정은 폐단만을 고치고, 환곡은 근본적 문제 해결을 위해 파환귀결"을 실시했다. 같은 해 윤8월 성과가 없자 이정청은 철폐되었고, 그 업무는 비변사에서 관할하게 되었다.

임술민란의 발생 배경이었던 삼정의 문란에 대한 조정의 해결책이 제시되면서 일단 난은 가라앉았다. 하지만 근본적인 문제인 정치 구조의 개혁이 제시되지 않았기 때문에 문제의 소지는 여전히 남아 있었다. 따라서 사회 변화 요구, 즉 지배층의 교체, 신분 구조 혁파, 부세 제도 개혁 등의 문제가 사회적으로 논쟁거리가 될 경우 그 파급효과는 가히 엄청나게 될 것이었다.

삼례 집회와 복합 상소

19세기 중엽에 들어서면서 경주에 근거하던 유생 최제우崔濟愚는 세상을 구원할 뜻을 품게 된다. 그는 울산 유곡, 천성산, 경주 용담정 등지에서 수도를 하면서 천주교의 교리와 유불선儒佛仙을 합한 새로운 구원의 세계를 제시하고자 했다. 바로 동학東學이었는데, 시천주侍天主 사상과 인내천人乃天 사상을 바탕으로 했다. 1863년 교인은 3,000명, 접소가 14곳에 이르면서 급속도로 동학이 퍼져나가자 조정은 최제우를 사악한 사상으로 세상을 어지럽히고 백성을 속이는 자라며 대구에서 사형시켜버렸다. 동학은 사학邪學으로 몰렸다.

1892년 10월 동학 교도들은 전라북도 삼례에서 집회를 열고 충청도·전라도 관찰사에게 자신들의 요구 사항을 알렸다. 그 주요 내용은 첫째 교조의 억울함을 풀어달라는 내용이었고교조 신원 운동, 둘째 동학을 서학西學과 혼동

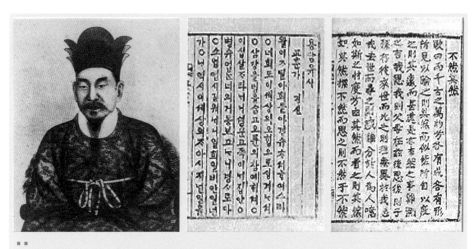

동학 창시자 수운水雲 최제우(좌)와 1909년에 지은 천도교 포교 가사집 《용담유사龍潭遺詞》(중), 천도교 경전 《동경대전東經大全》(우)

하지 말고, 셋째 교도 탄압 금지 등이었다. 관찰사는 탄압 금지를 약속하였으나 교조 신원은 자신이 할 수 있는 바가 아니라고 했다. 그리하여 1893년 3월 다시 동학 교도들은 광화문 앞에 나아가 복합 상소를 올렸다. 하지만 조정은 냉담하기 그지없었고, 우두머리를 체포하고 교도들을 강제 해산시켰다.

일본과 서양을 물리치고 대의를 세우다

조정의 대응을 지켜보던 동학 교도들은 더 큰 동학 집회를 열기로 결심한다. 1893년 4월 충청북도 보은군 속리면에서 집회를 열었는데, 2만여 명의 군중이 모일 정도로 대성황을 이루었다. 이때 '일본과 서양을 물리치고 대의를 세운다'는 '척왜양창의斥倭洋倡義'를 기치로 내걸었다.

이 집회 후 동학 교도들은 2대 교주 최시형이 이끄는 충청도 중심의 북접北接과 전봉준을 따르는 전라도 중심의 남접南接으로 나뉘어 노선 차이를 보였다. 그런데 1894년 2월 남접 동학 교도들을 자극하는 사건이 일어났다. 고질적 폐단인 수령의 탐학이 그 이유였다. 전라도 고부군수 조병갑趙秉甲이 저수지를 축조하면서 수세를 강제 징수하는 한편 태인군수를 지낸 부친의 비각을 세우기 위해 돈을 사취하자, 농민들은 고부접주 전봉준을 중심으로 그 폐정 시정을 요구했다.

끝내 농민들과 전봉준의 요구가 받아들여지지 않자, 그들은 고부읍을 점령하여 조병갑에 대한 처벌과 외국 상인 침투 금지 등 13개조의 요구 사항을 제시했다. 그런데 사건을 처리하기 위해 내려온 안핵사 이용태李容泰가 오히려 동학 교도 탄압에 몰두하여 사건은 확대되었다. 전봉준 등은 '보국안

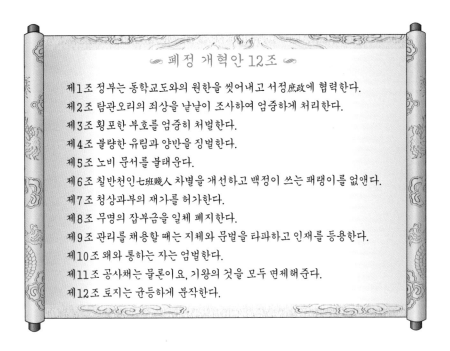

제1조 정부는 동학교도와의 원한을 씻어내고 서정庶政에 협력한다.

제2조 탐관오리의 죄상을 낱낱이 조사하여 엄중하게 처리한다.

제3조 횡포한 부호를 엄중히 처벌한다.

제4조 불량한 유림과 양반을 징벌한다.

제5조 노비 문서를 불태운다.

제6조 칠반천인七班賤人 차별을 개선하고 백정이 쓰는 패랭이를 없앤다.

제7조 청상과부의 재가를 허가한다.

제8조 무명의 잡부금을 일체 폐지한다.

제9조 관리를 채용할 때는 지체와 문벌을 타파하고 인재를 등용한다.

제10조 왜와 통하는 자는 엄벌한다.

제11조 공사채는 물론이요, 기왕의 것을 모두 면제해준다.

제12조 토지는 균등하게 분작한다.

민輔國安民'을 내걸었고, 왜양 세력과 부패 특권층 척결을 위해 봉기를 일으켰다. 농민군이 전주 감영까지 점령하자, 청은 군사 개입을 선언했다. 일본군 역시 거류민 보호를 구실로 출병했다. 정부와 농민군은 외세 개입의 위험을 인식하여 휴전 교섭을 제의했다. 1894년 6월 11일 전주화약全州和約을 맺고 '폐정 개혁안 12조'를 발표했다.

그리고 개혁안의 실시를 위해 민정 기관 성격의 집강소"를 53개 읍에 설치하는 한편 여기에 자치적 성격의 행정 인원을 배치했다. 그러나 조정은 사태가 해결되지 않고 상황이 지지부진해지자 청에 파병 요청을 했다. 그런데 곧바로 7,000여 명의 일본군이 들어오면서 3,000여 명에 불과했던 청군은 패하고 물러났다. 승리한 일본은 대원군을 내세웠다. 하지만 이를 지켜보던 동학농민군은 다시 척왜를 구호로 반외세 투쟁을 전개한다.

| 집강소執綱所 |

동학농민전쟁 직후 농민군이 직접 전라도에 설치한 자치 기구.

서울로 압송되는 전봉준 1894년 12월 30일 전라도 순창에서 체포된 전봉준은 서울로 압송되어 1895년 4월 23일 처형되었다.

전라도 농민군 10만과 손병희 중심의 10만 충청도 농민군은 논산에서 합류하여 일본군에 대응하면서 북상했다. 제2차 동학농민전쟁의 시작이었다. 그러나 조직적이고 신식 무기로 무장한 일본군과 관군 연합군에 패하기만 했고, 마침내 전봉준은 순창에서 체포되었다. 그는 조선 조정이 아닌 일본 공사의 재판을 받고 사형당했다. 이로써 동학농민전쟁은 종결되었다.

결국 교조 신원 운동과 포교의 자유를 획득하기 위한 모임으로 출발한 동학 집회는 지방 농촌 사회에서 벌어진 수령의 탐학과 일본을 중심으로 한 외세 수탈로 사회문제를 인식하게 되었다. 말하자면 종교적 요구, 민란, 외세 배척 등 여러 가지 요소가 복합되었던 것이다. 하지만 동학농민군은 중앙의 모든 정치 세력을 적으로 돌리고, 지주와 부호 양반을 공격하여 지방 사회의 분열을 자초하고, 봉건 왕조의 대표 인물인 대원군에게 의지하려 한 점에서 한계를 보였다. '보국안민'의 구호로 대표되는 동학농민군의 요구는 새로운 시대 전환을 꾀하지 못한 농민층의 한계를 고스란히 보여주었다.

근대화 개혁

근대 세계를 향하여

조선왕조는 1876년 일본과 강화도조약을 맺고나서부터 급변하는 세계 정세에 주목하기 시작했다. 변화를 읽고 그에 따라 조선왕조 역시 변해야 한다는 생각에서였다. 조선왕조의 생각은 크게 세 가지였다. 통상의 문을 넓히는 것과 직접 외국의 변화를 체험하면서 이를 토대로 근대 개혁을 이루는 것과 개화 정책을 추진할 기관의 설치였다.

조선은 여러 나라와 통상조약을 체결하면서 근대화된 세계를 경험하고 그 문물을 배울 자세를 갖추었다. 1876년 강화도조약의 규정에 따라 일본에 수신사

개항 이후 외국과 맺은 통상조약

시기	통상 조약명	통상 국가
1876년	강화도조약	일본
1876년	조일통상장정조약	일본
1882년	조미수호통상조약	미국
1882년	조중상민수륙무역장정	청나라
1882년	제물포조약	일본
1883년	조영수호통상조약	영국
1883년	조일기류지간행이정약조	일본
1883년	조독수호통상조약	독일
1884년	조이수호통상조약	이탈리아
1884년	조러수호통상조약	러시아
1884년	한성조약	일본
1886년	조불수호통상조약	프랑스
1886년	조청부산전선조약	청나라
1889년	조일통어장정	일본
1892년	조오수호통상조약	오스트리아
1899년	한청조약	청나라
1902년	한정수호통상조약	덴마크
1904년	한일의정서	일본
1904년	제1차 한일협약	일본
1905년	을사조약(제2차 한일협약)	일본
1907년	한일신협약(제3차 한일협약)	일본
1910년	한일병합조약	일본

地球之上有莫大之國焉四代羅新其陽圓之庾踏有三
州陸軍精兵百餘萬海軍巨艦二百餘艘願以其國在此天
寒地瘠故役熱思於其封疆以利社稷日先世俊浮王以采
新拓疆土既附十倍之于王更有意地四海並呑八荒之念其在
中央細四四賊腑十倍之心皆不皆知其念天下皆知之不少性之合縱而
相距思年其一國俄久微德之以英之法合力須特俄卒不得逞其志
古今豪西諸大差德之與英居則意君無以陸壁變詰故辞其衷對
可尺可之主以與人戚眈不能永新西於中國又忠成國
門江口揆高屋建瓴之勢其經之警之不遺餘力者激憤志

《조선책략朝鮮策略》 동북아 삼국인 조선·일본·청이 서양의 기술 문명과 제도를 배워야 하고, 러시아의 남하를 막기 위해 삼국이 함께 이를 막고 미국과 연합해야 한다는 내용을 담고 있다.

修信使를 파견했고, 1880년 2차 수신사로 김홍집 등을 파견했다. 귀국할 때 그는 주일청국참사관 황준헌黃遵憲이 쓴 《조선책략》을 가지고 와 조선 사회에 큰 충격을 주었다. 1881년 조정에서는 다시 위정척사의 흐름을 감지했는데도 신사유람단을 조직, 일본 시찰을 감행했다. 같은 해에 김윤식을 영선사領選使로 청나라에 파견하고, 무기 공장 천진天津 텐진기기국에서 무기 제조 기술을 배우도록 했다.

조선은 일본과 청나라의 변화를 살피는 한편, 서양 문명의 실상을 체험하고 배우기 위해 1883년에는 미국에 민영익과 홍영식, 서광범 등을 보빙사로 파견했다. 이때 유길준俞吉濬은 보스턴에 남아 유학하면서 유럽까지 여행하고, 훗날 이를 바탕으로 《서유견문》을 남겼다.

고종은 청나라가 중체서용을 표방하여 근대화 운동인 양무운동을 전개하여 근대화에 진전을 보인 것에 영향을 받아 1880년 12월 근대화 추진 기관 통리기무아문을 설치했다. 고종은 통리기무아문을 설치하여 근대화를 꾀하는 한편, 신식 군대 창설도 추진했다. 1881년 고종은 군제를 개편하면서 훈련도감·수어청·금위영·어영청·총융청의 5군영을 무위영武衛營·장어영壯禦營의 2영으로 개편했다. 같은 해 5월에는 신체가 건장하고 날랜 군사 80명을 선발하여 무위영에 속하게 하고, 이들을 별기군이라 했다. 별기군은 일본인 교관을 두었으

┃ 보빙사報聘使 ┃
조선이 최초로 미국에 파견한 사절단. 1882년 조미수호통상조약을 체결했는데, 1883년 주한 공사가 조선에 부임하자, 그 답례로 사절을 파견했다.

며, 그 대우는 구식 군대보다 훨씬 좋아 1882년 임오군란壬午軍亂의 화근이 되었다.

통리기무아문에 속한 12사	
명칭	직능
사대사	청나라와의 외교 업무
교 린	이웃나라와의 외교 업무
군무사	군사 통솔 업무
변정사	변방 사무, 외국 정탐 업무
통상사	통상 무역 담당
기계사	기계 제조 관리
선함사	선박·군함 제조와 감독
군물사	병기 제조
기연사	왕래 선박 검색
어학사	각국 언어·문자 번역
전선사	인재 등용과 물자 조달
이용사	금전 출납과 물품 조달

임오군란과 갑신정변

고종과 개화 세력은 이처럼 다각도로 근대화 개혁을 추진해나갔다. 이러한 일련의 흐름은 위정척사파의 반대와 대원군 세력의 정치적 견제로 흔들리면서 좌초되기에 이르렀다. 그 결정적 계기는 1882년 6월에 일어난 임오군란이었다. 밀린 월급으로 모래와 겨가 섞인 쌀을 받게 되자, 극에 달했던 구식 군인들의 불만은 폭발하게 되었다.

임오군란은 구식 군인들이 신식 군대 별기군과 다른 처우를 받자 불만을 터트리며 근대화 개혁에 항의하는 것으로 시작되어 대원군의 재집권으로 이어졌고, 개화를 반대하는 정변의 성격을 띠었다. 민씨 세력은 대원군의 재집권을 막고, 쿠데타 세력을 소탕하고, 조일 관계 조정 등을 위해 청나라의 적극 개입을 요청했다. 청은 즉시 4,500명의 군사를 보냈고 내정간섭을 하면서 대원군을 천진으로 압송했다. 결국 짧은 대원군의 반동적 재집권은 끝나고 말았다.

하지만 그 여파는 매우 컸다.

별기군別技軍 1881년(고종 18년)에 만든 근대식 군대.

보빙사報聘使 조선이 최초로 미국에 파견한 사절단. 1882년 조미수호조약을 체결했는데, 1883년 주한 공사가 조선에 부임하자, 그 답례로 사절을 파견했다.

청나라의 내정간섭이 강화되었으며 청과 일본군의 주둔이 합리화되었다. 또 이때 군함 4척과 육군 1개 대대를 조선에 보낸 일본에 막대한 배상금을 지불해야 했다. 결국 조선 정부는 제물포 조약과 강화도조약을 맺어 일본에 유리한 불평등 관계를 맺게 되었다. 명성황후를 중심으로 한 민씨 세력의 독주는 계속되었다. 결국 임오군란은 차분하게 진행되고 있었던 근대 개혁 흐름의 방향을 돌려놓고 말았으며, 갑신정변甲申政變이라는 또 다른 쿠데타를 불러온다.

그동안 민씨 세력은 개화파와 제휴하면서 대원군의 정치적 개입을 차단해왔으나, 대원군이 청나라로 호송된 후에는 그럴 필요성을 느끼지 못했다. 그리고 자신들의 정치적 후원자인 청을 더욱 의지하게 된다. 일본의 개입을 견제하는 효과도 얻었다. 그런데 개화 정책에 소극적인 태도를 보였다. 일본의 메이지유신을 모델로 삼아 제도를 개혁하는 변법變法 개화를 추진하려던 개화파는 불만을 가질 수밖에 없었다. 개화 주도 세력인 박영효, 김옥균, 서광범, 홍영식 등은 일본 정부와 일본 군대의 후원을 기대하면서 1884년 12월 4일 우정국 개국 축하연을 계기로 갑신정변을 일으켰다. 쿠데타는 성공했고, 김옥균 등은 후속 조치를 서둘러 진행했다. 그들은 실권을 장악하면서 14개조에 달하는 혁신 정령"을 발표했다.

그러나 정변 세력들은 당시 한성에 주둔하고 있던 청의 잔여 군대의 움직

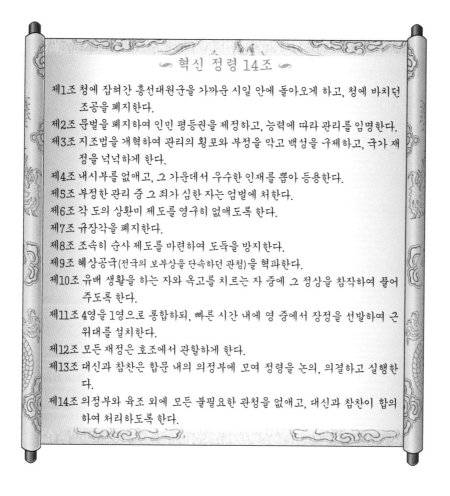

⟨ 혁신 정령 14조 ⟩

제1조 청에 잡혀간 흥선대원군을 가까운 시일 안에 돌아오게 하고, 청에 바치던
    조공을 폐지한다.
제2조 문벌을 폐지하여 인민 평등권을 제정하고, 능력에 따라 관리를 임명한다.
제3조 지조법을 개혁하여 관리의 횡포와 부정을 막고 백성을 구제하고, 국가 재
    정을 넉넉하게 한다.
제4조 내시부를 없애고, 그 가운데서 우수한 인재를 뽑아 등용한다.
제5조 부정한 관리 중 그 죄가 심한 자는 엄벌에 처한다.
제6조 각 도의 상환미 제도를 영구히 없애도록 한다.
제7조 규장각을 폐지한다.
제8조 조속히 순사 제도를 마련하여 도둑을 방지한다.
제9조 혜상공국(전국의 보부상을 단속하던 관청)을 혁파한다.
제10조 유배 생활을 하는 자와 옥고를 치르는 자 중에 그 정상을 참작하여 풀어
    주도록 한다.
제11조 4영을 1영으로 통합하되, 빠른 시간 내에 영 중에서 장정을 선발하여 근
    위대를 설치한다.
제12조 모든 재정은 호조에서 관할하게 한다.
제13조 대신과 참찬은 합문 내의 의정부에 모여 정령을 논의, 의결하고 실행한
    다.
제14조 의정부와 육조 외에 모든 불필요한 관청을 없애고, 대신과 참찬이 합의
    하여 처리하도록 한다.

임을 관찰하고 통제하는 데 실패했다. 그 때문에 김옥균, 박영효, 서광범,
서재필 등은 결국 국내를 떠나야만 했다. 당시 일본 공사 다케조에 신이치
로竹添進一郞의 보호를 받으며 망명했다.

결국 급진 개화파가 주도한 갑신정변은 실패한 쿠데타가 되고 말았다. 친
일 쿠데타적 성격을 가졌던 갑신정변은 메이지유신과 서구의 근대 국민국
가를 모델로 한 것이었지만, 그 세력은 자신들이 일본에 이용당하고 있다는
걸 몰랐다. 정변 후 조정은 일본의 정변 개입에 항의하고, 망명자 송환을 요

구하지만 오히려 일본 측은 조선에 군함 7척과 2개 대대를 보내 무력시위를 하면서 사죄와 배상을 요구했다. 1884년 1월 고종은 일본의 요구를 받아들이며 한성조약(漢城條約)을 맺는다. 같은 해 4월 일본의 이토 히로부미(伊藤博文)와 청의 이홍장(李鴻章)은 조선에 있는 양국 군대의 철수·파병시 사전에 미리 알릴 것 등을 약속하는 천진조약을 맺었다.

이후 김홍집 등 온건 개화파는 우리 전통의 것을 지키면서 서양 문물을 받아들이자는 동도서기(東道西器)에 입각한 자주적 개화 정책을 추진했다. 갑신정변 이후 추진된 근대화 노력은 서서히 단계를 밟으면서 성과를 축적해나가고 있었다. 그러나 문제는 다시 한꺼번에 터지고 말았다. 조선을 놓고 청나라와 일본의 갈등이 해소되지 않은 데다 대원군이 여전히 정치적 부활을 꾀하고 있었고, 국내 곡물의 해외 유출과 통상으로 막대한 손해를 입자 민심이 등을 돌렸고, 위정척사파의 끊임없는 견제 등이 내재해 있었기 때문이다. 따라서 근대화 추진은 마치 살얼음 위를 걷는 것처럼 위태롭기 그지없었다.

갑오개혁과 을미사변

1894년 동학농민전쟁을 진압하기 위해 출동한 청나라와 일본은 조선에서 전쟁을 벌였고(청일전쟁), 일본군의 승리로 끝났다. 일본은 곧바로 인천으로 들어와 궁궐을 점령하고, 대원군을 내세워 민씨 세력을 몰아내는 데 성공했다. 그리고 군국기무처(軍國機務處)를 구성하고 고종을 정치 일선에서 물러나게 하는 한편 대원군의 섭정을 시도했다. 즉 일본은 친청파인 민씨 세력을 제거하고, 개화파의 자주 개혁

▌군국기무처 ▌
조선 말기, 모든 정치·군사 업무를 맡아보던 관청. 청일 전쟁 직후 일본의 강압으로 1894년(고종 31년)에 설치되었다.

구분	갑오개혁 내용
1차 갑오개혁	• 제1차 김홍집 내각으로 개혁 추진 기구 군국기무처를 설치하고 민씨 세력을 축출하고 흥선대원군이 다시 집권했다. • 중앙을 의정부와 궁내부로 분리하고 육조를 8아문으로 개편했다. • 관료제도는 18단계 품계를 3단계로 축소하고 과거제를 폐지했다. • 청의 속국임을 부정하여 개국기원을 사용한다. • 국가 재정 일원화를 위해 탁지아문을 설치하고, 신식 화폐 단위 은본위제와 조세 금납제를 실시한다. • 도량형의 통일(일본의 경제적 침략을 위함) • 반상 제도와 연좌제를 폐지하고, 조혼 금지·과부 재가를 허용했다.
2차 갑오개혁	• 갑신정변 주모자 박영효(내부대신), 서광범(법무대신)가 참여한 2차 김홍집 내각으로 흥선대원군을 퇴진시켰다. • 홍범14조를 발표했다. • 의정부와 아문의 명칭을 '내각'과 '부'로 바꾸고, 농상아문과 공무아문을 농·상공부로 통합하여 7부로 개편했다. • 궁내부를 축소하고, 지방 행정제도 23부 337군으로 개편한다. • 행정과 사법을 분리했다. • 교육의 중요성 강조하며 근대적 교육을 준비했다. • 박영효가 재망명했다.
3차 갑오개혁	• 제3차 김홍집 내각으로 태양력을 사용했다. • 훈련대와 시위대를 통합하여 서울에는 친위대, 지방에는 진위대를 두는 군제 개혁을 단행했다. • 교육제도를 개혁하며 근대식 학교를 설치했다. • 단발령을 실시했으나, 을미사변과 전국적으로 유생들의 반일·반근대 의병 운동이 일어났다.

을 견지하고, 왕권의 축소·무력화, 친일 정권 성립 등을 목적으로 한 경장更
張, 기존의 사회·정치적 제도를 개혁을 꾀한 것이다.

친일 근대 개혁의 성격을 띤 갑오개혁은 1894년 7월부터 1896년 2월까지 3차례에 걸쳐 진행되었다. 내각은 4차례 걸쳐 바뀌었고, 총재관이 중심이 되는 내각이 시작되었다. 제1차 개혁은 김홍집 내각으로 부르기도 한다. 특히 제3차 개혁에서는 1, 2차와는 확연히 다른 개혁 방안이 제시되었는데 단발령은 특히 큰 반발을 가져왔다.

친일 내각에 의해 추진된 갑오개혁은 추진 과정에서 이미 대원군과 민씨 세력의 반대를 불러왔다. 1895년 4월 일본이 러시아·프랑스·독일의 삼국 간섭으로 청에게 요동반도를 반환하는 사태가 빚어지자 일본 견제론이 득세했다. 이때 박영효 등은 오히려 명성황후를 폐위시켜 분위기를 반전시키려다가 실패하게 되었다.

1895년 8월 고종과 명성황후는 친러 내각을 구성하여 반일 정책을 추진했다. 을미사변 전후 조선 주재 일본 공사는 미우라 고로三浦梧樓였다. 그는 육군 중장 출신의 과격파로서 친일 내각의 해산을 막기 위하여 명성황후 등 민씨 세력 제거를 도모했다. 작전명 '여우 사냥'이었다. 그리고 다시 흥선대원군을 궁중으로 불러들이려 했다. 그리하여 1895년 10월 8일 새벽 일본은 경복궁을 습격하여 명성황후를 시해했다. 을미사변乙未事變이 일어난 것이다.

단발령과 명성황후 시해 후 반일 감정이 고조되면서 전국의 유생들과 국민들을 중심으로 항일 의병이 일어난다. 대표적 인물에는 박준영, 이소응, 유인석, 이강년 등이 있으며, 이때의 의병들을 을미의병이라 부른다.

러시아 공사관　을미사변이 일어난 후 고종황제가 피신해 간 러시아 공사관의 당시 모습.

을미의병이 전국 각지에서 관군·일본군과 격전을 벌이는 동안 고종은 경복궁에 유폐되다시피 있다가 탈출을 감행한다. 이범진李範晉·이완용李完用 등은 고종의 이러한 상황을 해결하기 위해 러시아 공사 베베르와 협의하여 러시아 공사관에서 지내도록 한다.

1896년 2월 11일 새벽 고종과 황태자는 궁녀가 타는 가마를 타고 정동에 있던 러시아 공사관으로 피한다. 이것이 아관파천俄館播遷이다.

고종은 러시아 공관으로 피신한 뒤 을미사변의 진상 파악과 일본 측에 해명을 요구하고 친일 내각에 대한 숙청을 진행했다. 고종은 김홍집·유길준·정병하·조희연·장박 등 5대신을 역적으로 규정하여 처형하도록 명했다. 또 한편으로는 새로운 정치 개혁을 주도하기 위해 새로운 내각을 구성토록 했고 경운궁을 다시 중건했다. 이때의 내각은 친미·친러적 성격이 강했으나 갑오개혁에서 추진된 친일 성향의 근대 개혁 정책 일부를 다시 복원했다. 단발령 폐지, 의정부 제도의 복구, 음력 사용, 13도 환원 등이 그 골자였고, 자주 개혁을 상징할 기념물 조성에 나섰다. 바로 청나라 사대의 상징이었던 영은문迎恩門을 헐고 독립문을 세우는 일이었다.

친일 내각의 몰락, 명성황후의 죽음과 친청 사대파의 약화, 을미사변에 관계되었던 흥선대원군의 정계 은퇴로 고종은 본격적으로 왕권 강화를 토대로 근대 자주 개혁을 추진할 힘을 갖추게 되었다. 1년여 동안 신변 안전을 위해 러시아 공사관에 거처하면서 국왕 중심의 개혁 추진을 위한 구상을 한 것이다. 이러한 고종의 의도는 '대한제국大韓帝國'의 선포로 나타나게 된다.

황제가 다스리는 나라, 대한제국

대한으로 국호를 정하다

일본의 침략 야욕과 그에 부응한 친일 내각, 대원군의 집권욕 등으로 명성황후를 잃은 고종은 생명의 위협을 느꼈다. 자신의 죽음이나 폐위는 개인의 죽음이나 몰락이 아닌 조선왕조가 가야 할 근대화의 좌절이라고 보았다.

러시아 공사관으로 피신했던 고종은 1년 만인 1897년 2월 20일에 경운궁으로 환궁하기로 결정했으나, 이미 조선은 러시아의 영향력 아래 놓여 있었다. 탁지부[*] 고문 알렉세예프는 고문의 지위를 남용하는 것은 예사였고, 러시아는 각종 통상에서 많은 이권을 차지했다.

> **┃ 탁지부**
> 대한제국 시대에 국가 재정을 담당했던 중앙 관청.

고종의 러시아 공사관 생활 청산은 조정 대신들과 독립협회의 환궁 호소가 직접적 배경이었고, 경운궁덕수궁 공사가 마무리되면서 이루어졌다. 고종은 경운궁 시대를 개막하면서 '구본신참舊本新參'과 '민국건설民國建設'을 통치 이념으로 삼았다. 구본신참은 조선의 전통을 바탕으로 하면서 서양 문물 제도를 절충하여 개혁을 추진하겠다는 것이고, 민국건설은 지배층 위주가 아

경운궁 중화전 왕의 즉위식이나 대례를 거행하던 곳이다. 2층
건물이었으나, 1904년 불에 타 1906년에 1층으로 새로 지었다.

닌 시민 위주의 국가 건설을 뜻
하는 것이었다. 경복궁의 근정
전이나 창덕궁의 인정전과 같
이 경운궁의 정전 이름을 중화
전中和殿이라 한 데에는 이러한
고종의 의도가 묻어 있었다.

고종은 조선이 자주독립 국
가이고, 황제가 다스리는 나라
라는 것을 대외에 천명하기 위
해 노력했다. 고종의 이러한 왕
권 강화와 자주독립 의지 표명은 사실 친러·친미 성격을 띠며 일본을 견제
하는 효과가 있었다. 1897년 8월 16일 부국강병에 뜻이 있던 고종은 연호
를 '광무光武'로 선포했다.

연호 제정을 시발점으로 고종은 새로운 국가 체제의 변화를 꾀했다.
1897년 10월 11일 고종은 국호를 '대한大韓'으로 정하면서 그 이유를 밝혔
다. 고종은 10월 12일, 원구단에서 하늘에 연호와 국호 개정 등을 고하는
제사를 올리고 단에 올라 금으로 장식된 의자에 앉았다. 의례가 끝난 다음
날 고종은 정식으로 국호를 '대한'이라 하고 이 해年를 '광무 원년'으로 삼으
며 황제가 되었음을 조령詔令으로 알림으로써 광무개혁의 첫발을 내딛었다.

사실 외국에서는 대한제국의 탄생에 대해 우려와 조롱 섞인 시선들이 대
부분이었다. 그만큼 대한제국 출발은 위태로워 보였던 것이다. 과연 이러

"우리나라는 곧 삼한三韓의 땅인데, 국초國初에 천명을 받고 하나의 나라로 통합되었다. 지금 국호를
'대한大韓'이라고 정한다고 해서 안 될 것이 없다. 또한 매번 각국은 우리를 조선이라고 하지 않고 한
韓이라 하였다. 이는 아마 미리 징표를 보이고 오늘이 있기를 기다린 것이니, 세상에 공표하지 않아도 세상이
모두 다 '대한'이라는 칭호를 알고 있을 것이다."

한 시선 속에서 고종은 어떻게 근대화와 부국강병을 실현시켜 나가고자 했을까?

잊혀진 대한의 기적, 광무개혁

고종은 국호 개정과 연호 제정을 통해서 황제권을 강화하고, 그 기반 위에서 근대 자주독립국가로서 자리잡기 위해 애썼다. 가장 먼저 황실의 위엄과 정통을 세우려고 노력했는데, 첫째가 을미사변 후 그동안 미루어져왔던 명성황후의 인산因山을 행하는 것이었다. 1897년 11월 22일에야 명성황후의 국상이 치러졌다. 시해당한 지 2년여 만이었다. 이때 명성황후는 청량리 밖 홍릉洪陵에 묻혔으나, 훗날 고종이 남양주 금곡에 묻히면서 고종과 함께 묻히게 되었다.

다음은 정궁으로서의 경운궁 체제를 완성하는 것이었다. 이에 따라 중화전, 석조전, 대한문 등이 세워졌다. 이와 함께 고종은 조선 건국의 주인공인 태조와 자신의 4대를 추존[*]하기 위해 시호 즉 묘호와 황제의 호인 제호帝號를 정한다. 고종은 충신열사를 추모하기 위해 행하던 개인 중심의 시호 제정이나 사당 건립 등의 차원을 벗어나 충신열사의 영령을 모시는 합동 기념 장소를 만들 것을 계획했는데, 이는 장충단 건립으로 이어졌다. 1900년에 고종은 을미사변 때 순국한 홍계훈 이하 장병들의 위령을 추모하기 위해 이를 세우도록 했다.

고종은 충신열사에 대한 국가적 차원의 추모와 황제와 대한제국에 충성을 다한 자들에게 지금까지의 공신 책봉과는 다른

▌ 황제 추존 ▌
1899년(광무 3년) 12월 7일 태조는 태조고황제로, 고조에 해당하는 장종(사도세자)를 장조의황제莊祖懿皇帝, 증조에 해당하는 정조를 정조선황제正祖宣皇帝, 할아버지에 해당하는 순조는 순조숙황제純祖肅皇帝, 아버지에 해당하는 익종은 문조익황제文祖翼皇帝로 추존하였다.

장충단비 후일 일제는 이곳의 사당을 헐고 이토 히로부미를 위한 절 박문사博文寺를 지었고 이 절은 일본 동경의 야스쿠니 신사처럼 전사한 일본군 위령소의 역할을 하게 된다.

근대 국가에서 행하는 방식의 예우를 갖추고자 했다. 바로 훈장 제정이었다.

고종은 대한제국을 국제법상 근대국가의 모습을 갖추기 위해 1899년 8월 17일 특별입법기구로서 법규교정소法規校正所를 두고 헌법에 해당하는 '대한국국제大韓國國制'를 모색토록 했다. 이에 따라 정치·군권 등과 관련한 국제 9조"가 정해졌다. 당시 정해진 국제는 황제권 강화를 통한 국가주권 수호, 위로부터의 자주적 근대화, 대외적으로 자주독립 강화 등의 내용을 담고 있었다.

대한제국에서 가장 중요시했던 것은 국방력 강화였다. 러시아 군제를 받아들이면서 고종 스스로 군사권 장악을 위해 원수부"를 설치하는 한편 원수부 내에는 육군 헌병대를 두었다. 황제호위를 위해 시위대와 진위대를 증강했으며, 고급장교 육성을 위한 무관학교武官學校도 설립·운영했다. 또한 근대 제국주의 시대의 주역은 해상 장악력을 갖춘 해군이라 판단하고 함포 등이 구비된 군함 수입·제조에 노력을 기울였다. 1903년 4월 15일 일본에서 군함을 수입하여 이름을 '양무호揚武號'라고 지었다. 또 고종은 국가를 상징하는 상징물, 즉 국가 작곡, 어기" 제정, 친왕기親王旗를 만들어 국제 교류에서 위상을 높이고 싶어했다. 대한제국은 독일 제국 해군 소속 작곡가 프란츠 에케르트를 초청하여 대한제국 국가를 작곡해줄 것을 청했으며, 1902년 7월에 작곡이 완성되었다.

고종은 광무개혁으로 통칭되는 근대화 노력에 전력을 기울일

원수부元帥府
대한제국 시대에 국방과 군사에 관한 일을 맡아보던 기관.

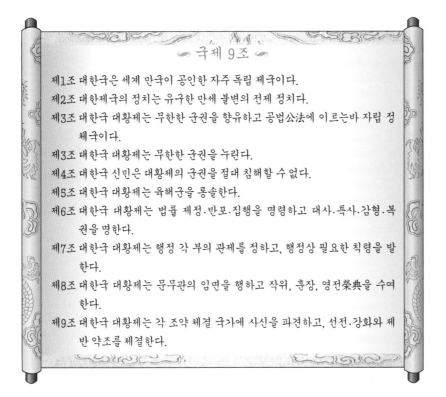

∽ 국제 9조 ∽

제1조 대한국은 세계 만국이 공인한 자주 독립 제국이다.

제2조 대한제국의 정치는 유구한 만세 불변의 전제 정치다.

제3조 대한국 대황제는 무한한 군권을 향유하고 공법公法에 이르는바 자립 정체국이다.

제3조 대한국 대황제는 무한한 군권을 누린다.

제4조 대한국 신민은 대황제의 군권을 절대 침해할 수 없다.

제5조 대한국 대황제는 육해군을 통솔한다.

제6조 대한국 대황제는 법률 제정·반포·집행을 명령하고 대사·특사·감형·복권을 명한다.

제7조 대한국 대황제는 행정 각 부의 관제를 정하고, 행정상 필요한 칙령을 발한다.

제8조 대한국 대황제는 문무관의 임면을 행하고 작위, 훈장, 영전榮典을 수여한다.

제9조 대한국 대황제는 각 조약 체결 국가에 사신을 파견하고, 선전·강화와 제반 약조를 체결한다.

수밖에 없었다. 존황주의적 관료가 부족한 상황에서 이러한 추진은 자주 암초를 만날 수밖에 없었지만 짧은 기간에 광무개혁은 서서히 성과를 드러냈다. 그럴수록 초조해지는 것은 일본이었다. 일본은 비록 러시아 등의 견제로 직접 개입은 하지 못했으나 대한제국 내에 형성되어 있는 친일파를 이용하여 직접적으로 검은 속내를 내비쳤다.

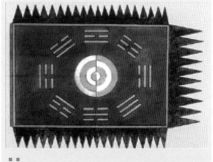

어기御旗 현재 태극기의 시조로 볼 수 있는 어기가 서울대학교 규장각 도서실에서 발견되었다. 태극기 원형이 확실시되는 태극팔괘도에 근거를 두고 만든 것으로 조선왕조의 어기였다.

대한제국 국가

고전 표기	현대 표기
샹데上帝는 우리 황데皇帝를 도으소셔	하느님, 우리 황제를 지켜주소서
영원 무궁토록 나라 태평太平고	성스러우신 수명이 무궁하여
인민은 안락安樂야	해옥주를 산처럼 쌓으소서
위권威權이 세상에 떨치여	위세와 권력을 바다에 떨쳐서
독립獨立 자유自由 부강富强을 일신케소셔	수천만 대까지 복록이 무궁토록 하소서
샹데上帝는 우리 황데皇帝를 도으소셔	하느님, 우리 황제를 지켜주소서

고종황제와 독립협회의 동상이몽

대한제국의 근대화는 수많은 사건을 만나면서 풍파를 겪었고, 이 과정에서 근대화는 대한제국에서 하나의 화두로 자리잡았다. 위정척사는 동도서기, 구본신참 등으로 바뀌었다. 동도서기와 구본신참의 본질은 조선의 전통 정치와 유교 문화 등에 바탕을 두되 서양문물을 수용·개방하여 자강自强이라는 점진적 변화를 꾀한 것이다.

문제는 본격적으로 황제권 강화를 선언하고 개혁 정치를 추진하려는 고종과는 달리 대한제국으로서는 혁명이라 할만한 새로운 변화 구상이 전개되고 있었다는 점이다. 그 중심에 있던 단체가 독립협회였다.

독립협회는 정동구락부*와 서재필이 귀국하여 발간한 《독립신문》의 영향을 받아 시작되었다. 1896년 11월 독립협회는 독립문과 독립관 건립 운동을 전개하여 독립문을 서대문 밖 영은문 자리에 세우고 1898년 5월에는 모화관*을 독립관으로 개축하는 쾌거를 이루었다. 1897년 2월에는 고종에게 러시아 공관

| 정동구락부 |
대한제국 시대에 서울 정동에 위치한 서양인 사교클럽. 서양 열강의 힘을 빌려 일본 세력을 물리치려던 고종과 명성황후가 몰래 신하를 보내어 친분을 맺게 하고, 시종을 보내 호의도 베풀었다.

| 모화관慕華館 |
조선 시대 때 중국 사신을 영접하던 장소. '모화루'를 고친 것이다.

에서 나와 환궁하여 국가와 군주의 참모습을 되찾아야 한다고 호소하여 고종의 환궁 결심을 끌어냈다. 독립협회는 정치 개입보다는 민중을 계몽하는 계몽 단체였으나 대한제국 성립 이후 사회정치단체로 변질되었다. 이때부터 동도서기에 입각하여 근대화를 추진하려는 세력과 서양·일본 근대 문명의 우월성을 따르려는 세력 등이 혼재되는 양상을 보였다.

민중 계몽과 민중의 뜻을 수렴할 목적으로 만민공동회萬民共同會가 열리면서부터 독립협회가 본격적으로 고종의 광무개혁에 동참하거나 견제하려는 움직임을 보였다. 1898년(광무 2년) 10월 28일부터 11월 2일까지 6일간 열린 관민공동회는 매우 중요한 의미를 갖는데, 정부 대표로 의정부 참정 박정양 등이 참석했기 때문이다. 이때 광무개혁의 방향을 다시금 재조정할 필요가 있다는 시국 개혁안인 편민이국便民理國 '헌의 6조'의 건의문이 채택되었다.

고종은 이를 의정부가 조처토록 하고, 더 나아가 중추원을 의회로 개편하기로 했다. 이것으로 독립협회가 지향했던 입헌군주제를 고종이 수용할 뜻

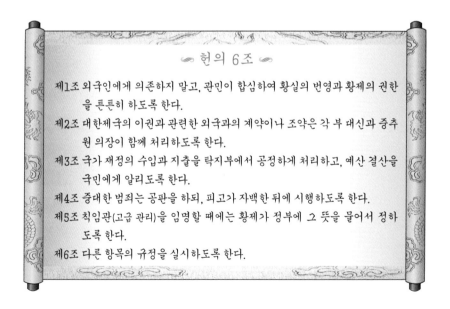

⊷ 헌의 6조 ⊷

제1조 외국인에게 의존하지 말고, 관민이 합심하여 황실의 번영과 황제의 권한을 튼튼히 하도록 한다.
제2조 대한제국의 이권과 관련한 외국과의 계약이나 조약은 각 부 대신과 중추원 의장이 함께 처리하도록 한다.
제3조 국가 재정의 수입과 지출을 탁지부에서 공정하게 처리하고, 예산 결산을 국민에게 알리도록 한다.
제4조 중대한 범죄는 공판을 하되, 피고가 자백한 뒤에 시행하도록 한다.
제5조 칙임관(고급 관리)을 임명할 때에는 황제가 정부에 그 뜻을 물어서 정하도록 한다.
제6조 다른 항목의 규정을 실시하도록 한다.

이 있었음을 알 수 있다.

하지만 돌연 1899년 11월 4일 고종황제는 조령을 내려 독립협회의 혁파를 명했다. 독립협회가 황제를 폐위하고 공화국 건설을 추진하고 있으며, 이미 독립협회 회원 박정양을 대통령, 윤치호를 부통령으로 정했다는 거짓 보고가 있었기 때문이다. 독립협회 회원들과 시민들은 다시 '만민공동회'를 열어 이 조치에 항의했다. 고종은 황제 폐위와 공화국 건설이라는 명제 앞에서 주춤할 수밖에 없었다. 비록 후일 이것이 허위보고였다는 것이 밝혀졌지만 되돌리기는 어려웠다.

고종은 러시아와 미국을 이용하여 일본을 견제하는 한편, 입헌군주제 전환을 통해 자강 운동을 전개했다. 이러한 노력은 성공을 거두고 있었으나 일본은 이를 원치 않았다. 그들은 독립협회와 조정의 친일 인사들을 이용하여 러시아를 제외한 외세 세력을 배제토록 하는 주문을 하여 러시아의 영향력을 차단하려 했다. 이미 정치단체로 시민사회와 조정에 상당한 영향력을 행사하고 있는 독립협회를 이용한 것이다. 결국 고종과 독립협회는 구본신참·민국건설을 바탕으로 근대화의 길을 걸어가고자 했으나 실패하고 말았다. 대한제국의 광무개혁도 성공하는 듯하였으나 결국 흐지부지되고 말았다. 대한제국은 또 다른 운명을 맞이할 형국에 처하게 되었다.

대한제국의 주권 상실

러일전쟁의 승리와 대륙 진출의 교두보

일본은 동아시아에서 가장 먼저 근대화를 추진하고, 성공을 거두었다. 그러자 자신감에 가득 찬 일본은 정한론을 바탕으로 한 대륙 진출의 꿈을 실현하려고 했다.

1900년대를 전후하여 일본은 조선에 대한 경제 침략을 가속했다. 아직 국제사회에서 국제 계약이나 통상 방식 등에 대해 경험이 없던 대한제국은 그들에게 손쉬운 먹이나 다름없었다. 일본은 경부철도 부설권과 광산 채굴권, 어업권, 금융시장 등을 완벽하게 장악했다. 대한제국의 통상 관계를 보면, 수출액의 80~90퍼센트, 수입액의 60~70퍼센트를 일본이 차지하고 있었다. 한마디로 경제적 종속관계는 완성되어가던 단계였다. 그렇지만 일본이 대한제국에 대한 독점적 지배권을 장악한 것은 아니었다. 바로 러시아가 있었기 때문이다. 대한제국의 요청으로 러시아는 내정에 깊숙이 개입했다. 한편 일본은 러시아를 견제하려는 영국, 독일, 미국 등의 속셈을 알아차리고 그 역학 관계를 이용하여 그들의 협조를 이끌어냈다.

강력한 후원자가 생긴 일본은 자신감이 넘쳤다. 그런데 이때 러시아에서는 레닌 등에 의해 내부 혼란 사태가 벌어졌는데 일본 측에 아주 유리하게 작용했다. 마침내 승리를 확신한 일본은 러시아에 최후통첩의 외교 협상 카드를 내밀었다. 주요 골자는 일본의 대한제국 내정간섭을 인정하고, 만주로 경제 진출하는 것을 허용하라는 것이었다. 러시아는 대한제국을 군사적으로 이용하지 말고 중립지대를 설정하라고 했다. 당연히 협상은 결렬되었다.

일본은 경부철도 건설을 서두르면서 곧바로 러시아와의 전쟁에 돌입했다. 1904년 2월 4일 동아시아 역사의 운명을 가르는 러일전쟁이 시작된 것이다. 러시아 군의 주둔지를 모두 파악하고 있던 일본군은 맹공격을 퍼부었다. 압록강, 요동, 요양瀋陽, 라오양, 여순항旅順港, 뤼순 등을 공략해 성공한 일본군은 만주군 일본 총사령부를 세움으로써 대륙으로 진출하기 위한 완벽한 교두보를 구축했다. 일본과 러시아의 마지막 결전은 대한해협에서 벌어진 발트 함대와의 해전이었다. 이 해전에서 일본 함대 사령관 도고 헤이하치로東鄕平八郎는 완벽한 승리를 거둠으로써 러일전쟁의 마침표를 찍었다.

일본의 보호국이 된 대한제국

고종황제는 러일전쟁으로 인해 대한제국이 어느 한 나라에 병합될지도 모른다고 생각했다. 그래서 고종은 러일전쟁 발발 직전 이러한 극한 상황을 피하기 위해 국외중립을 선언한다. 하지만 대한제국의 중립 선언은 고종과 한국인들의 의지와는 상관없이 세계 제국주의 국가들의 이해 여부에 따라 판단되었다. 그들은 이미 일본의 대한제국 지배권을 묵시적으로 인정한 상태였다. 일본은 러일전쟁이 시작되자 곧바로 서울을 점령하고 전쟁이 끝난

1904년에는 서둘러 '한일의정서韓日議定書'를 체결했다. 이 조약에 도장을 찍음으로써 일본은 대한제국에 대한 정치적 간섭과 군사적 점령을 문서로서 보장받게 되었다.

이러한 현실을 묵인하고 있던 서구 열강들은 일본과 각종 조약을 맺어 이를 더 확고히 해주었다. 1905년 7월 미 국무장관 태프트와 일본 외상 가쓰라 다로桂太郎 간의 태프트-가쓰라 각서, 1905년 8월의 제2차 영일동맹, 1905년 9월 러일 간 포츠머스 조약이 맺어졌다.

이미 일본한테 군사권과 재정권을 약탈당했지만 고종에게는 외국과의 조약권이 남아 있었다. 그러나 일본의 의도대로 모든 것이 이루어지고 있는 상황에서 그것은 큰 영향력이 없었다. 대한제국의 식민지화는 이미 종점을

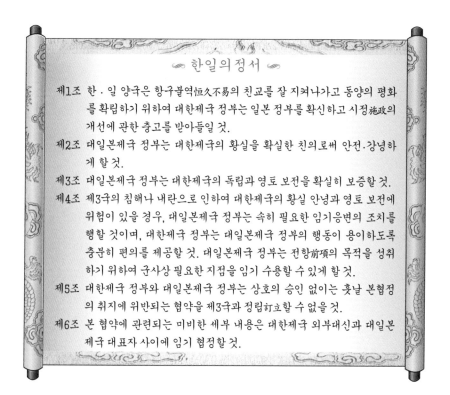

한일의정서

제1조 한·일 양국은 항구불역恒久不易의 친교를 잘 지켜나가고 동양의 평화를 확립하기 위하여 대한제국 정부는 일본 정부를 확신하고 시정施政의 개선에 관한 충고를 받아들일 것.

제2조 대일본제국 정부는 대한제국의 황실을 확실한 친의로써 안전·강녕하게 할 것.

제3조 대일본제국 정부는 대한제국의 독립과 영토 보전을 확실히 보증할 것.

제4조 제3국의 침해나 내란으로 인하여 대한제국의 황실 안녕과 영토 보전에 위험이 있을 경우, 대일본제국 정부는 속히 필요한 임기응변의 조치를 행할 것이며, 대한제국 정부는 대일본제국 정부의 행동이 용이하도록 충분히 편의를 제공할 것. 대일본제국 정부는 전항前項의 목적을 성취하기 위하여 군사상 필요한 지점을 임기 수용할 수 있게 할 것.

제5조 대한제국 정부와 대일본제국 정부는 상호의 승인 없이는 훗날 본협정의 취지에 위반되는 협약을 제3국과 정립訂立할 수 없을 것.

제6조 본 협약에 관련되는 미비한 세부 내용은 대한제국 외부대신과 대일본제국 대표자 사이에 임기 협정할 것.

통감부統監府 1905년부터 1910년까지 일본 정부가 대한제국을 감독하기 위해 서울에 세워둔 관청. 침략을 준비하기 위한 수단이었다.

경운궁 준명당 편액을 보면 '명明' 자를 '日' 자와 '月' 자를 붙여 썼는데, '日' 자가 일본을 뜻하기 때문으로 전해진다.

향해 치닫고 있었다. 그렇다고 해서 일본이 서둘러 대한제국에 대한 완전한 병합을 진행하지는 않았다. 더 확실한 명분을 쌓으려고 했기 때문이다. 그 가운데 하나가 통감부를 두는 지배 정책이었다. 이는 대한제국 황제를 그대로 두면서 통감부라는 지배 기구를 통하여 '보호국'으로 한다는 것이었다.

그렇지만 이를 위해서는 대한제국과 일본 간에 또 다른 조약이 필요했다. 일본은 송병준·이용구 등을 중심으로 친일 매국단체인 일진회一進會를 결성케 하여 보호국화의 장점을 대대적으로 선전하기 시작했다. 일본은 일진회를 통한 선전에 한계점이 있다고 느끼고 조약을 사조약 체결을 서둘렀다. 그들은 서울에 주둔하고 있던 군대를 서울과 경운궁 일대 등에 배치하고 고종과 내각에 위협을 가하면서 경운궁 준명당에 진입

을사오적 을사조약 체결에 가담한 매국노 다섯 명. 좌부터 농상대신 권중현, 외부대신 박제순, 내부대신 이지용, 군부대신 이근택, 학부대신 이완용.

하여 조약 서명을 강요했다.

곧바로 일본은 조약 성립을 선언하고 통감부 설치와 외교권 박탈 등을 골자로 하는 조약 내용을 시행한다. 고종은 이 조약은 강제 체결된 것이고 스스로 인정하지 않는다고 했지만 이미 힘의 논리가 우선시되었던 당시 국제 사회는 일본에 그 합법성을 부여했다.

을사조약乙巳條約의 전개 과정과 그 폭력성, 그리고 무효 조약임을 가장 먼저 세상에 알린 것은 장지연張志淵이었다. 1905년 장지연은 《황성신문》의 주필로 있으면서 11월 20일자 논설에서 이토 히로부미와 을사오적의 밀약을 비난하고, 을사조약 체결의 폭력성과 그 무효를 피눈물로 호소하는 〈시일야방성대곡〉"을 발표했다. 또 1907년 네덜란드 헤이그에서 열리는 제2차 만국평화회의에 밀사를 보내 국제 사회에 호소하고자 했으나 일본의 방해와 일본의 보호국을 인정한 열강들은 밀사들의 회의 참석을 거절한다. 이때 이준은 헤이그에서 순국했다. 가뜩이나 불투명한 대한제국의 미래에 암울하기 그지 없는 마지막 그림자가 드리워지고 있었던 것이다.

┃ 을사조약 ┃
1905년(대한제국 광무 9년) 일본이 한국 외교권을 박탈하기 위해 강제로 체결한 조약. 고종 황제가 끝까지 재가하지 않았으므로 원인 무효 조약이다.

┃ 시일야방성대곡 ┃
1905년 일제의 강압으로 체결된 을사조약을 슬퍼하며 장지연이 민족적 울분을 표현한 논설이다.

대한제국의 종점

을사조약 조인 후 일본은 신문 등 언론의 활동과 군대·의병 활동이 있을 거라고 보고 재빨리 군사적·법적 조치를 마련했다. 예상대로였다. 의병 부대가 조직되어 전국 각지에서 치열한 전투를 전개했다. 최익현, 신돌석申乭石, 임병찬林炳瓚 등은 충청·전라·경상도를 중심으로 적극 활약했다.

한편 을사조약 직후부터 구국 계몽운동이 본격적으로 진행되었다. 일본의 통감부 정치를 우호적으로 받아들여 실력을 양성하고 서양식 근대시민 국가 건설을 목표로 하는 일진회 활동이 있었다. 개화 지상주의 세력, 변법 개화사상을 계승한 사람들이 여기에 속했다. 반면 실력 양성보다는 독립을 우선시하는 유교 문화의 혁신적 계승이라는 동도 개화를 추진한 세력도 있었다.

일본은 헤이그 밀사 파견 사건 이후 곧바로 고종황제를 유폐·폐위시키는

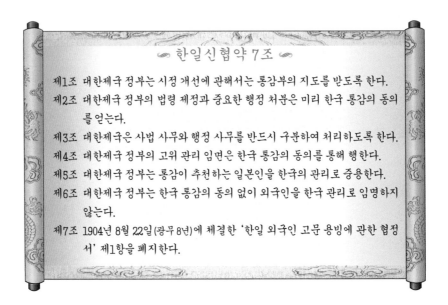

◈ 한일신협약 7조 ◈

제1조 대한제국 정부는 시정 개선에 관해서는 통감부의 지도를 받도록 한다.
제2조 대한제국 정부의 법령 제정과 중요한 행정 처분은 미리 한국 통감의 동의를 얻는다.
제3조 대한제국은 사법 사무와 행정 사무를 반드시 구분하여 처리하도록 한다.
제4조 대한제국 정부의 고위 관리 임면은 한국 통감의 동의를 통해 행한다.
제5조 대한제국 정부는 통감이 추천하는 일본인을 한국의 관리로 중용한다.
제6조 대한제국 정부는 한국 통감의 동의 없이 외국인을 한국 관리로 임명하지 않는다.
제7조 1904년 8월 22일(광무 8년)에 체결한 '한일 외국인 고문 용빙에 관한 협정서' 제1항을 폐지한다.

조치를 내렸다. 1907년 7월 그들은 고종황제를 강제 퇴위시키고 황태자 순종을 대한제국 2대 황제로 올렸다. 그리고 멋대로 '융희隆熙, 융성하고 빛날 것이다'라는 기만적 연호를 정했다. 고종황제가 독립지사와 외국인을 만나는 것을 차단하기 위해서 궁금령宮禁令도 내렸다. 그리고 한일신협약정미 7조약을 강제로 맺었다.

드디어 실질적으로 일본은 대한제국의 주권을 강탈한 것이다. 초대 통감은 이토 히로부미였다. 그는 순종황제의 정치적 개입을 차단하고 모든 일을 통감부에서 사전 승인하도록 했다. 그리고 각 부에 통감부가 승인한 차관과 고문을 두도록 했다. 뒤이어 군대 해산과 보안법, 신문법을 제정하여 사회·언론 활동을 봉쇄하는 조치를 취했다.

일본의 이런 파렴치한 조치 후 대한제국에서는 다양한 민족운동이 전개되었다. 군대 해산 조치가 내려진 후 서울의 시위대와 지방의 진위대는 일본군과 싸우기 시작했고, 이들은 의병 부대에 합류했다. 이들의 참여로 의병 항쟁은 절정에 달했다. 그들은 연합 전선을 결성하여 통감부를 타도하고 주권을 찾기 위해 서울진공작전을 세웠다. 1907년 12월 경기도 양주에서 총대장 이인영李麟榮을 중심으로 '13도창의군'이 결성되었고, 이듬해 정월 작전을 개시했다. 그러나 유감스럽게도 총대장 이인영이 부친상을 당해 귀가해버려 차질을 빚게 되었다. 의

13도창의군탑 표지석　1999년 동아일보사에서 일제에 항거한 정신을 기리기 위해 항전의 터(지금의 망우리 묘지 입구)에 세웠다. 서울시 중랑구에 있다.

병 항쟁은 곳곳에서 이어졌으나 국지적 성격이 강했다. 그러자 일본군은 군사력을 보강하여 포악한 의병 탄압을 가했다. 의병 항쟁은 중국 동북과 러시아 연해주 지방으로까지 이어졌다. 이 가운데서도 가장 일본에 충격을 준 것은 안중근安重根 의사가 만주 하얼빈 역에서 이토 히로부미를 저격한 사건이었다.

다양한 의병 항쟁이나 구국 계몽운동 등이 전개되었지만, 대한제국의 주권은 회복되지 않았다. 1909년 7월에는 사법권을 박탈당했고, 1910년 6월에는 일반 경찰권도 탈취당했다. 일본은 한 발 더 나아가 통감부 대신 총독부를 설치하여 조선을 완전한 식민지로 만들 계획을 세웠다. 3대 통감 데라우치 마사타케寺内正毅가 이 책임을 맡았다. 데라우치는 헌병 대장을 대동, 창덕궁 대조전 흥복헌으로 가서 어전회의 진행중에 순종황제에게 병합 조약 승낙을 강요했다.

순종황제가 거부하는 가운데 데라우치는 1910년 8월 16일 내각총리대신 이완용에게 병합 조약안을 제시, 22일 병합 조약이 이루어졌다. 국권피탈로 대한제국 시대는 허무하게 종지부를 찍은 것이다. 데라우치 통감과 이완용 간에 조인된 조약의 내용에 따라 일본은 총독부를 설치했고 한국에 대한 일체 통치권을 차지하게 되었다. 초대 총독은 데라우치가 맡았으며 항쟁을 막기 위해 헌병 경찰 제도를 시행했다.

조선총독부 남산 기슭에 있던 통감부 건물을 조선총독부 건물로 쓰다가 1925년 경복궁 내에 건물이 완성된 후 이곳으로 옮겼다. 이때 전각 19채, 대문 중문 22개, 당 45개 등 수많은 궁궐 내부 건물들이 없어졌다.

이렇게 숨 가쁘게 전개되어왔던 대한제국의 자강 노력은 수포로 돌아가고 말았다. 반면에 일본은 끊임없이 정한론을 추진했고, 결국 청일전쟁과 러일전쟁 등을 거치면서 대한제국을 강제 병합했다. 대한제국의 근대화는 중단될 수밖에 없었고, 이때부터 35년간 기나긴 어둠 속에서 숨을 죽여야만 했다. 일제강점기에서 조선인들은 무력 항쟁을 전개하면서 근대화 계몽 등을 위해 노력했고, 새로운 아침이 오기를 염원했다. 그러나 그 시간은 너무도 길었다.

영원한 지배를 꿈꾼 조선총독부

정한론의 완성과 강제 병합

미국 동인도 함대 사령관 매슈 페리Matthew C. Perry는 1853년 "대통령 친서를 받아들이지 않으면 무력을 써서 상륙하겠다" 하고 에도막부를 압박했다. 이듬해에는 군함 7척을 이끌고 동경만으로 입항하여 일본의 개국을 강요하고, 마침내 미일화친조약가나가와조약을 체결했다. 이렇게 200년간 지속된 에도막부의 쇄국정책은 종언을 고했다. 대신 이때를 계기로 왕실을 높이고 서양 세력을 물리치자는 존왕양이尊王攘夷 운동이 확대되면서 소멸되다시피 한 천황의 권위가 살아났다. 결국 개국 후 일본은 막부 타도 운동을 전개했고, 1867년 메이지 천황이 즉위하면서 막부 타도 운동은 절정에 달했다. 같은 해 10월 에도막부는 천황에게 국가 통치권을 반환하는 대정봉환大政奉還을 추진하고, 12월에는 왕정복고를 선언했다. 마침내 1868년부터 1912년 7월까지 44년간의 메이지 시대가 열리게 된 것이다.

일본은 천황 중심의 입헌군주제를 바탕으로 신도神道 국교화, 폐번치현을 단행하고, 이와쿠라 도모미岩倉具視 사절단을 미국과 유럽에 파견했다. 이때를 계기로 일본은 태양력을 채택⁽¹⁸⁷³⁾, 학제 개혁을 위한 문부성 _{文部省} 설치⁽¹⁸⁷¹⁾, 부국강병 정책, 근대적 서양 신사상 계몽 단체 메이로쿠사_{明六社} 결성⁽¹⁸⁷³⁾, 칼 차는 것을 금지하는 폐도령_{廢刀令} 등 다양한 문명개화 정책을 추진했다. 또한 메이지유신의 결정판인 근대 일본 헌법이 1889년 2월 11일 공포된다. 천황 중심의 대일본제국 헌법, 혹은 메이지 헌법이다. 1890년에는 제1회 제국의회가 열렸다. 1870년에는 일본의 국기로 히노마루가 포고되었고, 1893년에는 천황 찬양가였던 가곡을 의식용 창가_{唱歌}로 바꾸었는데, 그것이 일본의 국가 기미가요다.

 1870년대의 일본 사회에서 주목할 만한 정치적 움직임이 나타났다. 요시다 쇼인_{吉田松陰} 등 존왕양이 사상가들이 조선 침략론_{정한론}을 주장한 것이다. 이들은 그 명분을 고대 야마토 정권''의 한반도 지배나 임나일본부설에서 찾았다. 왕정복고 후 일본은 이 사실을 조선에 알렸으나 당시 대원군 정권은 참람_{僭濫}하다 하여 받아들이지 않았다. 1875년 운요호가 강화도에서 포대 공격을 받은 사건이 일어나자, 일본은 페리 제독이 에도막부에 했던 방식대로 조선에 압력을 가하여 강화도조약을 맺는다. 이렇게 일본은 단계적으로 정한론을 실현해나갔다.

 한편 일본은 이러한 의도를 감추고 조선을 근대화시켰는데, 임오군란과 갑신정변의 계기가 되었다. 또 한술 더 떠 조선에서 청일전쟁⁽¹⁸⁹⁴⁾을 일으켜 조선에 대한 우위를 차지했지만, 러시아·프랑스·독일의 삼국 간섭으로 청으로부터 빼앗은 요동반도를 반환해야 했다. 하지만 일본은 여기서 친일 세력의 실각을 만회할 목적으로 명성황후 시해 사건을 일으켰다. 이때를 전후하여 일본은 러시아를 견제하는 미국과 영국으로부터 조선 지배를 묵인받았다. 1902년 영일동맹은 그 상징이었다. 러시아의 팽창을 막으려는 영국

▌ 폐번치현_{廢藩置縣} ▌
메이지유신 시대에 지방 통치 기관 번藩을 없애고, 중앙에서 지방 통치 기관을 통제하는 부府와 현縣으로 통합한 행정 개혁.

▌ 야마토 정권 ▌
3세기 말부터 7세기 무렵까지 일본 최초로 야마토가 중심이 되어 거의 모든 일본 영토를 지배한 통일 정권 시대.

의 입장이 반영된 것이었다. 이는 일본이 구미 열강과 맺은 최초의 조약이었다.

일본은 이러한 분위기를 이용하여 마침내 러일전쟁을 일으켰고 승리의 환호성을 울렸다. 일본의 대한제국 점령은 기정사실화되었다. 을사조약, 한일신협약 등을 단계적으로 진행하여 통감부를 두었고, 경찰권·외교권 등을 박탈해갔다. 에도 시대 말기부터 메이지 시대를 지나면서 구체화된 정한론을 완성시킨 것이고 그들이 염원해온 조선이 식민지가 된 것이다.

조선총독부 운영과 참혹한 수탈

1910년 국권피탈 후 일제는 총독부를 설치했다. 총독은 일본의 내각총리대신과 동격이었고, 대장大將 중에서 임명되었다. 초대 총독 데라우치 마사타케는 2개 사단 병력을 배치하고 헌병 경찰 제도를 실시하여 무력 지배를 한층 강화했다. 한편으로는 황족과 친일 귀족에게는 작위와 은사금을 내렸으며, 자문기관인 중추원을 두어 의관議官 벼슬직을 주었다. 대표적 친일파 이완용은 백작 칭호와 15만 엔을 받았다. 순종황제의 이복동생인 영친왕을 일본으로 강제 압송시켰으며, 일본 왕족 나시모토노梨本宮의 장녀 마사코方子와 결혼시킴으로써 대한제국 황실과 일본 황실을 실질적으로 합치려 했다. 조선 역사상 최초의 일이었다. 총독부는 더구나 105인 사건, 민족 언론지 폐간 등을 통해 항일 민족운동의 뿌리를 뽑으려고 했다.

총독부 체제에서 단계적으로 전개된 식민지 지배 정책은 그 치밀함에 놀라움을 금치 못한다. 1910년대 총독부 통치는 강력한 군사력을 이용한 것이었다. 따라서 이 시기의 식민 통치를 무단통치武斷統治라고 하는데, 그 영역

체포되어 끌려가는 '105인 사건'의 피의자들 안명근이 데라우치 마사타케를 암살하려다 실패하자, 일본은 이 사건을 빌미로 항일 민족운동을 탄압하기 위해 신민회원을 체포·고문했다.

은 교육·경제·산업·언론 등 전 분야에 걸쳐 있었다. 명분은 조선의 근대화였지만 실질적인 내용은 수탈과 그 기반 닦기에 불과했다. 더 나아가서는 대륙 진출을 위한 군사 기지 건설이었다.

조선총독부는 "식민지 경영을 위한 경비는 식민지에서 마련한다"는 원칙을 세웠다. 이를 위해서는 일본식 근대화의 틀을 고스란히 조선에 시행해야 했지만, 조선은 식민지였으므로 식민지에 맞는 변형된 수탈 구조를 고안하기에 이르렀다. 가장 크게 문제가 된 것은 토지 자원과 산업의 침탈이었다. 가장 우선적으로 고려된 것은 토지조사사업이었다. 1910년부터 1918년에 걸쳐 실시되었고, 이를 위해 토지조사국(1910)과 토지조사령(1912)이 발표되었다. 그 명분은 토지를 측량하여 지적地籍을 확정한다는 것이었다. 신고주의에 입각한 것이었으나 절차가 복잡한 데다가 국유지, 공유지이고 신고가 없을 경우 총독부 소유가 되었다. 결국 이 토지조사사업은 총독부와 동양척식 주식회사의 합법을 가장한 토지 강탈로 끝맺게 되었고, 소작농은 급격히 늘어나 식민지 농업 구조가 갖추어졌다. 3퍼센트의 지주가 경작지 50퍼센트 이상을 소유하는 수탈 구조가 증명해준다.

토지조사사업을 진행하면서 일제는 1910년 회사 설립 때 총독부의 허가를 받도록 하는 회사령을 공포하여 민족 기업을 탄압할 수단을 마련했다. 1911년에는 우리말과 글, 역사, 지리 등을 가르치지 못하게 하는 조선교육령을 내려 민족 교육을 금지시켰고, 1911년과 1918년에는 삼림령과 임야 조사사업을 통해 삼림 침탈을 가속화했다. 또 1911년에 조선어업령을 발포하여 황실과 개인 소유 어장을 일본인 소유로 재편했다. 이외에도 동양척식 주식회사와 함께 조선은행(1911), 조선식산은행(1918)을 설치 운영하여 금융 부분도 장악해버렸다. 철도를 중심으로 교통망이 갖춰졌는데 1919년대까지 호남선·경원선·함경선 등 철도망은 2,200킬로미터, 도로망은 3,000여 킬로미터에 이르렀다. 물론 그 비용은 조선의 조세 부담으로 충당했다.

1910년 강제 병합 이후 일제와 조선총독부는 10년 동안 대한제국의 사회 경제 체제를 근대화시킨 것이 아니라 근대 식민지 국가 조선으로 탈바꿈시킨 것이었다. 정치·경제·사회·교육·산업 등 모든 분야에서 철저하게 일본과 조선총독부에 의해 지배되는 조선을 만들기 위함이었다. 따라서 이 시기에 대한제국은 국권을 상실했을 뿐만 아니라 일제의 원료 공급지이자 상품 시장, 조세 수탈의 대상이 되고야 말았다.

이 지배 구조는 1919년 3·1운동 이후 변화되었다. 무단통치에서 문화통치로 바뀌었는데, 그 상징적 조치가 총독부 통감을 문관으로 임명하는 것이었다. 헌병 경찰제를 보통 경찰제로 바꾸고 언론·출판·집회·결사를 제한적으로 허용해주었다. 하지만 이러한 문화통치는 본질적으로 대한제국을 기만한 것이었다. 총독들 대부분이 육·해군 대장 출신이었고, 1925년 항일

운동을 탄압하기 위하여 만든 치안유지법은 탄압 검거의 근거가 되었기 때문이다.

1923년 9월 관동대지진이 일어났는데 일제는 '조선인이 폭동을 일으켰다'는 거짓 소문을 퍼뜨려서 자국민에게 사실로 받아들이도록 했다. 그뿐만 아니라 계엄령을 내리고 자경단自警團 설립을 지원했다. 한국인 대학살이 시작된 것이다. 일제는 이를 통해 관동대지진으로 혼란스러워진 민심을 수습하고 경제적 타격을 최소화하는 동시에 배타적 국가 의식을 확대 강화했다.

더구나 일제는 농민 생활을 안정시킨다는 명분으로 토지·농사 개량을 통해 식민지를 식량 생산 조달지로 만들어버렸다. 1920년에서 1934년까지 진행된 산미증식 계획은 일본으로 쌀을 대량 유출하는 결과를 가져왔고, 반대로 식민지 한국인들은 식량 사정 악화와 소작쟁의 격화, 만주로부터 잡곡을 수입하게 되었다. 모든 수출과 수입의 산업 구조는 결국 일제를 중심으로 하는 제국주의와 식민지라는 종속적인 경제구조를 만들었다.

1920년대 말을 기점으로 식민지 산업 구조와 정신적 지배는 일단락되어 가고 있었다. 그러나 일제와 조선총독부는 처음부터 꾀했던 대륙 진출을 위해 한국을 전쟁과 군수물자를 공급하는 기지로 만들었다. 다시 말해 식민지 정책인 병참기지화 정책을 추진한 것이다. 1929년 미국에서 세계 경제공황이 시작되자 일본은 심각한 타격을 받았다. 이를 극복하는 방안으로 일본은 동아시아를 하나의 경제권으로 묶고 일본이 독점적 지배권을 장악하려는 '대동아공영' 논리를 펼쳤다. 그 실현을 위한 방법이 무력 패권주의에 기초한 군국주의 팽창이었다.

일제는 1931년 7월 길림성吉林省, 지린성 만보산 농장에서 재만 한국인과 중국인 농민 분쟁이 일어나자 관동군 출병을 꾀했다. 이른바 '만주사변'을 일으킨 것이다. 이로써 일제는 숙원하던

❙ 만주사변滿洲事變 ❙
1931년 남만주철도 선로 폭파 사건을 계기로 일본군이 중국 동북 지방을 침략한 전쟁. 훗날 중일전쟁의 시초가 된다.

만주 점령을 이루면서 괴뢰정부로 만주국을 세웠다. 일본 군국주의 팽창 시도의 제2막이 시작된 것이다. 1937년 이후 일제는 중국과의 전쟁을 개시하면서 30만 중국 남경 주민을 학살하는 '남경 대학살'을 일으켰다. 일제의 야욕은 여기서 그치지 않았다. 제3막은 중일전쟁과 태평양전쟁이었다. 전쟁 물자 보급과 전쟁 인력 수급을 위해 일제는 식민지 조선에서 경제적 수탈, 군수를 위한 강제 징용, '여자정신대근로령'인 위안부를 설치하는 등의 만행을 저질렀다.

민족혼을 말살하는 식민지 지배 정책

일제는 헌병과 경찰과 군대를 이용하여 한국을 무력 통제했을 뿐만 아니라 산업·금융 면에서 철저히 식민지 수탈 구조를 세워나갔다. 동시에 그들이 꾀한 식민지 지배의 클라이막스는 민족운동의 정신적 기반이라 할 수 있는 민족혼을 왜곡하거나 말살하는 것이었다.

대한제국은 근대화를 위하여 교육에 상당한 투자를 하고 있었으나, 일제는 1910년대 초부터 시행했던 조선교육령을 제정하고 교사들이 제복을 입고 칼을 차고 수업하게 하는 방식을 구체화해갔다. 식민지 교육은 고등교육을 지양하고 보통학교나 실업학교 설립 등을 강화하는 방향으로 진행되었고, 그 내용도 일본 문화 동화 교육에 집중하는 것이었다. 한편 조선의 역사를 정리하는 작업도 서둘렀다. 왜냐하면 민족혼을 되살리려는 시도가 역사 교육에서 시작되고 있다고 생각했기 때문이다.

이미 19세기 말부터 일본에서 형성되고 있던 일선동조론日鮮同祖論을 강화하여 동화정책을 추진하고, 만선지리역사조사실을 활용해서는 이른바 만주의 역사에 종속된 조선사를 주장하는 만선사관滿鮮史觀을 세워 조선의 타율성을 주장했다. 또한 사회경제 구조면에서 조선 사회가 촌락 경제 단계에 머물고 있다는 정체성론을 주장하여 일제에 의한 조선의 근대화를 미화했다. 나아가 일제는 조선과 만주 일대에 대한 고적 조사와 구관 제도舊慣制度 조사 등을 진행하여 식민 통치에 필요한 역사·지리·풍속·법제 등을 정비하여 식민 통치의 기초를 다져나갔다. 그 상징물이 《조선사》 편찬이었다. 1922년 총독부 산하에 조선사 편찬 위원회를 설치하여 식민 사관에 입각한 전 35권 2만 4,000쪽 분량의 《조선사》를 간행하기에 이르렀다(1937).

일제의 조선 민족혼 말살은 이것으로 그치지 않았다. 경복궁 대부분을 헐고 그 앞에 조선총독부 청사를 지었으며 창경궁을 창경원으로 바꾸었다. 경희궁을 헐어 경성중학교를 세웠고, 사도세자 사당인 경모궁 자리에는 경성제국대학 의학부를 지었다. 이러한 일련의 작업은 조선왕조이자 대한제국 황실의 뿌리를 훼손하려는 목적이었다.

1930년대 말부터 일제의 식민지 지배는 민족 말살에 초점을 두었다. 남산에 신궁을 설치하고 전국적으로 1,141개의 신사를 세워 신사참배를 강요했다. 1938년부터는 황국신민화* 정책을 추진하여 황국신민서사를 일본어로 외우게 했으며 천황의 궁성을 향해 절을 하도록 강요했다. 우리말 사용을 금지하고 일본식 성명을 강요하는 창씨개명이 강제적으로 행해졌다. 민족의식을 고취하던 언론 결사에 대한 탄압으로 〈동아일보〉와 〈조선일보〉 등을 폐간시켰다. 중일전쟁, 태평양전쟁 등 침략 전쟁을 미화하면서 수많은 지식인들에게 이를 동조·찬양토록 강요했다. 식민지 한국인의 민족 분열 획책을 위해 근로 보국대나 애국 부인회 등의 어용 단체를 만들어 충성을 맹세하게 했다.

| 황국신민화皇國臣民化 |
일제 강점기 때, 대한제국 국민을 일본 천황의 백성으로 만들려한 정책. 실상은 우리 민족을 말살하기 위한 정책이다.

일제는 조선총독부를 중심으로 철저하게 한국을 정치적·경제적·산업적

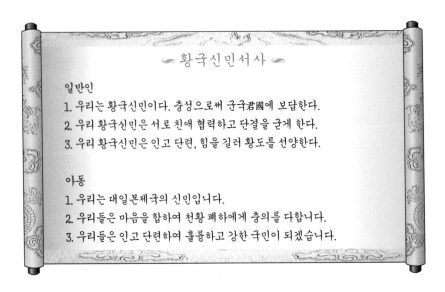

황국신민서사

일반인
1. 우리는 황국신민이다. 충성으로써 군국君國에 보답한다.
2. 우리 황국신민은 서로 친애 협력하고 단결을 굳게 한다.
3. 우리 황국신민은 인고 단련, 힘을 길러 황도를 선양한다.

아동
1. 우리는 대일본제국의 신민입니다.
2. 우리들은 마음을 합하여 천황 폐하에게 충의를 다합니다.
3. 우리들은 인고 단련하여 훌륭하고 강한 국민이 되겠습니다.

식민지로 만들고자 했을 뿐만 아니라 민족혼 말살과 황국신민화를 획책했다. 19세기 말부터 전개된 일제의 침략은 처음에는 그 의도를 철저히 감추고 조선의 근대화를 이웃 국가로서 돕겠다는 명분으로 접근했지만, 청일전쟁이나 러일전쟁 후에는 그 침략 의도를 노골적으로 드러냈다. 그리고 제국주의 시대 국제사회로부터 이에 대한 동의를 끌어내는 데 성공한 후에는 강제 병합을 완성하고, 마침내 식민지를 건설했다. 또 철저히 조선과 조선의 혼을 말살하는 정책을 이어나갔다.

항일 민족해방운동

근대 민족과 국가의 탄생

한국사에서 민족이나 국가란 말이 사용되기 시작한 것은 근대 때부터다. 그 이전에는 아족류我族類나 아족我族이 사용되었다. 하지만 세계사적으로 볼 때 근대의 민족·국가는 왕가王家나 왕실王室이 중심이 아닌 시민사회의 형성과 그에 기반한 정체성 확립, 그리고 영토 경계선이 국제법으로 확립된 것을 말한다. 근대사회에서 이런 거대한 변화의 밑바탕에는 산업혁명이 자리하고 있었고 시민이 대두함으로써 가능했다. 또한 실질적으로는 천부인권에 기반한 선거권과 입법·사법·행정 등의 삼법 분리 등이 실현되어야 했다. 이를 실현하는 것은 각 나라마다 상황에 따라 다르긴 했지만 왕조사의 전통이 강했던 동양 사회에서는 입헌군주제를 선호했다.

우리 근대사에서 근대화 노력이란 근대 민족국가의 수립을 의미한다. 그렇다면 19세기 말에서 20세기 초까지 전개된 근대 민족국가 수립 노력은 실제로 어떠했을까? 또 그러한 과정을 거치면서 드러난 한국 사회에서 근대 민족국가의 역사적 실체는 무엇이었을까?

우리 역사에서 18세기 중엽 이후 19세기 말까지의 100년 역사는 매우 중요한 의미를 갖는다. 이 시기는 하층민부터 지배층에 이르기까지 변화를 모색한 시기였다. 내적으로는 상업과 교역이 활성화되면서 시장이 생김과 동시에 거상들이 늘어났고, 이에 수반하여 농업생산력 향상과 광물자원 등이 개발되었다. 보부상이 생겨났고, 수공업 제품도 다량으로 나왔다. 개혁 사상 또한 실학으로 정리될 만큼 새로운 경향이 생겼다. 서민 문화는 이를 바탕으로 큰 활력을 보였다. 이른바 조선의 성리학적 질서를 바탕으로 한 봉건사회체제 전반에 걸쳐 변화가 있었다. 이것이 조선이 근대체제로 나아가고자 하는 나름의 노력이었다.

하지만 세도정치에 의한 봉건사회체제나 성리학적 세계관에 입각한 위정척사는 이러한 변화를 왜곡시켰다. 그에 대한 반대는 폭력적으로 나타날 수밖에 없었다. 갑신정변, 임오군란, 동학농민전쟁, 갑오개혁 등이 그 본보기였다. 청과 맺은 조공 체제 역시 조선의 자주적 근대화를 가로막고 있었고, 강화도조약이나 청일전쟁은 대표적인 방해물이었다. 이처럼 수많은 유혈사태를 겪었지만 개화세력들은 나름으로 근대민족국가에 대한 이해의 폭을 넓혀나갔다. 또한 그만큼 조선왕조에서도 세계사의 흐름에 동참하고자 한 결과였다.

사실상 근대국가로서 민주국가나 입헌군주제 등은 개화 세력의 명맥을 이은 독립협회 운동에서 잘 드러난다. 그들은 만민공동회를 통해 논의를 확산시켜갔다. 고종 역시 이를 수용하여 국호를 대한제국으로 선포했다. 한국사에서 근대 민족국가는 대한제국이라 할 수 있다. 그러나 대한제국의 역사는 너무나 짧았다. 수많은 개혁을 시도했으나 결국 제국주의 일본과 서구 열강의 패권 다툼에서 희생되고 말았다. 국민 선거 등은 시도조차 해보지 못했지만 한국사 속 근대 민족국가의 첫 단추는 대한제국에 의해 시도된 것이다.

항일 민족해방운동과 근대화의 추진

　한국 근대사는 크게 대한제국기(1897~1910)와 일제강점기(1910~1945) 두 시기로 나뉜다. 그러나 이미 외세에 대항하는 민족운동은 병인양요와 신미양요, 운요호 사건 등으로 시작되었고, 동학농민전쟁 때부터 본격화되어 명성황후 시해 사건인 을미사변 후 의병 항쟁 형태로 전개되었다. 이때의 의병 운동은 대한제국이라는 왕조가 건재한 상황이었으므로 주로 반외세 반일본이 주였고, 동시에 자주적 근대화 추진이라는 개혁 노력이 뒤따랐다.

　1905년에 맺은 을사조약과 1910년 국권피탈로 인해 한일 강제 병합이 추진되면서 대한제국은 실질적으로 종언을 고한 상태가 되었고, 총독부가 설치되었다. 총독부 중심의 가혹한 무단통치가 기승을 부리는 가운데 1910년대 국내 민족운동은 항일 무력 투쟁과 실력 양성 운동으로 나뉘었다. 국외에서 만주 간도間島 지방에 독립운동 기지화가 추진되어 독립군 양성 기관인 신흥무관학교가 설치되었고, 1918년에는 대한독립선언서를 발표했다. 이상설·이동휘 등은 블라디보스토크에 대한광복군 정부라는 망명정부를 처음으로 수립하고 무장투쟁을 벌여나갔다. 상해에서는 중국 국민당 정부와 협력하여 신한청년단*을 조직하고, 1919년 파리강화회의에 김규식을 대표로 파견했다. 미국에서는 박용만, 이승만, 안창호 등이 중심이 되어 외교 활동에 역점을 둔 민족운동을 전개했다.

▌신한청년당 ▌
1919년 상해에서 조직한 독립투사 모임. 중심인물은 김구, 여운형, 이광수 등이었으며, 그 외 당원은 59명 가량 되었다. 기관지 《신한청년보》를 발간하여 독립 정신을 고취시켰다.

　국외에서 활발하게 전개된 민족운동은 1919년을 기점으로 대전환을 맞게 된다. 3·1운동을 계기로 상해에 망명정부의 성격을 띤 임시정부가 설립되었기 때문이다. 3·1운동은 척사 운동과 의병 전쟁, 구국 계몽운동으로 이어진 항일 민족운동의 차원에서 일어난 것이었다.

3·1운동이 국내외에 큰 반향을 불러일으킬 수 있었던 데에는 여러 가지 이유가 있었다. 첫째, 제1차 세계대전이 종전되면서 인도주의·평화주의·민족자결주의가 천명되는 국제 정세의 변동이었다. 둘째는 덕수궁 함녕전에서 고종황제가 갑자기 승하하고 그 죽음에 일제가 관련되었을 것이라는 소문이었다. 고종황제는 독립운동을 포기하라는 일제의 요구를 거부했으며, 오히려 독립운동을 암암리에 후원하고 있었다. 셋째, 제1차 세계대전의 종전과 그와 관련한 식민지 처리를 둘러싸고 파리강화회의가 열리는 시점이었고, 동경의 유학생들이 2·8독립선언을 발표했을 때였다.

3·1운동은 비폭력, 무저항주의를 택한 거국적인 독립만세 운동이었다. 하지만 일제는 시위자들을 폭도로 규정하고 잔인하게 탄압했다. 이 사건이 있은 후 일제는 조선총독부 정치의 틀을 문화통치로 바꾸었다. 3·1운동 이후 민족운동 세력은 임시 형태이지만 독립 이후를 준비하기 위해 근대적 정부를 세워야 한다는 데 의견 일치를 보았다. 그리하여 블라디보스토크에서는 대한국민의회, 서울에는 조선민국임시정부와 한성정부, 상해에는 대한민국임시정부, 의주 등지에서는 신한민국정부 등이 세워졌다. 이후 대한민국임시정부를 중심으로 단일 정부 수립 운동이 전개되면서 1919년 11월 9일 대한민국 임시정부가 출범했다.

이때 임시정부는 이승만을 대통령, 이동휘를 국무총리로 선임하고 성격은 3권 분립에 기초한 민주공화국, 형태는 대통령중심제와 내각책임제를 절충한 것이었다. 《독립신문》을 발행하고 강대국에 외교관을 파견하는 성과를 거두기도 했지만, 평화적 독립운동과 외교 활동에만 치중한 한계를 지적한 사회주의 계열의 요구를 수용하지 못했다. 결국 임시정부는 노선 갈등으로 분열되었다.

하지만 만주와 연해주 일대에서는 독립군 부대의 적극적인 무장투쟁이 활발하게 전개되고 있었다. 대표적인 전투가 봉오동전투"와 청산리전투"였다. 전투에서 대패한 일본군은 일본 영사관 습격 사건"을 조작하여 간도 학살을 일으켜 국면 전환을 꾀했다. 결국 독립군 부대는 러시아·만주국 국경 지대인 밀산부로 피해갔다.

국내에서는 문화통치가 지속되는 동안 일제의 지배 체제를 인정하면서 실력을 양성하자는 실력 양성 운동과 타협을 거부하고 적극적 항일을 전개하려는 사회주의 운동 등으로 나뉘었다. 실력 양성 운동 세력은 민족성 개조를 위한 국민 계몽과 문맹 퇴치, 민립 대학 설립, 물산장려운동 등을 추진하여 성과를 거두었다. 하지만 그것은 어디까지나 일제와 조선총독부의 지배 체제 하에서 용인된 것에 불과했으므로 일제의 의도에 따라 언제든 무너질 수 있는 모래성과 같았다. 사회주의 운동은 1917년 러시아혁명에 자극을 받아 형성되었는데, 1925년에는 조선공산당과 고려공산청년회가 조직되어 노동자 농민운동을 조직했다. 1927년에는 신간회"를 결성하여 통합적 독립운동인 신간회 운동을 일으키려고 했다. 국내에서 일어난 항일 민족운동 가운데 분수령이 된 것은 1926년 순종황제의 장례식을 계기로 일어난 6·10만세운동과 1929년 일본 학생의 조선 여학생 희롱을 계기로 일어난 광주학생항일운동이었다.

1930년대부터 1940년대까지 일제는 민족말살정책을 펴고 무자비한 탄압을 가했다. 이에 대응하여 식민지 조선에서는 민족문화 수호 운동이 일어났다. 역사를 중심으로 '조선학' 운동이 전개되었고 일부 문학인과 조선어학회를 중심으로 민족얼을 지키려는 노력이 나타났다.

▌ 봉오동전투 ▐
1920년 6월 만주 봉오동에서 홍범도가 이끄는 대한 독립군이 일본군을 초토화한 싸움.

▌ 청산리 전투 ▐
청산리대첩. 1920년 만주 청산리에서 김좌진이 이끄는 독립군이 일본군을 크게 쳐부순 싸움.

▌일본 영사관 습격 사건▐
봉오동 전투에서 크게 패한 일본군이 설욕전을 펼치기 위해 수천 명의 군대를 청에 보내려고 하지만, 청의 승인 없이는 군대를 들여보낼 수가 없었다. 그래서 청의 승인을 받을 목적으로 일본은 마적단을 매수해 일본 영사관을 습격했다. 이를 독립군이 습격한 것처럼 꾸며 청나라의 승인을 받았다.

▌ 신간회 ▐
1927년 항일 투쟁에서 민족주의와 사회주의의 대립을 막고 단일 투쟁을 펼 목적으로 조직한 민족운동 단체.

한국사 비극의 시작, 분단

국제적으로 1929년부터 1933년까지 일어났던 세계 대공황으로 세계 자본주의 체제가 위기를 맞이하게 되자 일제는 침략 전쟁을 통해 이를 극복하려 했고, 독일·이탈리아와 동맹을 맺었다. 1931년 만주 침략을 시작으로 1930년대 중반에는 중일전쟁을 일으켜 대륙 진출에 성공했지만 우방이었던 미국·영국과 등을 돌리게 되었다.

일제의 대동아공영론에 입각한 군국 팽창주의는 한국의 항일 민족해방운동에 의해 제동이 걸렸다. 김구를 중심으로 하는 한인애국단은 항일 테러 투쟁을 주도하여 큰 파문을 던졌다. 이봉창은 도쿄에서 히로히토裕仁 천황을 공격했고 윤봉길尹奉吉은 상해 홍구虹口, 홍커우 공원후에 루쉰 공원으로 바뀜에서 시라카와 요시노리白川義則 대장을 도시락 폭탄으로 죽였다.

1941년 6월 독일이 소련 진공을 시작함으로써 독소전쟁이 시작되었고 12월에는 일본이 진주만을 습격해 태평양전쟁을 일으켰다. 독소전쟁과 태평양전쟁을 포함하는 제2차 세계대전이 전 세계를 무대로 벌어졌다. 일본 총리 도조 히데키東條英機는 유럽을 대신할 일제의 역할을 강조하는 한편 전략 물자 확보를 위해 대동아공영권 건설이라는 단체를 세웠다. 독일은 게르만 중심의 인종론에 따라 세계 질서를 세우고자 했다.

세계대전에 대비하여 대한민국임시정부는 1940년에 기초 정당으로 한국독립당을 두는 한편 같은 해 중경重慶, 충칭에서 '광복군'을 창립했다. 이때 일본의 패망에 대비한 건국 강령이 준비되었으며, 연합군과 국내 진공 준비도 추진했다. 중국 화북華北, 화베이 지방에서는 조선 독립 동맹 산하 조선 의용군이 중공군과 함께 항일전쟁을 벌여나갔다.

국내에서는 1939년 박헌영 등이 서울에 '경성콤그룹'을 조직하지만 2년

후 해체되었다. 한편 1944년 좌우 연합 전선의 결과물인 '건국
동맹"'이 결성되어 일본의 패망 후 건국 준비를 대비했다. 여운
형이 주도했고 안재홍 등 민족주의 인사들도 포함되었다. 이러
한 준비 기반으로 해방 후 큰 혼란을 피하면서 조선건국준비위
원회가 조직되어 정권 인수에 나설 수 있었다.

일본은 군국주의의 상징이자 그들의 국기명인 야마토 다마시
日本魂"의 상징 욱일승천기가 전 세계를 뒤덮을 것이라는 환상에
빠져 있었다. 이 전쟁을 주도한 것은 전시중 천황 직속 최고 통
수 기관인 일본 제국 육해군 최고 통수 기관인 대본영大本營이었
다. 하지만 독일이나 일본의 의도와는 달리 전쟁은 점차 미국·
영국 등 연합국 측의 승리로 이어졌다. 1943년 미국 루스벨트
대통령·영국 처칠 총리·중국 장제스蔣介石 총통은 카이로에서 회담을 열고
태평양전쟁 종결 후의 일본의 점령지 반환에 대해 협의함으로써 연합국의
승리를 기정사실화했다. 이때의 선언에서 한국에 대한 조항이 정해졌는데,
그것은 특별 조항으로 추가되었다. "현재 한국민이 노예 상태에 놓여 있음
을 유의하여 앞으로 한국을 자유독립국가로 할 결의를 가진다카이로 선언"하
고 한국의 독립을 국제적으로 보장한 것이었다.

1945년 4월 미국, 영국, 소련군이 독일로 진격하
자 히틀러는 결국 자살을 택했다. 1944년 11월 이
후 미국 등이 일본에 대규모 공습을 단행했다. 저항
을 계속하던 일본도 8월 히로시마와 나가사키에 원
폭이 투하되고 소련군 참전이 이어지자 8월 15일
무조건 항복을 선언했다. 9월 2일 동경만에 정박하
고 있던 미주리호에서 항복 문서에 조인했다.

┃ 경성콤그룹 ┃
1939년 조선공산당 재건
운동을 위해 조직한 공산
주의 비밀 조직.

┃ 건국동맹建國同盟 ┃
1944년 8월 10일 여운형이
중심이 되어 조직한 독립
운동 단체. 조선의 완전 독
립, 민주국가 건설을 강령
으로 삼았으며, 광복 후에
조선건국준비위원회에 편
입되었다.

┃ 야마토 다시미 ┃
일본 정신을 뜻하고, 일본
적인 것이 핵심이라는 의
미다.

욱일승천기旭日昇天旗　욱일기라고도
하며, 일장기 태양 문양 주변에 퍼져나
가는 햇살을 붉은색으로 도안한 깃발.

일제의 패망은 식민지 조선 전체를 환호성으로 들뜨게 했다. 마침내 카이로 선언이 결실을 맺는 듯했다. 건국준비위원회 등이 결성되어 자주민주국가 건설 준비를 해나감으로써 해방과 국가 건설이 동시에 진행되었다. 근대 민족국가를 넘어 현대 민주국가로 전환이 이루어질 듯했다. 조선건국준비위원회는 1946년 9월 6일 서둘러 조선인민공화국을 선포했다.

존 하지John Hodge 중장을 비롯한 미군은 9월 8일 인천항을 통해 서울로 들어왔다. 9월 9일 중앙청에서 조선 총독 아베 노부유키阿部信行와 항복 문서 조인이 이루어졌고, 일본기는 마침내 한반도에서 내려졌다. 하지만 남한에 진주한 미군은 즉각 군정을 선포함으로써 한국인으로 하여금 의아심을 갖게 만들었다. 북한에도 소련군이 진주하고 있었다. 당시 이미 연합국의 양대 축이었던 미국과 소련은 이념 대립과 세계 질서 양분 구도를 만들어놓고 있었는데, 해방 조선은 여기서 벗어나지 못했다. 양국은 이미 38도선을 경계로 하는 한반도 분할 점령에 합의한 상태였는데 그 시작이 군정이었던 것이다. 그리고 1945년 말 모스크바에서는 미국·영국·소련의 외상이 모여 삼상회의를 열었고, 결국 신탁통치안이 결정되었다.

결국 한반도는 해방은 되었으나 미소 군정에 의한 신탁통치로 해방이 아닌 상황을 맞게 되었다. 남북 양측은 신탁 반대와 신탁 찬성 편으로 나뉘었고, 좌우 대립은 극심해졌다. 결국 해방된 한반도에는 미소 군정에 의한 과도정부가 수립되었고, 그것이 유지될 가능성이 매우 컸다. 그 가능성은 곧 현실화되어 한국 현대사의 비극을 낳고야 말았다.

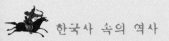

조선은 일제의 가혹한 식민지 정책을 어떻게 이겨냈는가

대한민국은 험난한 과거사를 지나 현재에 이르렀다. 세계 근현대사에서 한국사처럼 엄청난 고통을 겪은 국가도 없을 것이다. 우리는 일제의 식민지 지배와 민족말살정책을 어떻게 이겨냈을까?

근대화를 겪는 동안 조선에서는 성리학 질서를 지키려고 하는 위정척사운동이 전개되어 서양과의 충돌을 피할 수 없었다. 하지만 서세동점의 현실을 직시하면서 서양문물을 수용하기 위해 조정에서는 신식 군대를 설치하고 시찰단을 파견하는 등 동도서기에 중점을 두고 개화 정책을 벌여나갔다. 이러한 과정에서 일본 제국주의의 식민지 건설의 야욕을 막지 못하고, 대한제국은 강제 병합되고 만다.

조선에서는 다양한 독립운동과 민족해방운동이 일어났다. 개화·근대화에 중점을 둔 계몽운동이자 자강운동, 국채보상운동, 민족 개조론, 독립 준비론, 국학 운동, 민족문화수호 운동, 민족 실력 양성 운동 등이 있었다. 국내외에서 무장항일투쟁이 전개되었고, 이승만 등은 국제사회의 외교 협조를 끌어내려고 노력했다. 1919년 3·1운동과 1929년 11월 3일 광주학생운동 등이 있었으며, 사회주의 운동도 성과를 거두었다. 해외에서 일어난 항일투쟁은 대한민국 임시정부 설립으로 대표되었으나 8·15해방 이후 그 노력은 국제사회에서 인정받지 못한 채 미국·소련 등 강대국의 이해관계에 묻히고 말았다.

일제는 식민지 지배를 위해 점점 노골적이면서도 직접적인 통치 전략을 구사했다. 조선을 대륙 진출의 교두보로 생각하여 조선을 병참기지화했다. 대륙에 인접한 북쪽에는 발전소, 비료 공장 등 중화학공업을 육성했다. 남쪽은 경공업과 소비 시장으로 삼는 경제 전략을 취했다. 즉 일제는 조선의 근대화를 유도한 것이 아니라 대륙 진출을 위한 군사기지화, 일본의 경제를 위한 소비시장화, 식량자원과 광물자원의 수탈 등 식민지 경영을 꾀한 것이다.

조선총독부는 이를 위해 두 가지 전략을 취했다. 반일 감정을 가진 조선인을 철저히 조사·색출·탄압하고, 식민 사관植民史觀을 체계화하여 조선인들의 자부심을 꺾고, 일제에 대해 충성을 강요했다. 식민 사관은 일본 우월주의에 입각한 황국사관皇國史觀 일본의 역사를 천황 중심의 관점에서 보는 견해을 계승한 것이다. 1920년대를 거치면서 체계화되었는데, 그 중심에는 조선사 편찬 위원회와 청구학회 등이 있었다. 이들은 임나일본부설을 통해 한국사가 가진 역동적 힘을 부정하고 식민성을 주장한 것이다.

1931년 일제는 만주사변을 일으켰는데, 이것이 중일전쟁과 태평양전쟁 등으로 확대되면서 한반도를 병참기지화하고 조선인의 정신을 약화시켜 일제의 충실한 노예로 만들려는 민족말살정책이 한층 강화되었다. 또 조선인을 군인으로 동원하는 등 인적·물적으로 수탈을 자행했다. 이 과정에서 강제징용과 학도병 제도가 추진되었고, 조선의 여자들은 종군위안부로 끌려갔다. 내선일체內鮮一體와 일선동조론日鮮同祖論을 주장하여 아예 조선의 정신과 역사를 말살하고자 했다.

1937년 10월 2일자 〈동아일보〉에 '황국신민서사'가 실리기도 했다. 황국신민서사는 총독부 사회교육과장을 지낸 조선인 김대우가 만든 것으로, 창씨개명創氏改名을 주도한 인물로도 알려져 있다. 그뿐만 아니라 일제는 조선 전역에 신사를 세웠고, 특히 남산에는 남산신궁南山神宮을 세워 신사참배를 강요했다. 이러한 내용과 관련하여 1937년 11월 17일자 〈동아일보〉에, 총독부 정무총감 명의로 "매월 1일 혹은 15일을 애국일愛國日로 정하고, 이날은 신사참배·황거요배아침마다 일어나서 일본 천황이 있는 동쪽을 향해 절함·국기게양·국가제창·황국신민서사 제창·천황폐하 만세삼창 등의 행사를 실시하도록 한다"는 기사가 실렸다. 창씨개명을 하고 우리말이 아닌 일본어를 사용하며, 서사와 참배를 행하고 일본 국가인 기미가요를 부르는 조선의 학생과 어른들을 상상해보자. 그들은 뼛속부터 조선인이라는 인식을 지워가게 되는 것이다.

아무 죄의식 없이 조선과 주변 국가에 마구잡이로 수탈을 자행한 일본은 마침내 연합국의 공격에 무너졌다. 일본 히로히토 천황은 1945년 8월 15일 항복 방송을 했는데 일제의 잘못에 대한 반성, 식민지 국가에 대한 사과 내용은 하나도 없었다. 그는 "미국과 영국 양국에 선전한 것은 제국의 자존과 동아시아의 안정을 바란 것에 불과하고 타국의 주권을 배척하고 영토를 범함은 물론 짐의 뜻이 아니었다"고 발표하고, 오히려 잔학한 연합국의 공격에서 신민을 보호하기 위해 항복한다고 했다. 지금까지도 일본은 당시의 일에 대해 명백한 사과를 하지 않았다.

국보 목록

1호	숭례문 서울시 중구	29호	성덕대왕 신종(에밀레종) 경북 경주시
2호	원각사지 10층석탑 서울시 종로구	30호	분황사 석탑 경북 경주시
3호	북한산 신라진흥왕 순수비 국립중앙박물관	31호	경주 첨성대 경북 경주시
4호	고달사지 부도 경기도 여주군	32호	해인사 대장경판 경남 합천군
5호	법주사 쌍사자석등 충북 보은군	33호	창녕 신라 진흥왕척경비 경남 창녕군
6호	중원탑평리 7층석탑 충북 충주시	34호	창녕 술정리 동3층석탑 경남 창녕군
7호	봉선 홍경사 사적갈비 충남 천안시	35호	화엄사 4사자 3층석탑 전남 구례군
8호	성주사 낭혜와상백월보광탑비 충남 보령시	36호	상원사 동종 강원 평창군
9호	부여 정림사지 5층석탑 충남 부여군	37호	경주 구황리 3층석탑 경북 경주시
10호	실상사 백장암 3층석탑 전북 남원시	38호	고선사지 3층석탑 경북 경주시
11호	미륵사지석탑 전북 익산시	39호	월성 나원리 5층석탑 경북 경주시
12호	화엄사 각황전 앞 석등 전남 구례군	40호	정혜사지 13층석탑 경북 경주시
13호	무위사 극락전 전남 강진군	41호	용두사지 철당간 충북 청주시
14호	은해사 거조암 영산전 경북 영천시	42호	목조삼존불감 전남 순천시 송광사
15호	봉정사 극락전 경북 안동시	43호	고려고종제서 전남 순천시 송광사
16호	안동 신세동 7층전탑 경북 안동시	44호	보림사 3층 석등·석탑 전남 장흥군
17호	부석사 무량수전 앞 석등 경북 영주시	45호	부석사 소조여래좌상 경북 영주시
18호	부석사 무량수전 경북 영주시	46호	부석사 조사당벽화 경북 영주시
19호	부석사 조사당 경북 영주시	47호	쌍계사 진감선사대공탑비 경남 하동군
20호	불국사 다보탑 경북 경주시	48호	월정사 8각9층석탑 강원 평창군
21호	불국사 삼층석탑 경북 경주시	49호	수덕사 대웅전 충남 예산군
22호	불국사 연화교 칠보교 경북 경주시	50호	도갑사 해탈문 전남 영암군
23호	불국사 청운교 백운교 경북 경주시	51호	강릉 객사문 강원 강릉시
24호	석굴암 석굴 경북 경주시	52호	해인사 장경판전 경남 합천군
25호	신라 태종 무열왕릉비 경북 경주시	53호	연곡사 동부도 전남 구례군
26호	불국사 금동비로자나불좌상 경북 경주시	54호	연곡사 북부도 전남 구례군
27호	불국사 금동아미타여래좌상 경북 경주시	55호	법주사 팔상전 충북 보은군
28호	백률사 금동약사여래입상 경북 경주시	56호	송광사 국사전 전남 순천시

57호	쌍봉사 철감선사탑　전남 화순군	83호	금동미륵보살반가상　국립중앙박물관
58호	장곡사 철조약사여래좌상부석조대좌	84호	서산 마애삼존불상　충남 서산시
	충남 청양군	85호	금동신묘명삼존불　서울시 용산구 리움미술관
59호	법천사지 지광국사 현모탑비　강원 원주시	86호	경천사 10층석탑　국립중앙박물관
60호	청자사자유개향로　국립중앙박물관	87호	금관총금관　국립경주박물관
61호	청자비룡형주전자　국립중앙박물관	88호	금관총과대와 요패　국립경주박물관
62호	금산사 미륵전　전북 김제시	89호	금제교구　국립중앙박물관
63호	도피안사 철조비로자나불좌상　강원 철원군	90호	금제태환이식　국립중앙박물관
64호	법주사 석연지　충북 보은군	91호	도제기마인물상　국립중앙박물관
65호	청자기린유개향로　서울시 성북구	92호	청동은입사포유수금문정병　국립중앙박물관
66호	청자상감유죽연로원앙문정병　서울시 성북구	93호	백자철화포도문호　국립중앙박물관
67호	화엄사 각황전　전남 구례군	94호	청자소문과형병　국립중앙박물관
68호	청자상감운학문매병　서울시 성북구	95호	청자칠보투각향로　국립중앙박물관
69호	개국원종공신록권　부산 동아대학교박물관	96호	청자귀형수병　국립중앙박물관
70호	훈민정음　서울시 성북구	97호	청자음각연화당초문매병　국립중앙박물관
71호	동국정문(1~6권)　서울시 성북구	98호	청자상감모란문항　국립중앙박물관
72호	금동계미명삼존불　서울시 성북구	99호	갈항사 3층석탑　국립중앙박물관
73호	금동삼존불감　서울시 성북구	100호	남계원 7층석탑　국립중앙박물관
74호	청자압형수적　서울시 성북구	101호	법천사 지광국사 현묘탑　국립중앙박물관
75호	표충사 청동함은향완　경남 밀양시	102호	정토사 홍법국사 실상탑　국립중앙박물관
76호	이충무공 난중일기 부서간첩임진장초	103호	중흥산성 쌍사자석등　국립광주박물관
	충남 아산시	104호	전흥법사 염거화상탑　국립중앙박물관
77호	의성탑리 5층석탑　경북 의성군	105호	산청 범학리 3층석탑　국립중앙박물관
78호	금동미륵보살반가상　국립중앙박물관	106호	계유명 전씨 아미타불삼존석상　국립청주박물관
79호	경주 구황리 금동여래좌상　국립중앙박물관	107호	백자철화포도문호　이화여자대학교박물관
80호	경주 구황리 금동여래입상　국립중앙박물관	108호	계유명 삼존천불비상　국립공주박물관
81호	감산사 석조미륵보살입상　국립중앙박물관	109호	군위 삼존석굴　경북 군위군
82호	감산사 석조아마타불입상　국립중앙박물관	110호	익재영정　국립중앙박물관

번호	이름 소장처	번호	이름 소장처
111호	회헌영정 경북 영주시	126-7호	동환 경북 경주시
112호	감은사지 삼층석탑 경북 경주시	126-8호	경옥제곡옥 경북 경주시
113호	화청자양류문통형병 국립중앙박물관	126-9호	홍마노환옥 경북 경주시
114호	청자상감모란국화문과형병 국립중앙박물관	126-10호	수정절자옥 경북 경주시
115호	청자상감당초문완 국립중앙박물관	126-11호	수정보주형옥 경북 경주시
116호	청자상감모란문표형병 국립중앙박물관	126-12호	수정환옥 경북 경주시
117호	보림사 철조비로자나불좌상 전남 장흥군	126-13호	녹색유리환옥 경북 경주시
118호	금동미륵반가상 서울시 용산구 리움미술관	126-14호	담청색유리제과형옥 경북 경주시
119호	연가7년명 금동여래입상 국립중앙박물관	126-15호	유리제소옥 경북 경주시
120호	용주사 범종 경기 화성시	126-16호	향목편 경북 경주시
121호	하회탈 및 병산탈 국립중앙박물관	126-17호	청동제비천상 경북 경주시
122호	진전사지 삼층석탑 강원 양양군	126-18호	동경 경북 경주시
123호	익산 왕궁리 오층석탑 내 발견 유물 국립전주박물관	126-19호	동제채자 경북 경주시
		126-20호	목탑 경북 경주시
123-1호	순금금강경판 국립전주박물관	126-21호	수정대옥 경북 경주시
123-2호	유리제사리병 국립전주박물관	126-22호	홍마노 경북 경주시
123-3호	금제방합 국립전주박물관	126-23호	수정제가지형옥 경북 경주시
123-4호	청동여래입상 국립전주박물관	126-24호	유리제과형옥 경북 경주시
123-5호	기타 유물 국립전주박물관	126-25호	유리소옥 경북 경주시
124호	한송사 석조보살좌상 국립춘천박물관	126-26호	심향편 경북 경주시
125호	녹유골호(부석 제외) 국립중앙박물관	126-27호	섬유잔결 경북 경주시
126호	불국사 삼층석탑 내 발견 유물 경북 경주시	126-28호	묵서지편 경북 경주시
126-1호	금동제사리외함 경북 경주시	127호	삼양동 금동관음보살입상 국립중앙박물관
126-2호	은제사리외합 경북 경주시	128호	금동관음보살입상 경기 용인시 호암미술관
126-3호	은제사리내합 경북 경주시	129호	금동보살입상 서울시 용산구 리움미술관
126-4호	유향 경북 경주시	130호	선산 죽장동 오층석탑 경북 구미시
126-5호	금동방형사리합 경북 경주시	131호	이태조 호적원본 국립중앙박물관
126-6호	무구정광대다라니경 경북 경주시	132호	징비록 경북 안동시

133호	청자진사연화문표형주자 리움미술관	148-1호	권지 16 서울대학교규장각
134호	금동보살삼존상 서울시 용산구 리움미술관	148-2호	권지 17 국립중앙도서관
135호	혜원풍속도 서울시 성북구	149호	동래선생교정북사상절 서울시 성북구
136호	용두보당 서울시 용산구 리움미술관	150호	송조표전총류 서울대학교규장각
137호	대구 비산동 출토동기류 리움미술관	151호	조선왕조실록 서울대학교규장각 외
137-1호	동검검경 및 동무부속구 리움미술관	151-1호	정족산본 서울대학교규장각
137-2호	광봉동모 및 검장 경기 용인시 호암미술관	151-2호	태백산본 국가기록원 부산기록센터
138호	금관 및 부속금구 서울시 용산구 리움미술관	151-3호	오대산본 서울대학교규장각
139호	군선도병 서울시 용산구 리움미술관	151-4호	기타 산엽본 서울대학교규장각
140호	나전단화금수문경 서울시 용산구 리움미술관	152호	비변사등록부의정부등록 서울대학교규장각
141호	다뉴세문경 숭실대학교박물관	153호	일성록 서울대학교규장각
142호	동국정운 건국대학교박물관	154호	금제관식(왕) 국립공주박물관
143호	화순 대곡리 출토 청동유물 국립중앙박물관	155호	금제관식(왕비) 국립공주박물관
143-1호	청동검 국립중앙박물관	156호	심엽형이식(왕) 국립공주박물관
143-2호	청동팔령구 국립중앙박물관	157호	금제수식부이식(왕비) 국립공주박물관
143-3호	청동쌍령구 국립중앙박물관	158호	금제 경식(왕비) 국립공주박물관
143-4호	청동삭구 국립중앙박물관	159호	금제 뒤꽂이(왕) 국립공주박물관
143-5호	청동공부 국립중앙박물관	160호	은제 팔찌(왕비) 국립공주박물관
143-6호	청동세문경 국립중앙박물관	161호	청동신수경 국립공주박물관
144호	월출산 마애여래좌상 전남 영암군	161-1호	청동신수경 국립공주박물관
145호	귀면청동로 국립중앙박물관	161-2호	의자손수대경 국립공주박물관
146호	청동방울 일괄 서울시 용산구 리움미술관	161-3호	수대경 국립공주박물관
146-1호	팔주령 서울시 용산구 리움미술관	162호	석수 국립공주박물관
146-2호	간두령 서울시 용산구 리움미술관	163호	지석 국립공주박물관
146-3호	조합식쌍두령 서울시 용산구 리움미술관	164호	두침 국립공주박물관
146-4호	쌍두령 서울시 용산구 리움미술관	165호	족좌(왕) 국립공주박물관
147호	울주 천전리 각석 울산 울주군	166호	백자철화매죽문대호 국립중앙박물관
148호	십칠사찬고금요 서울대학교규장각 외	167호	청자인형주자 국립중앙박물관

168호	백자진사매국문병	국립중앙박물관	193호	유리제 병과 배(98호 남분)	국립경주박물관
169호	청자양각죽절문병	서울시 용산구 리움미술관	194호	금제경식(98호 남분)	국립경주박물관
170호	청화백자매조죽문호	국립중앙박물관	195호	토우장식장경호	국립경주박물관
171호	청동은입사보상당초봉황문합	리움미술관	196호	신라 백지묵서 대방광불화엄경	리움미술관
172호	진양군 영인 정씨묘 출토 유물	리움미술관	197호	청룡사 보각국사 정혜원융탑	충북 충주시
172-1호	백자상감초화문편병	리움미술관	198호	단양 신라적성비	충북 단양군
172-2호	묘지	서울시 용산구 리움미술관	199호	단석산 신선사 마애불상군	경북 경주시
172-3호	잔	서울시 용산구 리움미술관	200호	금동보살입상	부산광역시립박물관
173호	청자철채퇴화점문나한좌상	서울시 강남구	201호	봉화 북지리 마애여래좌상	경북 봉화군
174호	금동수정감장촉대	서울시 용산구 리움미술관	202호	대방광불화엄경진본	서울시 서대문구
175호	백자상감연당초문대접	국립중앙박물관	203호	대방광불화엄경주본 6권	서울시 중구
176호	청화백자홍치명송죽문호	동국대학교박물관	204호	대방광불화엄경주본 36권	서울시 중구
177호	분청사기인화문태호	고려대학교박물관	205호	중원고구려비	충북 충주시
178호	분청사기조화어문편병	서울시 서대문구	206호	해인사 고려각판	경남 합천군
179호	분청사기박지연어문편병	호림박물관	206-1호	묘법연화경	경남 합천군
180호	세한도	서울시 종로구	206-2호	화엄경 관자재보살 소설법문별행소 경남 합천군	
181호	장량수 급제 패지	경북 울진군			
182호	금동여래입상	국립대구박물관	206-3호	대불정여래밀인수증료의제 보살만행수능엄경 경남 합천군	
183호	금동보살입상	국립대구박물관			
184호	금동보살입상	국립대구박물관	206-4호	대방광불화엄경세주묘엄품	경남 합천군
185호	묘법연화경	국립중앙박물관	206-5호	금강반야바라밀경	경남 합천군
186호	양평 금동여래입상	국립중앙박물관	206-6호	금강반야바라밀경	경남 합천군
187호	봉감모전오층석탑	경북 영양군	206-7호	화엄경보현행원품	경남 합천군
188호	천마총 금관	국립경주박물관	206-8호	법화경 보무품	경남 합천군
189호	천마총 금모	국립경주박물관	206-9호	인천보감	경남 합천군
190호	천마총 금제과대와 요패	국립경주박물관	206-10호	불설예수십왕생칠경	경남 합천군
191호	금관과 수하식	국립경주박물관	206-11호	삼십팔분공덕소경	경남 합천군
192호	금제과대와 요패(98호 북분)	국립경주박물관	206-12호	불설아미타경	경남 합천군

206-13호	대방광물화엄경략신중 경남 합천군	215호	감지은니대방광불화엄경 31권 리움미술관
206-14호	화엄경변상도(주본) 경남 합천군	216호	인왕제색도 서울시 용산구 리움미술관
206-15호	대방광불화엄경(정원본) 경남 합천군	217호	금강전도 서울시 용산구 리움미술관
206-16호	대방광불화엄경(진본) 경남 합천군	218호	아미타삼존도 서울시 용산구 리움미술관
206-17호	대방광불화엄경(주본) 경남 합천군	219호	청화백자매죽문호 서울시 용산구 리움미술관
206-18호	대방광불화엄경소 경남 합천군	220호	청자상감용봉모란문개합 리움미술관
206-19호	대방광불화엄경수소연의초 경남 합천군	221호	상원사 목조문수동자좌상 강원 평창군
206-20호	금강반야바라밀경 경남 합천군	222호	청화백자매죽문호 서울시 관악구 호림박물관
206-21호	불설장수멸죄호제동자다라니경 경남 합천군	223호	경복궁 근정전 서울시 종로구
206-22호	대각국사 문집 경남 합천군	224호	경복궁 경회루 서울시 종로구
206-23호	대각국사 외집 경남 합천군	225호	창덕궁 인정전 서울시 종로구
206-24호	남양선생 시집 경남 합천군	226호	창경궁 명정전 서울시 종로구
206-25호	백화도장발원문약해 경남 합천군	227호	종묘 정전 서울시 종로구
206-26호	당현시범 경남 합천군	228호	천상열차분야지도각석
206-27호	약제경론염불법문왕생정토집 경남 합천군		서울시 중구 국립고궁박물관
206-28호	십문화쟁론 경남 합천군	229호	보루각 자격루 서울시 중구 덕수궁
207호	천마도 장니 국립중앙박물관	230호	혼천시계 고려대학교박물관
208호	금동육각사리함 경북 김천시	231호	용범 숭실대학교박물관
209호	보협인석탑 동국대학교박물관	232호	의안백 이화 개국공신록권 전북 정읍시
210호	감지은니불공견색신변진언경 13권 서울시 용산구 리움미술관	233호	영태 2년 명납석제호 부산광역시립박물관
		234호	감지은니묘법연화경 1~7권 리움미술관
211호	백지묵서묘법연화경 1~7권 서울시 관악구 호림박물관	235호	감지금니대방광불화엄경보현행원품 서울시 용산구 리움미술관
212호	대불정여래밀인수증료의제보살만행수능엄경 1~10권 동국대학교박물관	236호	월성 장항리사지 서5층석탑 경북 경주시
		237호	고산구곡시화병 서울시 동대문구
213호	금동대탑 서울시 용산구 리움미술관	238호	소원화개첩 서울시 동대문구
214호	흥왕사 명청동은입사운룡문향완 서울시 용산구 리움미술관	239호	송시열 초상 국립중앙박물관
		240호	윤두서 자화상 전남 해남군

241호	초조본대반야바라밀다경 249권 호암미술관	260호	분청사기박지모란문철채자라병	
242호	울진 봉평 신라비 경북 울진군		국립중앙박물관	
243호	초조본 현양성교론 11권 리움미술관	261호	백자호 서울시 용산구 리움미술관	
244호	초조본 유가사지론 17권 명지대학교박물관	262호	백자대호 서울시 중구 우학문화재단	
245호	초조본 신찬일체경원품차록 20권 국립중앙박물관	263호	청화백자산수화조문대호 서울시 중구 우학문화재단	
246호	초조본 대보적경 59권 국립중앙박물관	264호	영일 냉수리 신라비 경북 포항시	
247호	공주 의당금동보살입상 국립공주박물관	265호	초조본 대방광불화엄경 주본 13권 서울시 종로구	
248호	조선방역지도 국사편찬위원회			
249호	동궐도 고려대학교박물관·동아대학교박물관	266호	초조본 대방광불화엄경 주본 2, 75권 서울시 관악구 호림박물관	
250호	개국원종공신록권 서울시 서대문구	267호	초조본 아비달마식신족론 12권 호림박물관	
251호	대승아비달마잡집론 14권 서울시 서대문구	268호	초조본 아비담비파사론 11, 17권 호림박물관	
252호	청자음각연화문매병 리움미술관	269호	초조본 불설최상근본대락금강불공삼매대교왕경 6권 서울시 관악구 호림박물관	
253호	청자양인각연당초·상감모란문은구대접 국립중앙박물관			
		270호	청자모자원형연적 서울시 성북구	
254호	청자음각연화절지문매병 서울시 중구	271호	초조본 현양성교론 12권 국립중앙박물관	
255호	전충남 출토 청동방울 일괄 리움미술관	272호	초조본 유가사지론 32권 국립중앙박물관	
255-1호	팔주령 서울시 용산구 리움미술관	273호	초조본 유가사지론 15권 국립중앙박물관	
255-2호	쌍두령 서울시 용산구 리움미술관	275호	기마인물형토기 국립경주박물관	
255-3호	조합식 쌍두령 서울시 용산구 리움미술관	276호	초조본 유가사지론 53권 인천 남동구 가천박물관	
255-4호	간두령 경기 용인시 호암미술관			
256호	초조본 대방광불화엄경 주본 1권 경기도박물관	277호	초조본 대방광불화엄경주본 36권 서울시 강남구 한솔종이박물관	
257호	초조본 대방광불화엄경 주본 29권 충북 단양군	278호	태종11년이형원종공신녹권부함 충북 국립고궁박물관	
258호	청화백자죽문각병 리움미술관	279호	초조본 대방광불화엄경 주본 74권 충북 단양군	
259호	분청사기상감용문호 국립중앙박물관	280호	성거산 천흥사 동종 국립중앙박물관	

281호	백자주자 서울시 관악구 호림박물관	293호	금동관세음보살입상 국립중앙박물관
282호	흑석사 목조아미타불좌상병복장 유물 경북 영주시	294호	청화백자철사진사국화문병 서울시 성북구
		295호	나주 신촌리 고분 출토 금동관 국립중앙박물관
282-1호	불상 경북 영주시 흑석사	296호	칠장사 오불회괘불탱 경기 안성시
282-2호	전적 국립대구박물관	297호	안심사 영산회괘불탱 충북 청원군
282-3호	직물류 국립대구박물관	298호	갑사 삼신불괘불탱 충남 공주시
282-4호	기타 복장물 오향, 칠약, 오곡, 칠보류, 사리함 국립대구박물관	299호	신원사 노사나불괘불탱 충남 공주시
		300호	장곡사 미륵불괘불탱 충남 청양군
283호	통감속편 경북 경주시	301호	화엄사 영산회괘불탱 전남 구례군
284호	초조본 대반야바라밀다경 162, 170, 463권 서울시 강남구	302호	청곡사 영산회괘불탱 경남 진주시
		303호	승정원 일기 서울대학교규장각
285호	울산 대곡리 반구대암각화 울산 울주군	304호	여수 진남관 전남 여수시
286호	백자발 서울시 용산구 리움미술관	305호	통영 세병관 경남 통영시
287호	부여 능산리 출토백제금동대향로 국립부여박물관	306호	삼국유사 3~5권 경기 의왕시
		306-2호	삼국유사 1~5권 서울대학교규장각
288호	백제 창왕 명석조사리감 국립부여박물관	307호	태안 마애삼존불 충남 태안군
289호	익산 왕궁리 5층석탑 전북 익산시	308호	대흥사 북미륵암마애여래좌상 전남 해남군
290호	통도사 대웅전 금강계단 경남 양산시	309호	백자대호 서울시 용산구 리움미술관
291호	용감수경 고려대학교박물관	310호	백자대호 국립고궁박물관
292호	오대산 상원사 중창권선문 강원 평창군	311호	안동 봉정사 대웅전 경북 안동시

참고문헌

원전

《경국대전》, 《경세유표》, 《고려도경》, 《고려묘지명집성》, 《고려사》, 《고려사절요》, 《고순종실록》, 《구당서》, 《국조오례의》, 《금사》, 《대전회통》, 《동국이상국집》, 《만기요람》, 《면암집》, 《목민심서》, 《목은집》, 《반계수록》, 《사기》, 《산림경제》, 《삼국사기》, 《삼국유사》, 《삼국지》, 《삼봉집》, 《상서대전》, 《성호사설》, 《송사》, 《승정원일기》, 《신당서》, 《신증동국여지승람》, 《요사》, 《원사》, 《제왕운기》, 《조선왕조실록》, 《한서》, 《홍재전서》, 《후한서》, 《흠흠신서》

단행본

강만길 외, 《일제와 서구의 식민통치 비교》, 선인, 2004.

강만길, 《고쳐 쓴 한국근대사》, 창작과비평사, 2006.

_____, 《고쳐 쓴 한국현대사》, 창작과비평사, 2006.

고구려연구회편, 《광개토호태왕비연구》, 학연문화사, 1996.

김갑동, 《고려 전기 정치사》, 일지사, 2005.

김기흥, 《고구려 건국사》, 창작과비평사, 2002.

김도형 외, 《일제하 한국사회의 전통과 근대의식》, 혜안, 2009.

김범, 《사화와 반정의 시대》, 역사비평사, 2007.

김순자, 《한국중세 한중관계사》, 혜안, 2007.

김용선 편, 《궁예의 나라 태봉》, 일조각, 2008.

김준석, 《조선후기 정치사상사 연구》, 지식산업사, 2003.

김태영, 《실학의 국가개혁론》, 서울대학교출판부, 1998.

나카스라 아키라, 성해준 옮김, 《근대일본의 조선인식》, 청어람미디어, 2005.

도현철, 《고려말 사대부의 정치사상 연구》, 일조각, 1999.

문안식, 《백제의 흥망과 전망》, 혜안, 2006.

민덕기, 《전근대 동아시아 세계의 한일관계》, 경인문화사, 2007.

민족문제연구소, 《한국 근현대사와 친일파 문제》, 아세아문화사, 2000.

박용운, 《고려의 고구려계승에 대한 종합적 검토》, 일지사, 2006.

박종기, 《살아 움직이는 고려 역사 5백년》, 푸른역사, 2008.

박찬승, 《한국근대정치사상사연구》, 역사비평사, 1992.

백유선 외, 《청소년을 위한 한국사》, 두리미디어, 2007.

변태섭, 《한국사통론》, 삼영사, 2007.

서영희, 《대한제국 정치사 연구》, 서울대학교출판부, 2003.

송건호 외, 《해방전후사의 인식》, 한길사, 1987.

신동준, 《개화파 열전 : 김옥균에서 김가진까지》, 푸른역사, 2009.

신병주, 《66세의 영조, 15세 신부를 맞이하다》, 효형출판, 2001.

신안식, 《고려 무인정권과 지방사회》, 경인문화사, 2002.

신용하, 《한국근대지성사연구》, 서울대학교출판부, 2005.

오영교, 《조선 건국과 경국대전 체제의 형성》, 혜안, 2004.

운노 후쿠주, 정재정 옮김, 《한국 병합사 연구》, 논형, 2008.

유봉학, 《정조대왕의 꿈 : 개혁과 갈등의 시대》, 신구문화사, 2001.

윤정란, 《조선왕비 오백년사》, 이가출판사, 2008.

이근호, 《청소년을 위한 한국사 사전》, 청아출판사, 2001.

이덕일, 《교양 한국사》, 휴머니스트, 2005.

_____, 《당쟁으로 보는 조선역사》, 석필, 2004.

이범직, 《이상과 열정, 조선역사》, 쿠북, 2007.

이병권, 《조선왕조사》, 평단문화사, 2008.

이수광, 《조선을 뒤흔든 16인의 왕후들》, 다산초당, 2008.

이태진 편, 《일본의 대한제국 강점》, 까치, 1995.

이희근, 《한국사는 없다》, 사람과사람, 2001.

임용한, 《전쟁과 역사》, 혜안, 2008.

장상환·김의동 외, 《제국주의와 한국사회》, 한울, 1991.

전국역사교사모임, 《살아있는 한국사 교과서》, 휴머니스트, 2007.

정두희 외, 《임진왜란, 동아시아 삼국전쟁》, 휴머니스트, 2007.

정두희, 《조광조》, 아카넷, 2000.

정옥자 외, 《조선시대 문화사》(상·하), 일지사, 2007.

정옥자, 《조선후기 역사의 이해》, 일지사, 2003.

지두환, 《조선전기 정치사》, 역사문화, 2003.

최완기, 《역사의 갈림길에서 고뇌하는 조선 사람들》, 이화여자대학교출판부, 2004.

편집부, 《한국사특강》, 서울대학교출판부, 2008.

한국교원대학교 역사교육과교수진, 《아틀라스 한국사》, 사계절, 2004.

한국사연구회, 《새로운 한국사 길잡이》, 지식산업사, 2008.

한국사편집위원회, 《한국사》, 한길사, 1994.

한국생활사박물관 편찬위원회, 《한국생활사박물관》, 사계절, 2007.

한국역사연구회 고대사분과, 《고대로부터의 통신》, 푸른역사, 2004.

한국학의 세계화사업단·연세대학교 국학연구원, 《일제 식민지 시기 새로 읽기》, 혜안, 2007.

한명기, 《광해군》, 역사비평사, 2000.

_____, 《임진왜란과 한중관계》, 역사비평사, 1999.

한영우, 《다시 찾는 우리 역사》, 경세원, 1997.

_____, 《명성황후, 제국을 일으키다》, 효형출판, 2006.

한정수, 《한국 중세 유교정치사상과 농업》, 혜안, 2007.

함동주, 《천황제 근대국가의 탄생》, 창비, 2009.

허흥식, 《고려과거제도사연구》, 일조각, 1981.

홍승기 편, 《고려무인정권연구》, 서강대학교출판부, 1995.

홍영의, 《고려말 정치사 연구》, 혜안, 2005.

황선희, 《한국근대사의 재조명》, 국학자료원, 2003.

연구 논문

김갑동, 〈고려의 건국 및 후삼국통일의 민족사적 의미〉, 《한국사연구》 143, 한국사
　　　연구회, 2008.

김경록, 〈공민왕대 국제정세와 대외관계의 전개양상〉, 《역사와 현실》 64, 한국역사
　　　연구회, 2007.

김기흥, 〈삼국시대의 왕〉, 《역사비평》 54, 역사문제연구소, 2001.

김돈, 〈세조대 단종복위운동과 왕위계승문제〉, 《역사교육》 98, 역사교육연구회,
　　　2006.

_____, 〈조선 중기의 반정과 왕권의 위상〉, 《전농사론》 7, 서울시립대학교 국사학
　　　과, 2001.

김소영, 〈고려 태조대 대거란정책의 전개와 그 성격〉, 《백산학보》 58, 백산학회,
　　　2001.

김수태, 〈백제의 천도〉, 《한국고대사연구》 36, 한국고대사학회, 2004.

김영하, 〈신라의 삼국통일을 보는 시각〉, 《한국고대사론》, 한길사, 1988.

김용흠, 〈병자호란기의 주화 척화 논쟁〉, 《동방학지》 135, 연세대학교 국학연구원,
　　　2006.

김정배, 〈고조선의 변천〉, 《한국사》 4, 국사편찬위원회, 1997.

김정인, 〈민족해방투쟁을 가늠하는 두 잣대 : 독립운동사와 민족해방운동사〉, 《역
　　　사와 현실》 62, 한국역사연구회, 2006.

남인국, 〈귀족사회의 전개와 동요〉, 《한국사》 12, 국사편찬위원회, 1993.

노태돈, 〈고조선 중심지의 변천에 대한 연구〉, 《한국사론》 23, 서울대학교 국사학
　　　과, 1990.

_____, 〈연개소문과 김춘추〉, 《한국사 시민강좌》 5, 일조각, 1989.

류주희, 〈태종의 집권과정과 정치세력의 추이〉, 《중앙사학》 20, 한국중앙사학회,

2004.

민현구, 〈조선 세종대 초엽의 양왕체제와 국정운영〉, 《역사민속학》 22, 한국역사민속학회, 2006.

박주, 〈조선후기 신유박해와 여성〉, 《조선사연구》 11, 조선사연구회, 2002.

박찬승, 〈한국의 근대 국가건설운동과 공화제〉, 《역사학보》 200, 역사학회, 2008.

박한남, 〈고려의 대금외교정책 연구〉, 성균관대학교 박사학위논문, 1993.

변주승, 〈신유박해의 정치적 배경〉, 《한국사상사학》 16, 한국사상사학회, 2001.

신형식, 〈삼국통일의 역사적 성격〉, 《한국사연구》 61 · 62, 한국사연구회, 1988.

신호철, 〈후삼국시대 호족과 국왕〉, 《진단학보》 89, 진단학회, 2000.

양정석, 〈신라 중고기 황룡사의 조영과 그 의미〉, 고려대학교 박사학위논문, 2001.

오수창, 〈오해 속 병자호란, 시대적 한계 앞의 인조〉, 《내일을 여는 역사》 26, 서해문집, 2006.

유영익, 〈동학농민운동의 기본 성격〉, 《한국사 시민강좌》 40, 일조각, 2007.

_____, 〈흥선대원군〉, 《한국사 시민강좌》 13, 일조각, 1993.

이기동, 〈수 · 당의 제국주의와 신라외교의 묘체 : 고구려는 왜 멸망했는가?〉, 《신라문화》 24, 동국대학교 신라문화연구소, 2004.

이복규, 〈동명왕신화의 역사성〉, 《설화와 역사》, 집문당, 2000.

이익주, 〈고려말 신흥유신의 성장과 조선건국〉, 《역사와 현실》 29, 한국역사연구회, 1998.

_____, 〈고려 · 원관계의 구조와 고려후기 정치체제〉, 서울대학교 박사학위논문, 1996.

장규식, 〈일제 식민지기 연구의 현황과 추이〉, 《역사학보》 199, 역사학회, 2008.

전상국, 〈러일전쟁 전후 일본의 대륙정책과 테라우치〉, 《사회와 역사》 71, 한국사회사학회, 2006.

조법종, 〈위만조선의 대한對漢 전쟁과 항한제후국降漢諸侯國의 성격〉, 《선사와 고대》 14, 한국고대학회, 2000.

_____, 〈위만조선의 붕괴시점과 왕검성〉, 《한국사연구》 110, 한국사연구회, 2000.

최승희, 〈세조대 왕위의 취약성과 왕권강화책〉, 《조선시대사학보》 1, 조선시대사학회, 1997.

한명기, 〈명청교체기 동북아 질서와 조선 지배층의 대응〉, 《역사와 현실》 37, 한국
역사연구회, 2000.

한정수, 〈고려-금 간 사절왕래에 나타난 주기성과 의미〉, 《사학연구》 91, 한국사학
회, 2008.

한정수, 〈고려시대 군주관의 이원적 이해와 정치적 상징〉, 《국사관논총》 106, 국사
편찬위원회, 2005.

_____, 〈고려후기 천재지변과 왕권〉, 《역사교육》 99, 역사교육연구회, 2006.

한철호, 〈한국 : 우리에게 러일전쟁이란 무엇인가〉, 《역사비평》 69, 역사문제연구
소, 2004.

허동현, 〈통감부 시기(1906~1910)를 어떻게 볼 것인가〉, 《한국독립운동사연구》 27,
한국독립운동사연구소, 2006.

홍영의, 〈신돈 : 요승인가 개혁정치가인가〉, 《역사비평》 31, 역사문제연구소, 1995.

청소년을 위한
한국사

지은이 | 한정수
발행처 | 도서출판 평단
발행인 | 최석두

신고번호 | 제2015-000132호
신고연월일 | 1988년 07월 06일

초판 1쇄 인쇄 | 2009년 08월 10일
초판 7쇄 발행 | 2018년 07월 02일

우편번호 | 10594
주소 | 경기도 고양시 덕양구 통일로 140 (동산동 376) 삼송테크노밸리 A동 351호
전화번호 | (02)325-8144(代)
팩스번호 | (02)325-8143
이메일 | pyongdan@daum.net
블로그 | http://blog.naver.com/pyongdan

ISBN 978-89-7343-305-6 03910

값 12,000원

이 도서의 국립중앙도서관 출판시 도서목록(CIP)은 서지정보유통지원시스템 홈페이지
(http://seoji.nl.go.kr)와 국가자료 공동목록시스템(http://www.nl.go.kr/kolisnet)에서
이용하실 수 있습니다.
(CIP제어번호: CIP2009002250)